HILLSBORO PUBLIC LIBRARY
Hillsboro, OR
Member of Washington County
COOPERATIVE LIBRARY SERVICES

Mi bully y yo

Mi bully y yo

Dos historias de vida, daño y perdón

Trixia Valle y Renata Legorreta

Grijalbo

Mi bully y yo
Dos historias de vida, daño y perdón

Primera edición: julio, 2014

D. R. © 2014, Trixia Valle
D. R. © 2014, Renata Legorreta

D. R. © 2014, derechos de edición mundiales en lengua castellana:
    Penguin Random House Grupo Editorial, S.A. de C.V.
    Blvd. Miguel de Cervantes Saavedra núm. 301, 1er piso,
    Colonia Granada, delegación Miguel Hidalgo, C.P. 11520,
    México, D.F.

www.megustaleer.com.mx

Comentarios sobre la edición y el contenido de este libro a:
megustaleer@penguinrandomhouse.com

Queda rigurosamente prohibida, sin autorización escrita de los titulares del *copyright*, bajo las sanciones establecidas por las leyes, la reproducción total o parcial de esta obra por cualquier medio o procedimiento, comprendidos la reprografía, el tratamiento informático, así como la distribución de ejemplares de la misma mediante alquiler o préstamo públicos.

ISBN 978-607-312-377-8

Impreso en México / *Printed in Mexico*

Índice

Prólogo 11

Introducción. Antecedentes del bulling 13

Capítulo 1. ¿De dónde vengo? 19

Capítulo 2. La escuela 39

Capítulo 3. La tortura 55

Capítulo 4. La huida 83

Capítulo 5. Crecer con heridas 99

Capítulo 6. Creando otra historia 131

Capítulo 7. Los grandes maestros de la vida 159

Capítulo 8. Los engranes… algo no funciona bien en mí . . 195

Capítulo 9. El reencuentro 217

Capítulo 10. Mis mejores maestros: el dolor y el perdón . . . 251

Agradecimientos 275

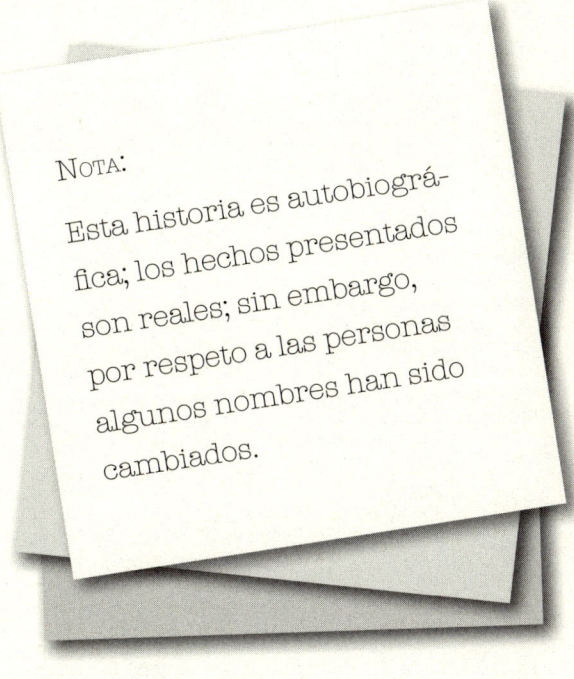

NOTA:

Esta historia es autobiográfica; los hechos presentados son reales; sin embargo, por respeto a las personas algunos nombres han sido cambiados.

PRÓLOGO

TRIXIA

Renata y yo nos conocimos en la escuela. Crecimos juntas y durante nueve años compartimos el mismo salón, los mismos compañeros, pero no así las mismas experiencias.

Renata, una gran líder y con mucha simpatía, por azares del destino se convirtió en mi bully, en mi agresora, en mi verdugo durante seis años consecutivos. Yo siempre fui presa fácil para esta dinámica, pues siendo hipersensible y megacursi no fue difícil que fuera su "cliente de bullying" en esos años.

Sin embargo, ambas éramos unas niñas y la responsabilidad de los adultos presentes, es decir, los maestros, era orientarnos y hacernos ver los errores cometidos. Esto nunca sucedió. Yo aprendí que la escuela era la muerte y Renata… bueno, Renata ya nos contará su parte.

Lo narrado en este libro es totalmente real. Después de 25 años me reencontré con ella por Facebook y sané mi niña herida al tener la oportunidad de estar frente a frente y ver su corazón.

Así, este libro está escrito con el corazón de bully y de bulleada y hemos decidido intercalar nuestras historias para que el lector vea cada parte de nuestra vida desde cada punto de vista.

El libro lo escribimos cada una por nuestro lado, sin conocer los textos de la otra, pero al armarlos… descubrimos que somos vidas paralelas. En realidad teníamos tanto en común que duele que no hayamos sido amigas.

En fin, hoy, con mucho orgullo, puedo decir que Renata, simplemente, es mi amiga.

RENATA

Cuando Trixia me propuso compartir nuestra historia mediante un libro, para así llegar al corazón de tanta gente que se sentiría identificada, nunca imaginé el gran viaje que iniciaría a través de mi memoria llegando hasta el presente. Y es que cuando uno habla de sí mismo con transparencia, desde dentro, ¡se sanan tantas cosas!

Trixia y yo nos conocimos en la escuela, y durante seis años me dediqué a apartarla de mi vida, a herirla emocionalmente; siendo niña, jamás imaginé el daño que le causaba a ella, y a mí misma.

Ahora, con este libro, hemos cerrado el capítulo del pasado para adentrarnos de lleno en un presente que no puede traer más que amistad, amor y muchísimo respeto.

Hoy, Trixia es un alma gemela para mí, y espero que con este texto podamos ver que todos somos un espejo para todos… ¡usémoslo para mirarnos realmente y crecer!

INTRODUCCIÓN

ANTECEDENTES DEL BULLYING

Actualmente el bullying o acoso escolar es un tema que revolotea por programas de televisión, radio, medios impresos, libros, talleres para profesionales, campañas en las escuelas, pláticas de padres de familia, agenda pública gubernamental y redes sociales. En todos ellos se plantea la importancia fundamental respecto a un tema que a todos nos hiere y nos lastima: la realidad de que siete de cada 10 niños en México han sufrido maltrato por parte de sus compañeros en alguna etapa de su educación.

Si bien el bullying no es un fenómeno nuevo y siempre, desde que el mundo es mundo, se ha contemplado el hecho de que los niños pueden mostrar crueldad entre ellos —debido a que la naturaleza humana es agresiva y perpetuadora—, jamás se había visto que se presentara con el nivel de agresión, violencia, difamación y maltrato verbal que hoy nos afecta.

Para entender mejor el tema, bullying es el acoso que se presenta entre "pares", es decir niños o jóvenes que conviven en la escuela, y aunque pueden tener distintas edades, existen problemas entre ellos que derivan en graves faltas de respeto. Este fenómeno no distingue edad, raza, religión, estructura física ni clase social, y en general los niños se encuentran muy expuestos a sufrirlo, lo que causa en ellos un severo daño emocional.

Existen tres figuras que participan en el bullying: víctima, agresor y testigo, las cuales se describen en detalle a continuación:

1) La víctima es por lo general alguien que por la razón que sea es atacado por el agresor, y responde con agresión o con sensibilidad a estas provocaciones. El agresor, al ver esta reacción,

encuentra "divertido" acosarlo, y así comienza un infierno para quien lo sufre. Si bien la víctima puede tener, inicialmente, una autoestima sana, al comenzar a padecer bullying sin duda sufrirá daños. Lo más grave de ser victimizado en la escuela consiste en que estas agresiones tocan nuestra vergüenza, sentimiento de menor vibración en el ser humano; por ello cuando algo nos avergüenza tendemos a negarlo y no tomamos medidas al respecto. El bullying es un sistema complejo de descifrar, pues la víctima se deja atacar y permite el acoso al no denunciarlo, y no lo hace por vergüenza. Así, comienza un círculo vicioso donde la víctima niega el acoso, pues además de la vergüenza aparece el miedo en su corazón, y el miedo siempre paraliza a las personas.

2) El agresor, por su parte, tiende a oprimir a otros para sentirse bien consigo mismo. Las razones para que un niño o joven hostigue a otro pueden ser muy diversas. Entre las más comunes encontramos la violencia intrafamiliar que lo lleva a ejercer el mismo sufrimiento que vive en casa en contra de sus pares. Otra de las razones más frecuentes es haber pasado de ser víctima a ser agresor, puesto que la mente infantil y juvenil encuentra en la agresión una forma de protegerse, como si ello pusiera un escudo contra los demás. También puede suceder que sea una persona con un buen ambiente familiar y que jamás haya sido agredida, pero que al contar con estímulos negativos como el abuso de los videojuegos, películas que enaltecen la violencia, contenidos no apropiados para su edad, adicción a la adrenalina, ensimismamiento y programación con lenguaje vulgar, el individuo "copie" estas conductas y actitudes y las adopte como una moda. Cualquiera que sea la razón para que un estudiante sea agresor, las autoridades escolares requieren aplicar disciplina y sanciones claras para contrarrestar estas actitudes que pueden dañar el clima escolar irreversiblemente y causar graves daños a quienes son sometidos.

3) Los testigos son aquellos que presencian las agresiones y quedan como simples espectadores sin intervenir o ayudar a que se

haga justicia y se frene el maltrato a la víctima. Incluso se presentan casos en que los testigos son quienes engrandecen al agresor y lo convierten en líder, ya sea por miedo o porque les parece chistoso lo que hace. Muchas víctimas han reportado, al haber sido agredidas físicamente, que sus golpes sanaron, pero lo que más les cuesta perdonar fue cuando los testigos hicieron "bolita" alrededor de la pelea para gritar: "más, más, más..." alentando al agresor o agresores a seguir golpeando despiadadamente a la víctima. El dolor que provocan los testigos al apoyar las malas conductas es muy profundo y origina en la víctima un sentimiento de injusticia, que en casos graves puede causar un resentimiento social tan fuerte que provoque los ataques en venganza como hemos visto aparecer en algunas escuelas de Estados Unidos. Como vemos, los testigos pueden ser el catalizador en el clima escolar, ya que cuando la mayoría reprueba y denuncia estas actitudes, la escuela puede conducirse con justicia y equidad con todos aquellos que la conforman.

El bullying es un fenómeno que daña el tejido social desde su más temprana formación y en ello reside la importancia de erradicarlo eficazmente lo más pronto posible. Desde que nacemos hasta los 12 años estamos haciendo todos los acuerdos sobre la vida, por lo que si un niño en esos años decide que la vida es injusta, que la gente es mala, que es una víctima o que se vale ser malo, llevará esas creencias toda la vida. Los problemas psicológicos o las desviaciones de la conducta humana se desarrollan a raíz de traumas de la infancia, y ello nos lleva a "comprobar" durante el resto de nuestra vida esta creencia. Un ejemplo claro para entender esto es cuando un niño decide que es torpe y toda la vida se va tropezando, tirando cosas o equivocándose sólo para comprobar que tiene razón. Digamos que el bullying es un estímulo externo que se lleva al interior cuando adoptamos estas agresiones como parte de nuestros pensamientos recurrentes y profundos, que configuran nuestro inconsciente y nos hacen ser esas personas que pensamos ser. Todo esto sucede hasta que después de un tiempo podemos trabajar en nuestro interior para erradicar dichas creencias. Sin embargo, ¿no sería más sencillo cuidar que ningún niño o joven padezca este fenómeno, en vez de corregir el daño causado?

Cuando el bullying se presenta de manera colectiva y mayoritaria, como sucede actualmente en México, se crea un contrato social negativo que puede cobrar una carísima factura estructural al país en unos cuantos años. El contrato social actual de niños y jóvenes debido a los niveles de bullying que existen consta de tres acuerdos negativos:

1) Cultura de la impunidad: al rey del patio siempre le va bien y siempre se sale con la suya. Actualmente el bulleado o agredido es quien por lo general tiene que dejar la escuela para cuidar su integridad o salud mental, lo cual es una gran injusticia que genera la idea de que es fácil hacer el mal y salirse con la suya.
2) Cultura de la no denuncia: de acuerdo con un estudio aplicado a 30 000 alumnos de distintas partes del país y realizado por la Secretaría de Educación Pública en tiempos del maestro Alonso Lujambio, sólo 3% de los niños y jóvenes de nuestro país serían capaces de denunciar una agresión de bullying. Esto sucede debido a que el colectivo infantil y juvenil no cree que las autoridades sean competentes y prefiere seguir sufriendo las agresiones a ser catalogado de "chismoso" o delator ante sus compañeros, puesto que de todas maneras consideran que no habría consecuencias de su denuncia y por ello prefieren callar.
3) Cultura de la prepotencia: un problema serio que se deriva de los dos puntos anteriores consiste en crear un clima de "hacer justicia por nuestra propia mano", lo que puede presentarse como prepotencia al amedrentar a los demás alardeando cotos de poder o tratando de saltarse las reglas para salirse con la suya. Estas amenazas crean un ambiente de malestar y desarmonía en las escuelas que pueden, en casos graves, causar la ingobernabilidad de las instituciones escolares.

Las medidas a tomar ante el fenómeno del bullying son diversas; nadie en la sociedad está excluido de ser ejemplo y contribuir a que el fenómeno desaparezca por completo con la ayuda de todos. Por su parte, los padres de familia, al establecer límites claros a los hijos, sancionar cuando presentan mala conducta, honrar a las autoridades escolares y hacer alianzas con los maestros de sus hijos, pueden contribuir a mejorar el clima escolar en gran medida. Actualmente observamos que con frecuencia los padres de familia son sobreprotectores e incluso cómplices de hijos abusivos, e incluso llegan a amenazar al colegio por las medidas tomadas para corregir su conducta. El buen juicio y la labor educativa en valores, tarea propia de los padres, es una de las soluciones más importantes ante este fenómeno.

Por su lado, las autoridades educativas requieren regresar a un contexto de disciplina y evaluación de los alumnos en todos los aspectos de la educación para poder controlar y evitar la violencia escolar. La idea de la autorregulación del comportamiento y el amor al estudio, en el que no se requiere una calificación para estudiar, pueden sonar como conceptos vanguardistas y muy modernos; sin embargo, los niños y jóvenes en formación requieren de límites claros y consecuencias para aprender a regularse y que al llegar a la adultez presenten un buen comportamiento, pues el propósito de la educación es formar buenos ciudadanos, y un buen ciudadano requiere, por definición, tener disciplina y buen comportamiento.

Los medios de comunicación también juegan un papel primordial en estos temas. Al mostrar violencia física y verbal, lenguaje prosaico y grosero, erotización masiva y vulgaridad en sus contenidos fomentan la repetición de estos patrones. Si bien hay quienes dicen que los medios evocan el libre albedrío de las personas y que cada quien es responsable de lo que ve, en una sociedad donde más de 90% de los padres y madres de familia trabajan largas jornadas y la niñera más barata es la televisión, dicho argumento ya no es válido, ya no es legítimo, puesto que los niños mexicanos, de acuerdo con la asociación civil A Favor de lo Mejor, pasan un promedio de ocho horas diarias frente al televisor y la influencia en su conducta cada vez es mayor. La autorregulación de los medios de comunicación es una invitación abierta a favor de la niñez.

TRIXIA

CAPÍTULO 1

¿DE DÓNDE VENGO?

TRIXIA

Yo soy Trixia, soy la hija mayor de una familia de clase media alta. Mis papás son Horacio y Patricia. Él es arquitecto; ella, doctora. Los dos son altos, por lo que yo también soy alta y no siempre me gustó la idea de serlo.

Mis papás se casaron prometiéndole a mi abuelito terminar sus carreras correspondientes, y mientras lo hacían contaron con su apoyo. Mi "lito", como le decíamos, siempre fue un pilar en nuestra familia. Él se dedicaba al mundo del cine y fue director de varias empresas cinematográficas como Twentieth Century Fox y Películas Mexicanas. También fue productor asociado de las películas de Pili y Mili, la India María, Parchís y Hombres G. Así fue como yo siempre soñé con ser artista. Era lo que más me gustaba, tal vez por eso me hice amante del drama.

Mi "lita", de ascendencia francesa y la menor de cinco hermanas con una vida parecida a la de la telenovela *Mujercitas*, era un poco nerviosa, le encantaba atender a todos y aunque tenía tres muchachas, un mozo y un mesero, nunca, pero nunca, se podía sentar a la mesa. La mitad de la comida mi lito se la pasaba chiflando (con una tonada que tenían entre ellos) para que se sentara, lo cual nunca sucedía, y comía frío. Pero así era ella, sólo le importaba que los demás estuvieran felices.

> A veces, cuando se proyecta la imagen femenina de "dar servicio" a los demás, poniéndose la mujer en el último lugar, puede crear en la niña la creencia de que las mujeres estamos para servir a los demás

> y ser sumisas, y que así cueste trabajo reconocer nuestro lugar en el mundo. En casos extremos esta creencia causa una rebeldía que forma la idea de que para no repetir la sumisión y para valer hay que pelear; así, cada vez más niñas participan como agresoras del bullying.

Fui la primera nieta y la primera sobrina del lado de mi mamá, por lo que para todos yo era lo máximo. Carlos y Arturo, sus hermanos, siempre han sido de gran apoyo y una bendición para mí; incluso Arturo es mi padrino de bautizo. Dicen que cuando nací era una niña muy alegre y que siempre sonreía con todos. Tenía un carácter extrovertido y agradable. Ponían mi silla en la mesa redonda de casa de mis litos para que literalmente fuera el centro de atención. Uno de mis recuerdos favoritos en película es de cuando tenía como ocho meses y le pegaba en la cabeza a mi lito con un martillo de plástico. Él por supuesto que hacía toda la representación de dolor y yo me reía, supercontenta.

Por otro lado, mi abuelo paterno ya había fallecido cuando yo nací. Fue un importante general, héroe revolucionario sinaloense, que se casó con mi abuela en segundas nupcias siendo viudo, cosa que a mi abuela nunca le gustó, por lo que le prohibió ver a los hijos de su primer matrimonio. Mi abuela era hija de Bruno Moreno, diputado constituyente, y literalmente sentía que era de la realeza mexicana, por ello nunca aceptaba a nadie. Dice mi papá que casi no aceptaba a mi mamá y que no estuvo de acuerdo en que se casaran. Mi papá tiene una hermana, Alma, quien es mi madrina de bautizo y siempre ha sido muy linda conmigo. Como fueron una familia muy aislada, del lado de mi papá sólo conozco a mi tía Alma, a mi abuela y dos primos a quienes adoré, Carlos (q.e.p.d.) y Lili. Como eran más grandes que yo, los veía como mis héroes, y lo único bueno de ir a la oscura y tenebrosa casa de mi abuela en la colonia Roma era que ellos me llevaban caminando al Palacio de Hierro a comprar deliciosas galletas de chocolate.

Cuando tenía un año todo cambió: mis papás se fueron por más de un mes a Europa, mis litos estaban también de viaje y mi abuela, por supuesto, no se ofreció a cuidarme; entonces me dejaron con mi nana y mi tía Alma, que llegaba en las noches, después de trabajar, a checar que no me hubiera muerto.... Uno de esos días, al regresar, mi tía notó que estaba resfriada y un tanto mojada... al preguntarle a la nana qué había sucedido, y después de interrogarla como en la cárcel, la inocente confesó que me había sacado para irse a ver a su novio... ¡Además de sacarme a quién sabe dónde en plena tormenta, quién sabe lo que habrá hecho frente a mí con su novio! Mi tía por supuesto casi la mata, y a partir de ese día estuvo más pendiente de mí hasta que me alivié.

Toda esta situación tuvo un gran efecto en mí: cuentan que cuando regresaron mis papás estaba muy enojada, lo que me hizo aprender que un bebé no puede pasar más de dos días lejos de sus padres, de lo contrario se abre una gran herida de abandono que se graba para siempre en su alma. A raíz de esto, dicen que cambié mucho mi carácter y no quería mirarlos siquiera.

Después de unas semanas comencé a aceptarlos de vuelta y a abrazarlos, pero ya nunca fui la misma. Creo que desde entonces se alberga en mi corazón un gran miedo a ser abandonada y por ello he puesto una coraza para que nadie llegue tan cerca que sea capaz de lastimarme; aunque sin saberlo me lastimé más yo misma al no abrir mi corazón.

Con esta enorme herida de abandono, mis papás me dieron a las pocas semanas una "linda" noticia: "Vas a tener una hermana"... "¡Guácala, yo no quiero hermanos! Me abandonan y luego me quitan mi lugar de princesita VIP... no se vale", seguro pensé. Me cuentan que me puse extremadamente celosa y que me volví una rémora de mi mamá. En las reuniones no le soltaba la pierna a mi mamá y no quería ir a jugar ni hacer nada sin ella. ¡Tenía tanto miedo!

> El abandono a un bebé menor de dos años por más de tres días genera —para toda la vida— una herida de abandono que hace a la persona temer que los demás se vayan. Quien sufre de abandono siente que no tiene suficiente alimento afectivo. Para no sentir esa carencia afectiva, se construye la máscara de la dependencia. Los

> dependientes piensan que nunca serán capaces de valerse por sí mismos, y que necesitan a alguien en quien apoyarse. Tienden a adoptar el papel de víctimas y pueden causar problemas para atraer la atención de los demás, pero la atención de los demás nunca es suficiente para ellos. Sueñan con destacar o tener papeles "estelares" ante grandes audiencias.

Después de meses de espera llegó mi hermana, a quien por supuesto quería y quiero, pero tenía unos celos descontrolados hacia ella, pues era muy llorona y me robó por completo la atención. De esa etapa tengo vagos recuerdos; sólo sé que al ver las fotos siempre me veía yo triste y junto a ella no era capaz de brillar, sentía que todo el brillo y la magia le correspondían ahora a ella y que por nada en el mundo yo merecía ser feliz. Sin embargo, la protegía y le daba su biberón desde los dos años y me gustaba mucho jugar con ella cuando ya tuvo un poco más de edad. Sé que me seguía en todo, y la gente dice que quería ser como yo. No lo sé. Me gustaba mucho darle órdenes, eso sí lo sé, y que me obedeciera... pues ¡más! Mis juegos favoritos eran las muñecas; las formábamos en largas filas y había que darle de comer a cada una.

Recuerdo que cuando mi hermana creció se convirtió en la bonita de la familia y yo en el sapo verde... En verdad fue duro. Pero todo esto en el fondo lo causaba yo, pues no me gustaba que mi mamá me peinara y decidí revelarme llevando el pelo suelto como la madre del viento o la niña del *Libro de la selva*, amiga de Mowgli... siempre hecha una "garra", enojada con mi mamá, y si me pedían que saludara simplemente me escondía atrás de su pierna y ahí desaparecía. Muchas veces llegué a pensar si era adoptada porque no lograba identificarme ni sentirme integrada en muchas cosas.

> También existe bullying entre hermanos, que puede generar rencores para toda la vida. Es muy importante que los padres tomen medidas en estos casos y aseguren la buena convivencia fraternal.

¿DE DÓNDE VENGO?

Cuando tenía cuatro años mi papá enfermó gravemente de hepatitis. Estuvo en cama por tres meses, durante los cuales mi mamá nos llevaba a mi hermana y a mí a supervisar las obras que él no podía atender. Dicen que yo no me quería despegar de mi papá y, con el riesgo de contagiarme, me acostaba por horas junto a él sin que nadie me pudiera quitar de ahí. Me sentía muy identificada con él y lo hice mi héroe, además de que en muchos momentos me volví su protectora y guardiana. Cuando había algo que decirle, mi mamá me mandaba de mensajera. Entonces él me pedía que me sentara a su lado para contarme sus historias durante horas. Era un narrador maravilloso.

Cuando mi papá se alivió, no hubo verdadera paz en mi casa, pues era muy enojón y gritón. No sé si los problemas de la vida le cayeron desde entonces o fue la secuela de la enfermedad, pero sólo recuerdo que se enojaba por todo. Yo sé que en todas las casas hay gritos y enojos, pero aquí eran con sonido estereofónico y se repetían cada dos minutos.

Una de las cosas que más enfurecía a mi papá era que mi mamá se tardara en salir, y como ella era muy desorganizada y siempre estaba con prisa, nunca encontraba las llaves o su bolsa y esto causaba problemas entre ellos. Nosotros nos apurábamos mucho para estar en el coche cuando él quería salir y esperábamos sentados, hasta que él se desesperaba y entraba por mi mamá llamándola de todas las formas hasta que salía de la casa.

Durante el embarazo de mi hermano, mi mamá se enfermó de enfisema pulmonar y tuvo que estar en cama varios meses; además, en esa época mi papá se fue a vivir a Cancún, que aún no era lo que es hoy y estaba la oportunidad de empezar a desarrollarlo, a pesar de la negativa de mi mamá. Ella se opuso a la idea de irnos con él, ya que si lo hacíamos tendríamos que estudiar en escuelas rurales, y de plano no le gustó la idea. Así que mi papá se fue solo a su aventura —que por cierto resultó la mejor de su vida y sigue añorando esos hermosos años—, mientras que mi mamá guardaba reposo y mis litos nos apoyaban al llevarnos a la escuela y atendernos.

Lo que más recuerdo de la partida de mi papá es que estuve feliz en esa época porque mi mamá estaba más tranquila, y cuando veíamos a mi papá todo era miel y regalos. Siempre traía los productos más raros, pues la fayuca entraba por Cancún y tenía acceso a lámparas modernas, relojes de balines y fibra óptica, que era todo un acontecimiento. Ya no había gritos ni enojos y eso estuvo padre. En esos meses nos hicimos más cercanos a mis litos, quienes nos cuidaban mucho, eran cariñosos, preparaban nuestras comidas favoritas, como el "pollo a la canasta" (literal, servido en canasta) y nos llevaban a dormir a su casa. Mi lita me acurrucaba en la cama y me decía "aaaaaa" al tiempo en que me hacía "taquito" en la cama. Cuando ya estaba lista para dormir llegaba mi lito a contarme un cuento: siempre inventaba alguna historia con la que me quedaba dormida. Adoraba estar con ellos. ¡Era la mejor parte de la vida!

Mi hermano fue y siempre ha sido un niño dulce, pero ¡cómo lo molestábamos! Mi hermana Roxana y yo nos aliábamos en su contra para decirle de cosas, nos regañaban y entonces lo excluíamos. Definitivamente en sus primeros años no nos portamos bien con él. No puedo hablar por mi hermana, pero sí por mí, y el caso fue que me cargaron mucho la mano cuando nació: "pásame el talco", "tráeme la mamila", "carga a tu hermano"… y me enfurecí al sentir un peso tan grande sobre mi espalda de sólo cinco añitos, y como de por sí ya estaba bastante enojada con el mundo, éste fue un pretexto más para ser *drama queen*. Recuerdo que lloraba frente al espejo y pensaba que nadie en realidad me entendía. Lo más triste del caso fue que teniendo tanto amor por mi mamá, algo se rompió entre nosotras y durante muchos años no fuimos las mismas de antes.

> Los niños suelen guardar mucho rencor cuando se les dan responsabilidades no acordes a su edad en vez de estar recibiendo el amor y la ternura que merecen en sus primeros años con mayor intensidad para así poder nutrir su amor por la vida. Al no aprender a amar la vida, suelen no amarse a sí mismos, y quien no se ama a sí mismo puede ocasionar que los demás tampoco lo hagan, exponiéndose así a ser víctimas de bullying.

Para evadir todo esto que me agobiaba, me convertí en una soñadora empedernida; me encantaban los cuentos de princesas y de hadas. Incluso a los ocho años leí completo *Las mil y una noches* y me fascinaba pensar cómo toda historia siempre termina bien. También me encantaba jugar a las muñecas. Las formaba y les daba sus medicinas como hacía mi mamá con nosotros y luego les daba a tomar té. Mi hermana cooperaba en todos los juegos que organizaba, pero si algo no salía como me gustaba acabábamos peleando "como perros y gatos", así siempre nos decían nuestros padres y se enojaban mucho con nosotras. Yo me quería portar bien, como toda una princesa, pero había algo muy adentro que no me dejaba ser feliz. Y me enojaba haberme portado mal, y al portarme mal seguía enojada, y entonces, por estar enojada, me portaba mal... Parece un trabalenguas, pero en realidad es un mal comportamiento causado por un enojo constante con la vida: ¡lo único que yo quería en la vida era ser buena! Y lo peor del caso es que mi mamá se desesperaba por tantos pleitos y en varias ocasiones me dijo que yo era mala... cruel... ¡Uy, fue lo peor de la vida! Fue un estigma por muchos años.

> Cuando un niño crece en una familia disfuncional, la fantasía suele formar gran parte en su vida para así defenderse de la realidad y no sentir que se desarma. De esta manera se acostumbra a la negación, lo que puede derivar en no enfrentar sus problemas y así permitir el bullying.

A los nueve años, cuando mi papá regresó de Cancún para vivir nuevamente en México con nosotros, nos cambiamos de casa sorpresivamente, lejos de mis litos. Fue muy difícil para mí, y recuerdo aquella casa en Desierto de los Leones como oscura y fría. No me gustó para nada vivir ahí. Tampoco me gustaba que mi papá hubiera regresado, pues tomaba mucho, y recuerdo que yo le suplicaba, hincada a sus pies, que no lo hiciera más. No lo sabía, pero aprendí el significado de la vergüenza y casi no me gustaba invitar a nadie a mi casa por miedo a que vieran a mi papá en ese estado. Mi mamá negaba todo lo que pasaba y desde entonces todo cambió para mí. No me gustaba mi familia y seguía muy enojada con la vida. Me enfermé de fiebre reumática, la cual dicen que da por un profundo dolor emocional que se traslada al cuerpo. Estuve muy grave y durante dos años mi mamá tuvo que inyectarme penicilina (de las que de veras duelen) todas las semanas y yo gritaba y lloraba por toda la casa para evitar que lo hiciera. Sé que era por mi bien, pero para mí era una "tortura china". Me alivié, pero esta enfermedad me dejó una afectación cardiaca que siempre debo cuidar y vigilar. Quizá por eso soy tan, pero tan sensible.

> La hipersensibilidad se desarrolla cuando no existe seguridad. Por lo general el padre nutre la seguridad de la vida y la madre el amor por ella; cuando el padre ha estado ausente se crea este hueco de inseguridad que crece con el tiempo, y más cuando los niños se dan cuenta de que aquel héroe idealizado es un ser humano con defectos, lo cual daña aún más la seguridad en sí mismo. Cabe mencionar que la hipersensibilidad es una cualidad que facilita sufrir bullying, pues quien molesta siempre busca una reacción de su víctima (se molesta con el fin de molestar).

Había algo de alegría que me quedaba, y era la fantasía. Cuando tenía 10 años y me llevaron a ver *Vaselina*, con Timbiriche, recuerdo que le supliqué a mi mamá que me llevara otra vez a verla. Puse mucha atención, me aprendí todo de memoria y durante las semanas posteriores me dediqué a escribir cada diálogo. Puse a primos y amigos a ensayar y la montamos entre todos. ¡Me encantó! Cada vez tenía más claro mi deseo de ser actriz. Mi abuelito me decía que cuando fuera más grande estaría en una de sus películas y yo temblaba de emoción al escucharlo. Actuar se convirtió para mí en una defensa y en la posibilidad de crear e inventar cada escenario y cada capítulo de mi vida como se escribe una hoja. Aprendí que puedes ser quien decidas ser, y esta actuación informal me preparó para lo que viviría después al cambiarme de escuela. Ahí tuve el mejor papel de mi vida, pero esto ya vendrá más adelante.

Por otro lado, la manera de conservar la magia era a través de mis fiestas de cumpleaños, que eran maravillosas. Cada año tenían un tema diferente: hadas, hawaiana, española, disfraces… como dije antes, desde niña soy una empedernida soñadora en busca del mundo ideal. Mis fiestas eran lo máximo y me encantaba organizar todo con mi mamá. Era cuando la sentía más cerca de mí y creo que era cuando olvidaba mi rencor para entregarme a vivir ese día mágico. La última que tuve fue a los 11 años, y me acuerdo perfecto de que yo misma coloqué cada globo y acomodé cada lugar; mis papás pusieron los juegos de las "donas suspendidas" de un cordón, que debías morder y comerlas; pusimos naranjas en una bandeja con agua para sacarlas con la boca y, obviamente, la piñata no faltó. Fue muy divertida. Sobre todo el video, ya que mi papá había comprado su cámara de Betamax y la llevaba a todos lados, por lo que grabó gran parte de la fiesta. Creo que vimos ese video cien veces y las cien nos reímos como locos.

> Muchas veces las carencias emocionales se suplen con lujos y derroches para compensar a los niños, lo cual causa mayor incongruencia en sus vidas.

Luego de un año de vivir lejos de mis litos, regresamos a vivir a la casa junto a la suya. No sé si fue buena o mala idea, ya que mi papá sentía que rivalizaba con la autoridad de mi lito, que, aunque con buenas intenciones, tal vez de pronto sí interfería en nuestra vida familiar. Yo estaba feliz de estar ahí y me encantaba poder dar unos pasos para ir a que me consintieran, pues ¿quién no quiere tener cerca a sus abuelos para sentir su amor y sus cariños? Así que fue increíble para mí regresar, además de que ya no hacía frío y todo estaba muy bien.

A los 12 años mi papá fue contratado para ir a Florida a construir una casa y nos llevó con él por un mes. Recuerdo esta época como una de las más felices que he tenido. Lejos de todos los agobios y de lo cotidiano de la vida me encantó vivir sólo con mi familia nuclear y olvidarnos por un tiempo de todo lo demás. Todos los días íbamos a la playa y nos enterrábamos en la arena. Luego llegábamos a la cabaña y cocinábamos esperando a que llegara mi papá. Creo que ésta es la manera de vivir y convivir de una familia, con cariño y sin prisas, pero lamentablemente la vida moderna no siempre es así. Contábamos cuentos, historias, aprendimos a matar arañas (pero de veras arañas, de esas de 10 centímetros que se encuentran en Florida), vencimos nuestros miedos, fuimos varias veces a Disney, nos educaron en todo lo que sucede en la NASA —una de las historias y actividades favoritas de mi papá— y nos unimos como nunca.

Como todas las familias, hemos tenido nuestras buenas y nuestras malas, pues, como dice alguien a quien quiero mucho, la vida es un electrocardiograma: si estás vivo, sube y baja, pero cuando mueres es una línea constante que no se mueve. Así que la vida para mí ha sido un subir y bajar, aprender y enseñar, equivocarme y regresar al camino, enojarme y contentarme, perdonar y no perdonar... No sé si sea una historia buena o mala, lo que sé es que es mía y como tal la honro, pues sin ella yo no sería yo. Puedo decir que tengo una familia con retos y con alegrías y buenos momentos también, pero es mi familia y la quiero. He aprendido a valorar hasta los mínimos detalles porque ¡es mía! Cada uno de mis familiares ha creado momentos especiales que se han convertido en recuerdos y han formado mi manera de ver la vida, así que puedo asegurar que sin ellos nada podría haber sido igual...

> Honrar la familia y a nuestros padres es la única manera de amarnos a nosotros mismos; mientras exista rechazo por los padres, la persona estará negando una parte de sí misma.

RENATA

Yo soy Renata, y voy a hablarles de mi familia. Una familia como todas, al menos eso pensaba cuando era niña: "Todas las familias son como la mía"... una mamá, un papá y un hermano mayor. Mi papá, un pediatra lleno de amor por su profesión y por su familia. "Tu papá es un hombre muy trabajador", decía siempre mi mamá. Y así era: entre semana lo veía sólo por las noches antes de ir a dormir, pero los fines de semana siempre nos llevaban a mi hermano y a mí de paseo. Cómo me acuerdo de la canción que nos cantaba: "Las rejas de Chapultepec, las rejas de Chapultepec, son verdes... son verdes nomás para usted".

Mi papá, el mayor de nueve hermanos, amante de la ópera y de México, un hombre bueno de corazón, se entregaba entero, su amor por mí siempre fue evidente. Hasta este día, cierro los ojos y puedo escucharlo cantando ópera a todo pulmón en la casa; él era Pavarotti, él era Di Stefano... las bocinas parecían estallar, y yo en mi cuarto reía contenta, porque él lo estaba.

Mi mamá, alegre... ¡su risa es algo que la caracteriza! Es fuerte de carácter, imponente algunas veces, pero siempre presente. La hora de dormir era un momento importante entre ella y yo: me acompañaba, rezábamos juntas, y siempre tenía una frase célebre para decir lo que sentía, para aconsejarme. Cómo me gustaba sentirla cerca, cariñosa, tranquila.

Sus abrazos me hacían sentir a salvo, protegida... en casa. Eso es... me sentía en casa. Mis travesuras la divertían, veía una chispa de orgullo en su mirada cuando las hacía, y a mí me gustaba esa mirada complaciente, porque ¿quién no quiere complacer a su madre?

¿Quién no busca su aceptación a toda costa? Era fácil hablar con ella, reír. Su sentido del humor entre peculiar y un poco oscuro la hacían parecer siempre feliz, pero todos llevamos heridas en el alma. Ahora sé que mi madre también. Heridas de infancia que cargamos de equipaje y que a la vez la hicieron amarme mucho.

> El mejor regalo para un niño es sentir el amor y la seguridad que proporcionan los padres, más cuando cada uno de ellos desempeña el rol adecuado: el padre nutre la seguridad y la madre el amor por la vida que se traduce en alegría de vivir. Todo ello refuerza la idea sobre sí mismo y es una protección contra el bullying o acoso.

Mi hermano es dos años mayor que yo. De chiquito era un güerito precioso, muy alegre. Un poco tímido a veces, parco para demostrar sus sentimientos, pero recuerdo que en nuestras vacaciones en la playa siempre me daba la mano en la orilla del mar, me cuidaba. Pero después algo cambió y se volvió hostil conmigo, la mayor parte de nuestra infancia y adolescencia la pasamos peleando… "Ustedes parecen perros y gatos", decía mi mamá.

Cuando yo tenía dos años y medio me enfermé. Lo que empezó como una simple gripa se convirtió en una peligrosa y casi mortal neumonía. Cuando mi condición empeoraba, los doctores, incluyendo a mi papá, decidieron trasladarme de urgencia a Houston. Y así fue… el Texas Children's Hospital fue mi casa por más de un mes, tiempo en el que mi hermano tuvo que quedarse en México en la casa de mis abuelos maternos, mis "titos".

Ahora, cuando miro atrás, puedo entender lo solo y asustado que debió sentirse sabiendo que sus padres y su hermana estaban lejos en un hospital. Abandono… eso mismo debió ser lo que sintió, porque por más que le expliques a un niño de cuatro años lo que está sucediendo, él sólo sabe que su familia está ausente, y esa ausencia se traduce en su psique como abandono.

Algunas situaciones que pueden despertar la herida del abandono son:

- La madre debe ocuparse de su recién nacido bebé. El otro hijo puede sentirse abandonado.
- Si los padres trabajan todo el día y no tienen tiempo para los niños, éstos pueden sentirse abandonados.
- Si el niño tiene que estar en cama en el hospital sin entender qué le ocurre, puede sentirse abandonado.
- Si el niño debe quedarse en casa de su tía durante unas cortas vacaciones, puede sentirse abandonado.

Normalmente la herida del abandono se reaviva con el padre de sexo opuesto al del hijo, y quien sufre de abandono también sufre de rechazo (con el padre del mismo sexo). Mientras sigamos estando resentidos con alguno de nuestros padres, tendremos dificultades con las personas del mismo sexo que nuestro padre, a quien no hemos perdonado. Para perdonar, no hay nada mejor que comprender que hicieron lo mejor que pudieron con lo que tuvieron.

Mi mamá me cuenta que fui muy valiente, y que superé sin problemas esos días angustiosos en terapia intensiva rodeada de doctores, enfermeras y niños enfermos. Yo no recuerdo casi nada; tengo el vago recuerdo de una enfermera muy cariñosa que me daba paletas heladas de limón, nada más.

Cuando regresé a México, según mis padres, mi vida continuó. Me recuperé casi de inmediato y seguí siendo la niña extrovertida y traviesa de siempre.

Hoy imagino lo que debí de haber experimentado: una niña de menos de tres años en peligro de muerte en un hospital. Escuchando a otros niños llorar, tratando de hacerme la valiente para no ver a mis padres sufrir, para que no se preocuparan por mí.

> Cuando una madre tiene el riesgo de perder a uno de sus hijos, se puede cubrir con un caparazón para no sufrir, lo que puede conllevar la sobreprotección del hijo para así no enfrentar situaciones dolorosas nunca más. Crece la ilusión de que al haberse salvado el niño es perfecto.

La casa de mis titos está grabada en mi memoria como un sello imborrable. Esa casa encerró tantos sueños, tantos juegos... ¡tanta magia! Mi tita era una abuela cariñosa, me sentí siempre amada por ella, pero también sabía que sus ojos escondían una especie de profunda melancolía, tristeza... y es que, como dije, todos tenemos nuestra historia, nuestros recuerdos de niñez grabados en cada célula... y eso se lleva consigo siempre, es parte de uno. Yo le escribía cartitas diciéndole cuánto la amaba, y lo seguí haciendo en la adolescencia y en la adultez, hasta el día en que murió.

Esa casa era mi castillo, en el que, al ser la única nieta mujer, era la princesa. Mi tito era mi héroe, y jugar a "los bandidos" con él era mi momento preferido. Su pelo blanco y sus manos con pecas eran la cosa más linda que yo podía imaginar; entrar a su biblioteca con sus sillones de cuero negro, su escritorio enorme y sus libreros, era como entrar en una película de esas antiguas, y el olor de su ropa y de sus cosas lo llevo conmigo hasta el día de hoy.

Él murió cuando yo tenía siete años, una edad en la que la muerte no es muy bien entendida por un niño, y difícil de explicar por un adulto. Fue de las pocas veces que vi llorando a mi madre. Mi abuelo era su mejor amigo, ella tenía sólo 34 años cuando él se fue; todavía lo extraña, y yo también.

> La muerte es un concepto complicado de entender en la infancia, cuando la vida es natural; el dolor de la pérdida puede hacer a los padres estar poco presentes en las acciones de sus hijos y dejar de reprenderlos para evitar más confrontaciones. La no corrección puede hacer que los infantes no sepan diferenciar entre el bien y el mal y que puedan equivocarse o lastimar a los demás.

En la casa de mis titos yo era libre. Tenía como mascota un conejo llamado Skippy; eran sábados felices de juegos y fantasía... sí, ¡era mi castillo! Siempre fui una niña imaginativa, me encantaba jugar a las muñecas, las películas de Disney eran mis favoritas... No sé si hay alguien que lloró más que yo con ¡*Bambi*! *Blanca Nieves* fue por años mi favorita, junto con *Peter Pan*, *Bernardo y Bianca*, *Pinocho* y muchas más.

También amaba los cuentos. Cómo olvidar a *Caperucita Roja*, a *Los tres cochinitos y el lobo feroz*... tantas historias que forman parte de mi infancia, muchas que hice propias... películas, juegos y cuentos de colores que eran lo máximo... ¡lo máximo!

Los domingos la pasábamos en casa de mis abuelos paternos, también "titos". Mi padre, como ya dije, tenía ocho hermanos. Tías, tíos y primos por todos lados... ¡cómo nos divertíamos! Cuántas veces montamos los *shows* para la noche de Año Nuevo, cuántas veces bailamos con la música de Timbiriche y Parchís, épocas que viven con nosotros por siempre. Salir al parque, jugar a la matatena, al resorte y a las escondidillas. Ver *Chabelo*, *Burbujas* y mi preferida de todos los tiempos: *Mundo de Juguete*, con Cristina, Don Mariano y Rosario, la hermana Carmela, la madre superiora y ¡la preciosa abuelita en la casita! Tener tantos primos y primas trajo mucha felicidad a mi mundo, estábamos siempre rodeados de risas, juegos, cantos. Sí, la casa de mis titos paternos fue importante en mi vida. Esa casa me hacía sentir que pertenecía a algo, a una familia grande y bella.

Mi abuelo también era pediatra y amante de la ópera. Fue un abuelo cariñosísimo. Era un hombre con un gran corazón, igual que mi papá. Cuando yo tenía 15 años murió de cáncer en el colon. Recuerdo que fue muy duro y difícil verlo en sus últimos días en esa cama de hospital que instalaron en su cuarto. El día que murió quise entrar a despedirme, no podía irse sin que yo le dijera adiós. Entré a su cuarto y me senté a su lado en la cama. Él ya casi no hablaba y no reconocía a nadie; yo tomé su mano y muy cerquita de su oído le dije que descansara tranquilo, que ya no tenía que sufrir más, le dije que lo quería muchísimo y que lo recordaría siempre.

Mi abuela era un ama de casa que se la pasó embarazada toda su juventud y ¡parte de su adultez! Tuvo nueve hijos, pero iban a ser como 13. Perdió a cuatro. Eran otros tiempos, no puedo imaginar cómo sería tener nueve hijos, pero ella lo hizo y mi papá me contó innumerables anécdotas con sus hermanos. La convivencia era difícil a veces, y el cariño que tenían que compartir los nueve con sus padres en ocasiones dejó a uno que otro atrás, con menos posibilidades de un autoconocimiento y autovaloración que todo niño necesita para construirse una autoestima firme. Mi papá, siendo el mayor, creo que tuvo suerte.

> El no ser reconocido por sus padres puede hacer a las personas inseguras y en búsqueda de saber quiénes son, por no haber tenido dirección y claridad respecto a la importancia que tienen en el mundo, diluyéndose en una enorme familia. Esta situación puede generar temor por involucrarse y así quedar aparte de las cosas que suceden a su alrededor sin levantar su voz, con lo que pueden convertirse en testigos de bullying.

Mi abuela tenía un carácter diferente al de mi abuelo. Parecía ser más dura, menos dispuesta a demostrar su cariño, aunque era sólo una coraza, porque en varias ocasiones pude sentir su amor: cuando estuve internada en el hospital, ella acompañó en muchas ocasiones a mi mamá para estar conmigo, y aunque ella y mi madre no fueron las mejores amigas, sé que en tiempos de tristeza, como los que pasaron cuando estuve enferma, mi abuela dio lo mejor de sí misma y apoyó muchísimo a mi mamá. Se conectaron quizá por ese amor maternal que compartían y pudieron unir fuerzas en el momento adecuado.

En esa casa siempre hubo chistes, risas, y se notaba el cariño y la hermandad entre mi papá y todos mis tíos y tías. Tener tantos primos me hizo muy feliz, y siendo la mayor, después de mi hermano, tuve la oportunidad de conocer a mis primos en todas sus edades y etapas, ver las diferencias entre géneros y cómo la personalidad de cada uno lo hacía especial en mil formas.

Creo que la familia es la mejor escuela para un niño, ahí se dan tantas oportunidades para descubrir el mundo cuando uno va creciendo. Aprendes a compartir o no, a escuchar, a ser empático con los sentimientos del otro, a reír... y a amar incondicionalmente.

En las familias numerosas uno siempre tiene sus preferidos, alguien con quien tienes más química... o con quien quizá, por la edad, eres más compatible. Indudablemente mi prima Valeria fue mi preferida. Sólo le llevaba dos meses de edad, éramos y somos hasta ahora como hermanas. Diferentes totalmente en carácter y personalidad, pero qué bien nos llevábamos. Los papás de Valeria y los míos eran íntimos también. Viajamos juntos tantas veces… y cada una fue inolvidable. Anécdotas y recuerdos maravillosos que han ido sumando a quien soy hoy.

Hoy mis abuelas y abuelos ya no están físicamente, pero su recuerdo, sus palabras y sus vidas están en mí… fluyen en mí. Son parte de mí, de quien soy. Los abuelos son un eslabón importantísimo: la columna vertebral de mi realidad emocional. Eso lo sé hoy. Si los tuviera frente a mí una vez más solamente les diría: "GRACIAS, gracias, abuelos, por la vida que vivieron, por lo bueno y lo no tanto, por el cariño demostrado cada quien desde su forma de ser y sus posibilidades emocionales; por los dulces y las galletas; por las muñecas y las pelotas; por dejar que sus casas fueran mis castillos; por el amor que me ofrecieron, por sus abrazos, por las quinientas curitas puestas en mis rodillas, por ser padres de mis padres, por darle a la familia el significado que realmente tiene, por el perdón que más de una vez fue necesario… GRACIAS".

Así es la historia breve de mi familia, o por lo menos de la visión que tengo de ella. Cada miembro que forma parte de un grupo tiene sus propios recuerdos, sentimientos y formas de ver la vida, eso es parte de ser personas únicas e independientes y también ayuda a conocernos los unos a los otros para poder convivir en armonía.

Ahora que tengo una familia propia, seré algún día un eslabón para mis hijos y mis nietos, y con mucho amor logro cada día conocerme un poco más para dejar esa huella en el corazón de los míos, que son prestados por un tiempo nada más.

Por eso, en estas épocas duras y de cambios que vive nuestro mundo, es importantísimo recordar el verdadero valor de la familia: no es una tradición, no es algo cultural, no es una rutina repetida en el tiempo a lo largo de miles de generaciones. La familia es un sentimiento, es como un hueso que no puede faltar en nuestro esqueleto, porque si falta no podríamos movernos igual, algo no marcharía bien.

La familia es algo que tiene que seguir de pie en una sociedad en la que los valores son lo último que quieren aprender los jóvenes; la familia rescata de muchas dudas a sus integrantes, sirve de apoyo en momentos difíciles, nos da fuerza para continuar cuando pensamos que no podemos más. Pero mucho de esto dependerá de uno mismo, de la forma en que elijamos mirarnos los unos a los otros dentro de nuestras familias; porque no por ser parte de una familia tendremos que estar siempre de acuerdo, pero lo que sí podemos elegir es nuestra actitud, nuestras respuestas emocionales a las situaciones de discordia, podemos dar el primer paso y escoger el amor y el respeto ante todo, si se logra eso... después las cosas se acomodan solas siempre.

Las historias guardadas y los secretos a voces en las familias también son parte de su desarrollo a través del tiempo, sin juicios y con la mente y el corazón abiertos, podemos ahora recorrer esas historias y sanarnos mediante el aprendizaje que podemos descubrir en las distintas personalidades de nuestras familias.

Por eso, como cuando era niña, sigo pensando que mi familia ¡es como todas!

> La familia es la médula de nuestra sociedad, sin ella nada y con ella todo. Todo es posible en un niño que ha nutrido bien su seguridad y el amor por la vida a través de sentirse amado y reconocido por los demás. La influencia positiva que ejerce la familia aleja a los niños de la tentación de buscar imágenes sustitutas que no siempre son buenas influencias.

CAPÍTULO 2

LA ESCUELA

TRIXIA

Mi primer día de escuela lo recuerdo con horror. Era una escuela azul, gris y fría; no había ni un miserable arbolito que te diera la bienvenida. Las maestras mal encaradas te decían, sin la menor ternura, que era momento de entrar a clases y que soltaras a tu mamá. Me acuerdo perfectamente de que no quería soltar su pierna y a mis tres añitos tuve que crecer en un minuto miles de años para alejarme de ella. ¡No quería dar ese paso!

Con lonchera de metal en mano, una mochila que para mí pesaba la vida entera y muerta de miedo, caminé a mi salón... Todavía recuerdo sentirme perdida, abandonada, desolada. Nadie estaba ahí para sonreír, pues creo que su idea educativa era formar en disciplina y autocontrol a los niños desde pequeños. O sea que si ibas a la escuela significaba ser grande y había que echarle ganas.

Por fin llegué a mi destino: Maternal D... Todos esos años estuve en un salón con la letra "D", ya que en esa escuela jamás cambiaban a los niños de aula, ni los revolvían, por lo que en una generación de 40 niños por salón y seis grupos, jamás conocí más que a los mismos 40 desde ese primer año escolar. Sólo cambiaban el panorama unos cuantos nuevos que entraban cada año y otros que se salían sin que nadie supiera más de ellos.

Todo, absolutamente todo, olía a plastilina, no entiendo —hasta la fecha— por qué ese olor me hace querer llorar y me parece tan repugnante. El salón era un poco menos frío que el resto de la escuela, y todo tenía recortes de figuras con papel lustre muy brillante y de colores intensos que simbolizaban ciertas palabras en inglés, como *"sun"* y la figura de un sol. También estaban las letras arriba del pizarrón y los números.

Una maestra gritona entró para decir muy fuerte: *"Good morning, children"*... y luego, por educación ante unos pobres infantes que apenas podían caminar, agregó: "Buenos días, niños, yo voy a ser su maestra de maternal". Parece mentira lo bien que me acuerdo, como si estuviera viviendo de nuevo ese primer día de clases.

El recreo era la parte "menos peor" de la historia, y al llegar este esperado momento, las maestras eran menos severas y nos hacían un tipo de "cantos y juegos" para integrarnos a todos después de comer *lunch*. Además de esta gran diversión, podía estar un ratito en el sol para descongelar mis huesos, pues como ya dije antes, siempre hacía frío, a los salones no les daba ni un rayito de sol y para mí el que un lugar sea oscuro es una verdadera tragedia. Salíamos como a la una de la tarde, y a partir de ese momento empezaban las maestras a vocear en un altoparlante: "Mario Juárez, ya llegaron por ti", "Samantha Gómez..." Y cuál sería mi sorpresa cuando, después de haber estado muy pendiente, durante muchos minutos, escuchando atentamente los nombres, noté que a mí no me llamaban... Cada vez se espaciaban más los nombres y ¡nada! Yo seguía ahí, en el rayo del sol esperando a mi mamá. ¡Me sentía abandonada siempre que llegaba tarde a sacarme de esa tortura llamada "escuela"! Y encima de todo, las maestras me decían sin la menor caridad ni amor: "Ay, dile a tu mamá que no te deje tan tarde aquí, ya tenemos que cerrar". Lloraba todos los días esperando a que llegaran por mí. Y ¿quién sabe? Tal vez mi mamá llegaba media hora tarde, pero a esa edad cada minuto cuenta.

> Los niños con heridas de abandono tienen problemas con la palabra *dejar*. Si alguien les dice: "Te tengo que dejar, tengo que irme", se sentirán heridos. Tienen dificultades para dejar una situación, persona o lugar. Cabe mencionar que la inseguridad y el temor al abandono pueden hacer a los niños vulnerables a sufrir bullying.

Ésa era mi escuela: un lugar de excelencia educativa con una formación bicultural para hablar inglés como nacido en Estados Unidos, tenía la máxima vanguardia y reconocimientos académicos, pero con unas maestras de "broma" que eran amigas de la dueña, quien era la "mujer más *chic* del momento" y todas —por "hacerle la barba"— querían codease con ella. Sólo algunas muy contadas excepciones realmente fueron buenas maestras y amaban su trabajo; el resto: ¡reprobadas!

Hay dos peores días de mi vida escolar: el primero de ellos fue cuando mi mamá llegó exageradamente tarde por mí y estas lindas mujeres ¡ya se tenían que ir! Entonces, justo enfrente de preescolar estaba la primaria, por lo que me dijeron que me llevarían ahí para esperarla. Yo estallé en llanto, les decía que mi mamá no sabría dónde estaría y que me iba a perder. Ya para entonces tenía unos cinco años y estaba en kínder II, o sea, para estas "brujas" yo ya era grande y debía entender razones. Me hicieron cruzar la calle y me dejaron a cargo de las maestras de primaria, indicando al policía que si mi mamá llegaba por mí le dijeran que estaba enfrente. Así, aterrorizada, me quedé con maestras que ni me conocían y entre ellas sólo decían: "Pobre, ¿no? Qué mala su mamá..." ¡Uy!, encima de mi miedo, mi dolor y mi pánico, ellas decían que yo tenía una mamá mala. Yo sólo quería gritar y llorar, pero preferí calmarme y respirar hondo para que no me regañaran.

Me paré derechita como un soldado junto a los barrotes y no podía dejar de asomarme a ver los coches pasar; en mi mente pedía con esperanza y dolor que por favor llegara ¡ya! mi mamá. Uno y otro pasaban... y nada, no era ella. Se iban cada vez más niños. Se fueron todos los niños de la primaria y yo seguía ahí. ¡Me habían dejado! Eso pensaba: me habían dejado abandonada y ya nadie me iba a encontrar. Ese día me marcó. ¡Mi mamá me dejó! Las maestras no dejaban de criticar la situación, hasta que una de ellas se apiadó de mí y me dio una paleta. Como volví a llorar, la otra me abrazó al verme desconsolada y estuve varios minutos en sus brazos tratando de recuperar la compostura, pero simplemente no podía.

Como a las cuatro de la tarde, mi mamá llegó hecha un mar de lágrimas y corriendo a recogerme. Me abrazó tan fuerte, tan nerviosa, tan angustiada... Y bueno, pues ¿qué fue lo que pasó?... Ésta es la peor parte de la escuela: resulta que nadie le había dicho a mi mamá en dónde estaba. Ella había llegado una hora antes y se encontró con el preescolar cerrado, por lo que tocó y gritó hasta que el policía apareció, pero no le dijo que yo estaba enfrente, sólo le dijo que no había nadie y que no sabía nada. Mi mamá se fue de regreso a mi casa y ahí la llamaron las maestras de primaria para decirle que yo estaba con ellas. Así, regresó por mí. Pero yo seguía asustada y, ahora, enojada.

> La emoción más intensa que sienten las personas con heridas de abandono es la tristeza. Buscan la compañía de los demás para no sentir esa tristeza. Al crecer pueden usar el sexo para sentirse próximas a la otra persona. Tienen miedo de todas las formas de autoridad, pues piensan que alguien autoritario es frío y no va a cuidar de ellas. Por eso los dependientes son cálidos con los otros. Criticar a los padres de un niño frente al mismo puede dañar para siempre su autoestima al pensar que sus padres son malos o indignos, lo que aumenta los problemas en la vida.

¿Por qué cuento esto? Porque todo fue por el mal sistema deshumanizado de la escuela que no daba ningún trato de amor a los niños. Con esta falta de atención rompieron aún más el vínculo entre mi mamá y yo. Ella, por un lado, me decía que no me tenía que enojar, que ella había estado ahí para recogerme y yo, por el otro, le decía que no era justo lo que me había hecho, que me había abandonado; esto se conectó con mi herida de abandono cuando al año me dejaron por más de un mes para irse de viaje, así que mi interior reconoció esto como: "¡Claro, de nuevo me abandonan, pues a nadie le importo!" Y fue un círculo vicioso que comenzó ahí y duró por años con mi mamá.

> Un niño necesita de su madre desde que está en el vientre. Al nacer, ella es su principal proveedora de alimento y de amor. Un niño que se siente abandonado a tan temprana edad tendrá cicatrices que pueden

> acompañarlo durante toda la vida y hacerlo recrear situaciones en las que se ponga en peligro de sentirse o ser abandonado.

El segundo peor día de mi vida fue el primer día de clases de preprimaria, cuando ya tenía seis años; llegué como siempre a la escuela contenta por aprender, pero muerta de miedo. Sin embargo, ya caminaba mejor y la mochila —aunque pesaba— era más tolerable que otros años. Ese año mis papás decidieron comprarme una mochila de piel de cochino, de esas duras, duras, que son las típicas mochilas antiguas como la que usa Chabelo en sus comerciales.

Dentro de la mochila debía colocar una regla de metal como parte del material que pedían en la escuela y todos los libros para ese primer día de clases. La maestra pidió que sacáramos la regla para trabajar por primera vez haciendo márgenes y demás cosas con ese instrumento, hasta entonces nuevo para mí. Recuerdo que a partir de ese año, los primeros dos días de la escuela debíamos hacer en todos los cuadernos, en cada una de las hojas, unos márgenes rojos superderechitos. Muy pedagógico, ¿no? Y, obvio, como yo era megacumplida y niña bien portada, quería terminar a tiempo, por lo que me estresaba en demasía por cumplir con ello.

Siguiendo con el tema de la regla, al tratar de sacarla se atoró con los bordes de la mochila y, como era de metal, al jalarla me corté los dedos. Y grité llorando: "¡*Miss*, me corté!" Y ella respondió: "¡Qué barbaridad... qué clase de padres tienes que te mandan esa mochila dura y fea y esa regla! Por eso te cortaste... Ya, deja de llorar y ve a la enfermería y ¡diles a tus papás que te compren otra mochila!" Uf. Horas de lágrimas y mocos. Me lastimó esa imborrable *miss* Paty con su pelo corto abombado y rayos de color blanco, como se usaba en esos tiempos, a quien sólo le importaba que pronunciaras bien *"vase"*... *"with a vvvvvvv"*, decía ella y apretaba fuerte los labios desesperada porque no lo hacíamos bien. Para mí ella fue la más bruja maestra que tuve, junto con la titular de sexto de primaria, *miss* Silvia, quien hacía favoritismo social entre los alumnos; si tu papá era Andrés García, por ejemplo, ella pasaba por alto todo tipo de groserías y cosas que para todos los demás eran consideradas graves faltas.

Pero en fin… esta escuela ahora, además de todo lo que me habían dicho, me mandaba el mensaje de que mis papás eran malos por comprarme esa mochila, esa regla… Y todo por la falta de vocación y cero tolerancia de las maestras ante las lágrimas de los niños y la nula supervisión del trato hacia los niños de preescolar. Todo ocasionado por el *bluff* que manejaba esta escuela, que se asumía como buena y "de moda", con un sistema único en su tipo, vanguardista, moderno, hasta *"World school"* se declaraban.

Hoy me doy cuenta de que si ésta es la educación globalizada moderna, yo me quedo cien veces con los valores de la escuela tradicional donde enseñan que el amor al prójimo y el respeto son la base de cualquier persona que se quiera llamar "educada". Pero por lo visto aquí habían olvidado la máxima de Aristóteles que reza: "El propósito de la educación es crear buenos ciudadanos". Nunca dijo mundiales, globales, bilingües, modernos, sólo dijo: BUENOS.

> La escuela es el primer contacto de un niño con el mundo. Cuando este mundo es injusto y favoritista, parcial y subjetivo, el alumno aprende del rencor, la rabia, la injusticia, la inseguridad, el miedo, la desconfianza que desencadenan deseos de venganza (se realicen o no) y que pueden desatar repulsión por la escuela en cualquiera de sus formas. Los maestros tienen la obligación de mostrar justicia educativa y ser cuidadosos con todos sus alumnos, pues así se evitarán situaciones de bullying, violencia, rivalidad y rechazo al estudio.

Pero ésta era mi escuela. Además, como grado de dificultad adicional, las expectativas que tenían mis padres puestas en mí eran que yo fuera la mejor, y eso me provocaba mayor angustia en mi vida diaria. Sin embargo, a pesar de eso, conseguí las calificaciones que ellos deseaban para que estuvieran contentos conmigo.

Maternal, kínder I, kínder II y preprimaria fueron los cuatro años que cursé en estos salones con cubos con letras para formar palabras, ábacos para contar, plastilina para crear y *flash cards* para aprender inglés. Los años pasaron lentos y cada verano que disfrutaba en verdad se veía ensombrecido cuando se acercaba el día para volver a la escuela de nuevo.

> Sin duda, el síntoma universal de los niños que sufren bullying, rechazo o exclusión es no querer ir a la escuela y el rechazo por el lugar al que asisten. Una de las maneras de detectar de forma temprana el bullying es observar la actitud de los niños al llegar y al salir de su escuela.

Si todos estos años fueron complicados para mí, al pasar a primaria e inaugurar el nuevo campus, una escuela construida para ser la mejor, con más cemento que aire, con más vorágine competitiva que educación, con más escalones que niños y con más colegiaturas caras que amor en el corazón, fue una tortura. Además de lo ya descrito... comencé a vivir bullying. ¿Niños felices para un mundo feliz? No fue mi caso.

RENATA

Cuando tenía casi cuatro años, entré a la escuela. Una escuela que quedaba tan cerca de mi casa que podía ir caminando, y así lo hacía cada mañana, hiciera frío o calor. Puedo recordar el paso apurado para llegar, contaba los pasos de la privada en la que vivía hasta la puerta de la escuela, y puedo verme saltando y cantando en ese camino, con mis dos colitas en el pelo y los broches que me ponía mi mamá para que el fleco no se me metiera a los ojos, y hasta puedo recordar el olor de las florecitas de los árboles que estaban en el camino.

Mi mamá me cuenta que el primer día de clases ni siquiera le dio tiempo de despedirse bien de mí, ya que yo entré corriendo a mi nueva escuela muy feliz y quitada de la pena. Creo que a veces las mamás sufrimos más que nuestros hijos en ese temido primer día de clases... Es la ley de la vida, ¿no creen?

No me acuerdo muy bien de ese momento, pero sí recuerdo que durante mis primeros años de escuela disfruté muchísimo de ella. Creo que era la escuela ideal para mí... Las maestras eran buenas conmigo y tenía la facilidad de hacer amigas y amigos rápidamente, el inglés me encantaba y me fue fácil aprenderlo y hablarlo.

Me acuerdo muy bien de una *miss* que me consentía mucho y les decía a mis papás lo inteligente, suspicaz y extrovertida que yo era; me llamaba "sonrisitas", porque yo siempre llegaba muy feliz a la escuela, con ganas de trabajar y aprender, y la verdad es que así era... ¡moría por la escuela! Si algún día me enfermaba, le lloraba a mi mamá para que por favor me dejara ir. Yo quería estar con mis amigas, quería disfrutar de ese recreo maravilloso en el que la imaginación nos permitía tanto. Ese mundo infantil en el que somos los personajes de cada película que vemos, donde somos libres porque aún somos niños.

> Encontrar una escuela donde un niño se pueda sentir cómodo y feliz, a donde sea natural asistir que incluso lo haga con gran felicidad, es síntoma inequívoco de que el alumno se podrá desenvolver aplicando el mayor potencial de sus habilidades, mismas que con el tiempo lo protegerán de sufrir bullying.

Aunque me encantaba estudiar, desde entonces mis problemas de conducta ya empezaban a notarse: "Renata es muy traviesa", decían, "pero no importa, porque es muy inteligente". Y esa frase la escuché siempre de mi mamá.

Ahora de grande, no sé bien qué tan bueno fue que me dijeran todo el tiempo lo inteligente que pensaban que yo era, ya que durante mi vida ha habido muchas cosas que no he logrado hacer muy bien, lo cual es normal en un ser humano que debe ser multifacético... bueno para algunas cosas, no tan bueno para otras tantas... pero como "Renata es tan inteligente", me costaba en mi autoestima no hacerlo todo bien.

> Las etiquetas radicales, buenas o malas, no son del todo benéficas en la formación. Las primeras edades son para descubrir un sinfín de cuestiones sobre nosotros mismos y vivir con base en una etiqueta no siempre es tarea sencilla; lo importante como padres o maestros es hablar por el momento, no etiquetar a la persona. Por ejemplo: "Fuiste muy inteligente en esa ocasión"... en vez de: "Eres muy inteligente".

En fin, hablando de la escuela... a mí me parecía bonita, enorme... con grandes patios para jugar y correr, la enfermería, la dirección, muchos salones, muchas *misses*, niños y niñas por todos lados.

Para mí era pura diversión. Me acuerdo de tener muchos amigos y amigas del mismo grado, pero un año antes de entrar a primero de primaria tuve una amiga que era más chica que yo.

Esta niña era güerita, de pelo chino; no recuerdo su nombre, pero me buscaba en los recreos y ¡la adopté!

Confieso que a veces descargaba esto que tienen los niños de agresión escondida, porque el irse separando de sus padres hace que vayan descubriendo que tienen un poder, que ya no dependen tanto de ellos para tomar decisiones. Estos sentimientos son normales en el crecimiento y, en el mejor de los casos, es un proceso que conduce a la independencia de cada niño y a saber manejarse en el mundo de los adultos.

Total que a esta niñita la pellizcaba sin razón, le jalaba el pelo... era como probar mis propios límites con la agresión. Ella no se enojaba, seguía queriendo estar en cada recreo conmigo y mis amigas, pero yo sabía que no estaba bien tratarla así porque no se lo contaba a nadie. Mi hermano en mi casa me molestaba mucho; tal vez ésta era una forma de que yo descargara ese peso en alguien que parecía más débil que yo por ser menor.

Con mis amigas no tenía mayor problema, pero me gustaba ser líder y que hicieran lo que yo quería. Si a veces no lo hacían, me enojaba con ellas y no les hablaba hasta el día siguiente cuando venían a pedirme perdón.

> Cuando un niño sufre agresiones de cualquier tipo la tendencia es descargarlas con quien pueda hacerlo. Es decir: "la violencia no se crea ni se destruye, sólo se transforma en otra forma de violencia contra ti o contra alguien más". El bullying es como "la papa caliente", me hicieron... yo busco a quién hacerle. Por ello siete de cada 10 niños en México lo padecen en alguna etapa de su educación.

Como en cada escuela, no faltaban nunca los niños molestones que te jalaban el pelo o se burlaban de ti, pero yo no me dejaba... si a alguno se le ocurría molestarme aunque fuera un poco, se iba a arrepentir. A esa edad empecé a conocer el poder que tiene la palabra y la personalidad de cada niño, y a darme cuenta de que esto representa un papel importante en el rol que jugará en la escuela.

Se fueron formando grupos y fui haciendo "clic" con unos más que con otros; me identifiqué con los que tenían características similares a las mías.

Me percaté de que uno busca la manera de pertenecer, de caer bien. Para mí, siempre fue importante sentirme parte del grupo, hacer reír a mis amigas, ser la que ganaba las discusiones y la que decidía a qué jugaríamos ese día. Sin saberlo, ya buscaba llenar vacíos.

El día de mi cumpleaños era mi favorito de todo el año, incluso más que Navidad. Era un día en el que ¡yo era la más importante! Invitaba a todas mis amigas a mi casa, mi mamá nos daba todo lo que me gustaba comer, era una gran oportunidad también para mal alimentarse y comer porquerías riquísimas. Mis amigas y yo pasábamos la tarde jugando, riendo y admirando los regalos que recibía, ¡ésa era la mejor parte de la fiesta!

La verdad es que tengo los mejores recuerdos de mis primeros años de colegio; puedo recordarme riendo, jugando, saltando por aquellos grandes patios en los que nos formaban cada mañana antes de entrar a clases. Recuerdo estar sentada en mi lugar en el salón y siempre inquieta, buscando qué decir para hacer reír a mis amigos y a la *miss*, terminando rápidamente los trabajos en clase para tener tiempo libre para dibujar, para que pasara más rápido el tiempo y llegara la hora del recreo, y entonces volver a ser libre y jugar y saltar hasta el aviso de la campana.

Fui una niña como tantas, llena de vida, de energía. Y mi escuela era parte muy importante de esa vida, a esa corta edad en la que el mundo encierra cosas sencillas y las ganas de diversión están siempre presentes.

> Pertenecer es el reto al que todo ser humano se enfrenta de manera permanente y constante a lo largo de la vida. La niñez es una etapa especial en la que los seres humanos aprendemos qué gusta de

> nosotros a los demás, qué se permite de nuestra conducta y qué podemos hacer para integrarnos. Las conductas negativas deben erradicarse por completo para que el niño no crezca pensando que es correcto hacer el mal para ser integrado en un grupo, lo cual deben enfatizar los padres y los maestros.

Así recuerdo esa primera etapa de la vida escolar, una etapa en la que formé lazos importantes, fui encontrando mi sitio en el mundo. Lo que vivimos en las escuelas puede ser sumamente importante para la formación de nuestro carácter, para la manera en que nos relacionaremos con el mundo más adelante.

Los padres mandan a sus hijos a la escuela pensando que será el espacio ideal para que crezcan sanamente, y muchas veces asumiendo que es la escuela la que los va a educar. Con ello, olvidan que lo que un niño ve en su casa es mucho más importante que lo que se le dice que debe hacer; el niño aprende lo que ve en sus padres, no lo que le dicen sus padres. Y en la escuela aprendemos, crecemos, razonamos, investigamos, nos recreamos, nos aliamos, nos buscamos en los otros… afianzamos lo que traemos de casa y vamos descubriendo las diferencias con los amigos y amigas, usamos los valores que nos son dados y las herramientas que poseemos.

Mi escuela… grande, llena de patios, de salones, de voces que aún puedo escuchar, de maestras que pueden marcarnos con su buen trato y su forma de enseñar, o de amigos que llegan y cuya amistad puede durar para toda la vida.

CAPÍTULO 3

LA TORTURA

TRIXIA

Pues bien, aquí fue donde se originó el más grande dolor de mi corazón... La verdad no sé ni cómo empezar a describir todo lo que viví y sufrí en esos seis años. Realmente fueron muy dolorosos.

Entré a primero de primaria. Fuimos la primera generación en entrar al mazacote de cemento *"World school"*, como declaraba un inmenso letrero labrado, obviamente, en el cemento de esta escuela. Todo relucía, aunque por falta de planeación algunos pisos eran muy resbalosos y peligrosos para los niños.

Llegué a mi salón. Aquí ya éramos muy grandes, de acuerdo a la filosofía de la escuela, y debíamos ser responsables, no olvidar ni un solo material, libro o tarea y todo sonaba a disciplina. Aunque esta regla sólo era ejecutada en cosas académicas y nunca sociales. No recuerdo quiénes eran mis maestras, sólo recuerdo a una niña llamada Renata, quien afirmaba ser vecina de una artista; todas las amigas de su grupito —que eran casi todas— iban muchos viernes a su casa a comer y, por supuesto, lo presumían. Yo desde siempre me sentí rechazada por ella y, siendo más pequeña, trataba por todos los medios de que fuéramos amigas y que pudiera ir a mis fiestas para asegurar que fueran las demás. De hecho, creo que alguna vez fue a una y yo me sentí feliz.

En preescolar como que no se notaba tanto la marginación que existía, pero ya en primaria la vida se dividía en dos: amiga de Renata o no amiga de Renata, lo cual se traducía en ser su archienemiga y entonces sufrir las consecuencias. En ese primer año de primaria y con siete años comencé a sentir la exclusión.

Nadie quería jugar conmigo en el recreo y pasaban los días sin que nadie me hablara. Como me sentía muy sola, trataba de refugiarme en los grupitos de niños que, a esa edad, lo que menos quieren es a una niña en su "bolita". Recuerdo a un niño llamado Marcelo que siempre fue amable y al no gustarle el futbol como a todos los demás, me aceptaba y me acompañaba.

Sin embargo, en el minuto en que Renata notó mi amistad con él —y creo que también se dio cuenta de mi existencia— comenzó el total terror. A partir del primer mes de clases, cuando ya se habían establecido los grupos —30 niños de parte de Renata, algunos por ahí aislados, yo y mi soledad y a veces acompañada de Marcelo—… ¡error!, ella comenzó a molestarme con mucha intensidad.

Yo, quien hasta ese momento era nadie, por lo tanto solamente excluida y solitaria, me convertí en el blanco de sus ataques, burlas, insultos y bromas pesadas. También lo hizo con Marcelo, quien dejó de ser mi amigo de inmediato, pues siendo un niño estudioso y pacífico como era, no era raro que evitara estar en situaciones complicadas, así que volví a quedarme totalmente sola, pero ahora también molestada.

¿Qué me podían hacer que me hería de tal manera? Pues me decían que era rara, que nadie nunca quería estar conmigo y que ¡me gustaban los niños! Grave error juntarme con un niño, puesto que Renata comenzó a encabezar los ataques y burlas con la cantaleta: "¿A poco crees que le gustas a alguien? ¡Tú no le gustas, ni le vas a gustar a nadie!"

> El bullying verbal marca más que los golpes, pues de acuerdo con encuestas levantadas por Fundación en Movimiento, una palabra te puede marcar para toda la vida y puedes estar por semanas pensando en las palabras que te dijo alguien. La configuración de cada uno de nuestros pensamientos está condicionada —en un alto grado— por los estímulos del exterior, por lo que si los estímulos son negativos la persona puede formarse una idea negativa sobre sí misma.

Éstos fueron mis comienzos con el bullying: primero excluida, con un ambiente de maestras que, lejos de acercar a los niños, los alejaban al marcar sus diferencias. Siempre trataba de buscar amigos y no estar sola, hasta que me convertí en la criticada, marginada y molestada ocasionalmente por casi todos mis compañeros, lo que poco a poco se convirtió en una tortura mental.

Yo no sabía qué hacer ni a quién recurrir; lo único que sabía es que me dolía llegar cada día a la escuela y no quería decirles a mis papás, porque ellos hablaban maravillas del colegio y de lo afortunada que era al asistir a ese prestigiado lugar. Así, cada vez que pensaba en decirles lo que ocurría, me callaba, pues no los quería decepcionar. Yo quería su aprobación, su cariño y su reconocimiento, y si el camino para obtenerlo era mi permanencia en la escuela estaba decidida a hacerlo.

> Un niño siempre buscará la aprobación de sus padres; aun cuando las circunstancias sean adversas, luchará por ser el mejor hijo posible ante los ojos de sus padres, muchas veces dejándose de lado y suprimiendo sus necesidades.

Los ataques, que en un principio eran ocasionales y sólo por diversión de Renata y sus amigas, se volvieron constantes. Se burlaban de mi *lunch* "asqueroso", de mi estuche "cursi" y me llamaban "especialita". Aunque nunca entendí realmente a qué se referían al decirme así, me hacían sentir mal.

Lo increíble del caso es que yo quería pertenecer a su grupito, que me aceptaran y me quisieran. Recuerdo que de pronto otras niñas —las no amigas de Renata— se hicieron mis amigas porque jugaba muy bien resorte y avión, ya que era larga y flaca y brincaba muy alto, por lo que las hacía ganar; pero para mí esto no era suficiente, no me podía conformar sólo con tener estas tres o cuatro amigas que me invitaban a jugar durante el recreo. Yo quería ser del *Renatateam*, pues, repito, en esa escuela o estabas con Renata o estabas sola.

Año con año crecía mi frustración al no ser reconocida ni mirada, ni aprobada por Renata. A pesar de los insultos y daños, cada año la invitaba a mi fiesta con la esperanza de que fuera y así las otras niñas también lo hicieran. Para mí, mi cumpleaños siempre ha sido un acontecimiento y para mis papás también, así que las fiestas eran de diversos temas (disfraces, alberca, Parchís, Timbiriche...) y con todo lo necesario para hacerlas grandes éxitos... Eso hubiera sido, ¡si tan sólo hubiera habido niños en ellas! Por eso para mí era tan importante su aprobación, ya que varias de mis fiestas quedaron vacías por su culpa, pues los amenazaba o algo así para que no fueran, o simplemente por el hecho de que ella no iba, nadie lo hacía —sólo iban mis primos, amigos de fuera y alguno que otro compañero de la escuela—.

Recuerdo muy bien una de mis fiestas, en la alberca de mi casa, donde por azares del destino fue el niño que me gustaba. ¡Ay! Qué ilusión. "Vino Jaime", decía feliz, y más porque su mamá, quien era *megachic*, me regaló una Juanita Pérez, la mejor y más cara muñeca del mundo. Creo que cumplí 10 años. Ése fue uno de los días más felices de mi vida. Estuve con Jaime en la alberca, nadando, platicando, contenta porque, simplemente, había ido.

Trrrrrrrrr. ¡Regreso a la realidad! Cuando llegué el lunes a la escuela, varios niños ya le habían contado a Renata lo de mi fiesta y que había ido Jaime. Ella sabía perfectamente que me gustaba, esto ya era cuarto de primaria, así que ya era normal que me gustaran los niños. Total que al enterarse, me empezó a molestar horrible: "Te gusta Jaime, te gusta Jaime". No paraba de decirlo con su tono burlón y muerta de risa con sus otras amigas; entre ellas Blanca, que era de las peores. Yo me quería morir. A partir de ese momento decidí tres cosas: la primera, que nunca, nunca, nunca le iba a gustar a un niño guapo como Jaime, pues era mucho para mí; la segunda, que me quería morir o al menos ser invisible para no pasar por esto jamás, y la tercera, que nunca debía demostrar que alguien me gustaba porque de lo contrario sería humillada por ello.

Fueron semanas completas de molestarme; además de todo lo que ya me decían agregaron que no podía jugar, que era Oliva (la de Popeye) por tener patas flacas y largas, que tenía patas de pollo, por supuesto que era fea y la reiterada "especialita"... Esos dos últimos insultos fueron constantes en mi vida escolar. Lo peor de esta etapa fue que Jaime, a pesar de la gran persona que era, ni por casualidad me volvió a voltear a ver y jamás volvió a hablar conmigo, pues a él también lo podrían molestar. Así que además de la intensidad de bullying, me quedé sin poder hablarle al niño que me gustaba.

> Cuando el bullying toca la parte de la feminidad/masculinidad, quien lo sufre se puede formar la idea equivocada de no ser querido o aceptado por el sexo opuesto. El bullying que hace burlas referentes al valor que tiene la persona respecto a si le puede o no gustar a alguien, puede hacer que en el futuro el bulleado (agredido) se conforme con personas que no le interesan, por el miedo de esperar a la persona que en realidad le atrae, lo cual genera relaciones de conformismo y miedo que jamás serán amor. También se pueden tener ideas equivocadas de cambiarse de sexo o preferencia sexual al haber sufrido estos rechazos y burlas.

Cuarto de primaria fue el peor año de mi vida. Lo bueno es que entró a la escuela otra víctima de Renata, llamada Dulce, a quien comenzó a bullear porque decía que olía a humedad y que toda ella apestaba. Yo, por supuesto, no me alegré por ello, pero en el fondo distrajo toda la atención de mí e hizo que me dejara de molestar un poco. Así que terminé haciéndome amiga de Dulce y la quise mucho. Ambas éramos compañeras del mismo dolor y hacíamos los trabajos juntas. Aunque yo nunca fui su *hit*, era mejor estar sola y por ello me aceptaba y nos invitábamos mutuamente los viernes. Al parecer éramos buenas amigas, pero Dulce, con el dolor del rechazo que sentía, en ocasiones se desquitaba conmigo. Sin querer hacerlo, descargaba su enojo y coraje en contra mía, pero luego se arrepentía y era buena onda, por lo que yo seguí siendo su amiga. Digamos que catalizó mi dolor y me brindó compañía; además, las dos tuvimos de los mejores promedios escolares y fuimos alumnas de excelencia que queríamos hacer los trabajos perfectos, y esto nos conectaba.

Ese año tuvimos a la única buena *miss* que recuerdo de esa escuela del terror. Se llamaba Gaby, tenía pelo corto, chino y negro, y era superbonita y blanca como la luna. ¡Cómo la admiraba! Además era de las pocas personas que ponían en paz a Renata. Cuando nos invitó a ir a la misa de su boda, yo por supuesto que fui encantada y emocionada por ello, la veía como una princesa y quería ser como ella. Me puse de acuerdo con Dulce y ambas fuimos muy arregladas, con vestido, y creo que nos llevó su mamá y nos esperó hasta que terminara la misa para irnos a su casa a comentar el cuento de hadas que acabábamos de vivir. Fue una experiencia única, una de las misas más lindas a las que he ido.

Sin embargo, cuando las otras niñas se enteraron, muchas se burlaron de nosotras por haber ido a la boda de nuestra maestra, diciéndonos: "¡Qué cursis!" Decían que éramos unas "nerds" y que cómo habíamos hecho eso. Cualquier cosa era un pretexto para molestarnos y humillarnos. Ése es el punto con el bullying. Eso es lo que marca el corazón: la vergüenza que sentía de ser yo misma era indescriptible, me apenaba todo lo que yo representaba y era tan fuerte y doloroso el sentimiento, que yo negaba lo que me sucedía. Incluso mi hermana menor, Roxana, se daba cuenta de esto, y cuando me preguntaba algo, yo de inmediato reaccionaba muy agresiva contra ella y decía que no era verdad lo que ella percibía.

> Cuando un niño es menospreciado y acosado por demostrar quién es al querer formar parte de un grupo, natural en el ser humano, puede crear en su mente la idea errónea de que tiene algo malo dentro de sí mismo, y así su personalidad puede verse desfasada y crear problemas en todo su ámbito.

Mentirme a mí misma agravó el problema, pues junto con la fantasía de que lo que me sucedía no era cierto y el miedo que sentía cada día al llegar a la escuela, estaba totalmente paralizada. Todo mi poder lo había entregado a Renata y sus amigas, y mi estado de ánimo dependía de ello: si acaso tenía un buen día en el que nadie me humillaba, estaba bien, pero los muchos días que sí lo hacían me sentía morir. Muchos se me acercaban en grupitos de tres o cuatro en el recreo para ver mi *lunch*, al verlos yo quería comerme todo de un bocado para evitar los comentarios, pero siempre conseguían burlarse. "Se te pegó la servilleta al sándwich, ¿cómo te puedes comer eso? ¡Qué asco!" Yo claramente trataba de esconder entre mis piernas el horrible *lunch*, que tal vez no era tan malo o desagradable, pero cuando eres niño tú te mides en los ojos y palabras de los demás, y por ello su opinión llegó cada día a ser más importante que la mía. Yo ya no me creía a mí misma, les creía a ellos.

A esta etapa la llamo el "autobullying", pues de los 64 000 pensamientos que tenemos al día, utilicé más del 70% en repetir todas las cosas que me decían. No lo sabía en ese momento, pero comencé a configurar mi subconsciente y a crear un concepto negativo de mí misma. De la autoestima ni hablar, nadie puede quererse si se dice todo el día cosas feas y desagradables.

Nada hacía bien y comencé a pensar que algo no estaba bien conmigo y que nunca nadie me iba a querer. "No soy digna de ser amada", me repetía a diario, y si alguien me llegaba a querer yo pensaba que seguramente era un error, pues yo no merecía esto, yo era mala y algo estaba muy mal conmigo; así repelía el cariño que alguien me pudiera ofrecer: creé una coraza contra el amor. Esto se debió en gran parte a que desde chiquita me explicaron que si una persona te dice algo, no hagas caso, pero si TODOS te lo dicen entonces pienses bien qué estás haciendo, ya que no todos pueden estar equivocados, por lo que seguramente quien está mal eres tú. Ésta fue una de las ideas más fuertes con las que crecí, por lo que el bullying me llegó hasta el fondo, me lo creí completito.

> Sin un buen autoconcepto no puede haber autoestima. A ver, ama a alguien a quien todo el día le dices que es "tonto", "feo", "no valioso"… es imposible amar a quien no reconoces como alguien valioso. Por ello el autoconcepto es vital para formar un escudo contra el bullying, siendo la regla "LO QUE DIGAN LOS DEMÁS PUEDE PARECER IMPORTANTE, PERO LO ÚNICO QUE IMPORTA ES LO QUE DIGAS TÚ".

Terminó cuarto de primaria, por fin llegó el verano, pero con la mala noticia de que Dulce se iría a vivir lejos y yo me quedaría sin mi única amiga del universo. ¡Qué iba a hacer! Ese verano estaba desesperada, no se me ocurría ningún buen plan, todo me decepcionaba. Mi mundo estaba acabado. Mi dolor me llevó a ser hostil con mis hermanos. Recuerdo que los molestaba, los provocaba para agredirlos "con aparente razón", les pegaba y me portaba fatal con ellos. Estaba tan dolida que sólo quería quitarme el dolor pasándoselo a otro como si estuviera jugando a "la papa caliente" y al hacerlo se me fuera a quitar. Mis padres me regañaban constantemente: "Siempre provocas a tus hermanos", "¿por qué no puedes portarte bien?", "qué cruel eres", "parece que lo único que te gusta en la vida es pelear", "¿por qué no puedes estar feliz y contenta?"... y el peor de todos: "Arruinas todos los momentos". Ayy, qué dolor, sentía como si me echaran chile en el corazón cada vez que me repetían esto. Yo no quería arruinar nada, no quería molestar a nadie, no quería ser mala... yo sólo estaba dolida y lastimada y no sabía qué hacer con eso a mis 11 años.

Hoy en día, cuando veo un caso de agresión me detengo a pensar qué será lo que ha sufrido esa persona para reaccionar así. Pues me cuesta mucho, muchísimo trabajo pensar que alguien sea malo o se porte mal "porque sí", yo elijo pensar que detrás de todo agresor hay una profunda historia de dolor que lo lleva a actuar de esa manera. O en su defecto, una nula formación de la conciencia que no le ha hecho darse cuenta de la forma en que lastima a los demás. Así, en esos años me volví juzgona, criticona y toda la crítica que tenía para mí la tenía en la misma proporción para los demás. Odiaba mi vida, me odiaba, y lo peor es que acabando el verano tenía que regresar.

> El filósofo Rumi dice: "Todo lo que existe en el universo está en tu interior, búscalo allí". Como es adentro es afuera y como es arriba es abajo, es una ley universal. Cuando una persona alberga frustraciones, desprecios, coraje, ira, miedo... es lo único que tiene para proyectar al exterior. En definitiva una solución al bullying es obligar

> a todos los agresores (bullys) a asistir a terapia psicológica como condición de permanencia en la escuela; cuidar la salud mental es crucial para todos los aspectos de la vida.

Quinto de primaria no fue mejor que otros años, pero tampoco peor... al menos al principio las maestras de ese año fueron más estrictas y no permitían groserías en el salón. Ya en el recreo era otra historia. Sin embargo, tuve un gran golpe de suerte cuando en los primeros meses de clases un niño que siempre me molestaba me empezó a jalonear. En ese momento pasaban por ahí unas niñas de secundaria que al verlo lo sujetaron, le gritaron de cosas, lo jalaron de la gorra de su chamarra dándole vueltas y le dijeron muy terminantes: "No te metas con ella", mientras una de ellas me abrazaba y me decía que ya no llorara, que todo iba a estar bien. Pienso en ese día como "el día"; es el recuerdo más hermoso que tengo de la primaria, me sentí reconocida, respetada, valorada, cuidada, amada y valiosa. Cómo agradezco ese hermoso acto de nobleza que fue la punta de lanza para ocasionalmente defenderme de Renata y su club o de los otros agresores. Como se corrió el rumor de que yo tenía amigas "grandes", en varias ocasiones se detuvieron antes de atacarme. Otra ventaja fue que ya para este año tenía fama de jugar ultra bien resorte, y entonces me buscaban mucho en el recreo y en la salida para ver mis grandes saltos que me hacían ganar.

Fue en esa época que comencé a recuperar mucho de mi poder interno y de pronto hasta me atrevía a decir lo que pensaba en clase o a preguntar mis dudas sin temor a que todos mis compañeros dijeran a coro: "Aaahhh". Me sentí muy respaldada y feliz. Ya no me daban ganas de llorar al decir mi nombre, pues siempre me costó mucho trabajo contestar cómo me llamaba por miedo a que me dijeran: "¿Cómo? ¡Qué nombre tan raro!" Quería gritar cuando me decían eso, que era siempre, pero me limitaba a contestar cada vez en voz más baja, pues tenía un nudo en la garganta que no me dejaba hablar. ¡Siempre me dio pena decir mi nombre, así de poco me quería! Pero al fin parecía estar superando muchos de mis retos, y me gustó también darme cuenta de que podía hablar en inglés. Lo hablaba con mi lito, a quien le daba mucho gusto que su nieta mayor pudiera comunicarse así.

Aparentemente iba a ser un muy buen año. Estaba por primera vez recuperando mi seguridad cuando en abril nos tocó ver en ciencias naturales el cuerpo humano. ¡Noo! Otra ola de pretextos para molestar. Ahora eran más los niños en contra de las niñas en general, al burlarse de los cambios de su cuerpo y sacar conjeturas sobre quién habría tenido ya su periodo y quién no. A las pobres que usaban brassier o corpiño también les iba "como en feria", pues les jalaban el resorte para darles un latigazo por la espalda. Gracias a Dios, éste no era mi caso, pues al haber sido tan pero tan flaca, embarnecí muy grande, casi terminando la secundaria. Respiraba tranquila al saber que esta ola de bullying no me iba a tocar a mí. Por suerte así fue, y como ya casi era final de año, pronto llegaron las vacaciones y acabó ese ciclo.

> El bullying sexual se refiere a palabras o acciones que discriminan entre sexos, como difundir insinuaciones sobre la reputación de una persona, la forma de su cuerpo, toquetear, ver morbosamente a alguien, obligar a ver pornografía, enviar por correo, celular o redes sociales imágenes propias o de otras personas con aspectos sexuales o pornográficos y hablar con lenguaje soez (bajo, grosero, indigno, vil) o prosaico (insulso, vulgar). Tal vez el momento en que se presenta con mayor frecuencia este tipo de agresiones es durante la preadolescencia y la adolescencia, y en definitiva la escuela debe sancionar dichas conductas.

Verano: nadar, disfrutar, cantar, escribir (comencé a escribir canciones y demás cosas, hábito que conservo hasta hoy). Todo fue tranquilo y a los 12 años estaba dispuesta a entrar sin miedo a sexto de primaria.

Sexto de primaria, sexto de primaria... si pudiera borrar un año de mi vida muy probablemente sería éste. Aquí sí fue una verdadera tortura. Como dije desde el principio, los grupos no cambiaban, y de una generación de 300 niños siempre te tocaba con los mismos 40... Y entre ellos, por supuesto que Renata, ahora en su versión adolescente o preadolescente, apareció en primera fila. ¡No puede ser! ¡No puede ser! Me repetí estas palabras sin cesar, pues ahora ella y su club de *fans* se sentían las "grandes" de la escuela y desde el primer día no dejaron de humillar y maltratar a quien podían, y por supuesto, a mí.

Mi sensibilidad se agudizó con la preadolescencia y me volví más aprensiva a las críticas y ataques. Fácilmente Renata detectó esto en mí y desde los primeros días de clases se le hizo muy chistoso bautizarme con un nuevo apodo: "Lagrimitas Lily"... y entonces se le hizo todavía más chistoso cantarme la canción... y más chistoso aún cuando estallaba en llantos queriendo morirme y desaparecer de ahí, acorralada por un sinfín de niños y niñas —hasta de otros salones— que se juntaban sólo a cantar hasta que me hacían llorar. ¡Todos los días! En cada descanso entre clase y clase lo hacían. No sé por qué o para qué, pero me humillaron tanto, me lastimaron en verdad, mi corazón sangraba por lo menos dos veces al día, que era la cuota mínima de cantos diaria.

Sin duda ésta fue de las peores épocas de mi vida, este sufrimiento sin poder decirle a nadie, con agresiones que aderezaban los cantos, como robarme el dinero de mi *lunch* o tirarme el sándwich a la basura porque "daba asco" o pellizcarme cuando estaba de espaldas o acorralarme en el pasillo o seguirme al baño para agredirme o decirme que tenía pelos en las piernas... o... ya para qué sigo... Esto era una verdadera tortura mental, emocional, un infierno. ¡Cómo odiaba a Renata! ¡Cómo me lastimó!

Lo peor es que yo sentía que me lo merecía, que yo había hecho algo para provocar estos insultos y estos tratos porque era mala y no valía nada.

> El bullying psicológico no dimensiona desde la realidad lo que está sucediendo, sino que abarca todas las posibilidades futuras o las ideas que se hace la mente sobre lo que podría suceder. El miedo es el

> motor que surge de este tipo de acoso, que paraliza a la víctima ante la posibilidad de poder ser agredida física o sexualmente. Por ello se desarrolla un patrón de fatalismo y de pensar siempre lo peor, una especie de psicosis que lleva a la persona a no confiar. En casos graves puede derivar en sociopatía (contrario, opuesto a la sociedad, odio al orden social).

Mientras me atacaban, las maestras seguramente estaban tomando café en la dirección con la dueña de la escuela en sus descansos. Y nuestra titular, la peor maestra bruja, *miss* Silvia, era la favoritista de los ricos y famosos, y pues como yo no era rica ni famosa, no le importaba lo que me pasara. Jamás, nunca, nadie intervino en estas prácticas. Llegaba el siguiente maestro a dar clase, todos se callaban, se salían como serpientes o se sentaban en su banca, yo me secaba las lágrimas y aquí nada ha pasado.

Cada día debía reconstruirme, edificarme, tratar de no sufrir, disimular ante mis papás y mis hermanos que estaba en un profundo dolor, pues era tanta mi vergüenza que prefería fingir que todo estaba bien antes que reconocer mi problema. Me avergonzaba de mí misma, ¿saben lo que significa eso? Que realmente despreciaba mi persona y no me podía amar.

No sé cómo a mis ocho, nueve, 10, 11 y 12 años pude ser fuerte y valiente para fingir que todo estaba bien conmigo. No sé cómo pude soportar sin denunciar tantos años de maltrato y definitivamente no sé cómo pude tener la autoestima suficiente para sobrevivir a este infierno. Pero un día todo fue diferente... y este cambio ¡modificó mi vida!

Lo que sucedió es que no sé cómo ni de dónde saqué fuerzas, un día en que finalmente sin llorar, sin enojarme, sin sentimiento alguno, como si cada lágrima de mi corazón se hubiese secado, de pronto ante esta escena de los cantos recurrentes dije: "¡Yaaa! ¡Basta! ¡Ya no les permito que me maltraten!", y se hicieron para atrás. Todavía recuerdo a Renata, con su largo pelo negro y su media cola y sus aretes fosforescentes, que se impactó y no sé cómo se retiró y me dejó en paz.

> Llega un momento en que el niño que sufre de bullying tiene un quiebre, es decir… llega el momento en el que tiene que decidir si va a dejar que el acoso siga o si va a actuar para tratar de defenderse, algo así como: o me muero o me salvo. La autodefensa parece llegar de la nada, y al bully lo deja sin saber qué hacer, y es entonces cuando la víctima tiene la posibilidad de recuperar su poder y su dignidad.

Ese mismo día en la comida les dije a mis papás que no había manera alguna en que yo regresara a la escuela el siguiente año y les dije muy segura a mis casi 13 años que si ya habían pagado la reinscripción y no podían pagar otra, no me importaba ir a una escuela de gobierno si no tenían más dinero, pero que nunca, nunca, nunca regresaría ahí. El peor golpe fue su respuesta: "Ay, mijita, no entiendo, pero si a ti te encanta tu escuela"… Una daga en mi corazón.

No dudo que mis papás tuvieran esa percepción de que mi escuela era buena y que yo la disfrutaba, pues nunca dije lo contrario y siempre saqué buenas calificaciones… Sin embargo, tenía la ilusión de que ellos pudieran leer a través de mí y saber lo que sufría. No los juzgo, no era su obligación ser psíquicos, ni saberlo, asumo mi responsabilidad al no haber dicho lo que pasaba desde seis años antes, pero me lastimó el que no lo supusieran. Por eso, lo que yo más les pido a los papás es que vayan al menos dos veces al año a platicar con los maestros de sus hijos, y si son menores de seis años, vale la pena hacerlo con mayor frecuencia. Si tu hijo se porta RADICALMENTE diferente en la casa y en la escuela, hay un problema GRAVE. Su personalidad no está aflorando por una razón y una de ellas puede ser bullying. En mi caso yo era extratímida en la escuela y extraextrovertida, hasta grosera, en mi casa. Si hubiera habido mayor comunicación entre las partes (escuela-papás) mucho de esta historia se habría evitado.

No me arrepiento de las lecciones que recibí, y sé que no sería hoy quien soy sin este duro golpe a mi autoconcepto, a mi autoestima y a mi corazón, que se endureció hasta convertirme en una adolescente piedra. Por ello, todo lo que el día de hoy he podido servir, aportar, ayudar y dar de mí son mis experiencias que, por muy dolorosas que hayan sido, me han enseñado que se puede salir adelante, por duro que sea. Así que gracias a Renata y a todo este relato porque sacaron mi fuerza y mi valor…

RENATA

Llegó primero de primaria, misma escuela pero en diferente lugar. Ahora estaba mucho más lejos de casa, ya no me podía ir caminando. Mis papás se turnaban para llevarnos a mi hermano y a mí a esta nueva escuela que era mucho, muchísimo más grande que la de los "chiquitos" de prepri y kínder. ¡Ahí sí que sentí nervios cuando entré! Ya no era esta escuelita de mundo de juguete; aquí estábamos desde primero de primaria hasta sexto de prepa: salones enormes y muchos más alumnos por generación. Tampoco era una escuela azul, ahora era gris, toda gris.

Yo tenía a mis amigas y eso me hacía sentir segura. No me acuerdo muy bien de mis primeros años de primaria, o sea, no sé decir cómo fue primer grado, segundo y además; sólo tengo recuerdos de la primaria en general.

Realmente en primaria ya se notaba quién era "popular" y quiénes eran esos niños y niñas a quienes todos molestaban. Éramos demasiados alumnos por salón, creo que había cinco salones de primaria de 40 niños cada uno. Imposible para las maestras controlar a tantos; la verdad es que recuerdo que la mayoría de las veces era fácil salirte con la tuya, hacer travesuras, hablar en clase, hacer reír a los demás... era el pan de cada día. Se notaba la falta clara de límites, había mucha libertad para hacer lo que uno quisiera.

Yo, con mi carácter extrovertido y mis travesuras, estaba como en el límite... es decir, todo bien con mis amigas y con la gente que me caía bien. Pero por alguna razón empecé a volverme una de esas niñas molestonas. En ese entonces no existía el término *bully*, pero yo me convertí en una bully. Todo ese sentimiento de placer y diversión de estar en la escuela seguía… pero se fue transformando en una recarga de insatisfacción que sacaba en algunos de mis compañeros que no tenían las herramientas para defenderse.

Le hacía maldades a todo el mundo y mis amigas me festejaban todo, lo que me daba cierto poder y me hacía sentir líder. Si yo quería, podía ser la niña más amorosa y buena amiga, pero si algo me molestaba, o alguien no me hacía caso o no pensaba como yo, entonces podía convertirme en la más mala de la historia. Jamás golpeaba, pero sí hería con palabras, y ésas… ahora sé, hieren más que la agresión física porque tardan más en sanar.

Me burlaba de los gorditos por gorditos, de los flaquitos por flacos, de las feas por feas y de las bonitas porque sí. Era como una bola de nieve que va rodando y rodando y así crece más y más.

Me acuerdo de muchas y muchos que molesté, tengo sus nombres y apellidos grabados, y creo que es porque sacar las frustraciones propias en los demás, es como un espejo: te hacen mirarte y entonces te ves en ellos… lo que no te gusta de ti, tus miedos, fantasías infantiles, tantas cosas, y por eso viene todo a ser un círculo vicioso entre el que ataca y es atacado; finalmente ambos sufren, pero el más débil se lleva lo peor porque es puesto en evidencia, es atacado sin razón, es menospreciado y humillado enfrente de todos los demás.

> Cuando las escuelas no fijan claramente los límites entre lo que se permite y lo que está prohibido y no se preocupan por poner reglas firmadas por padres y alumnos, que les permitan hacer un acuerdo común para perseguir el bien de todos, es muy fácil caer en la permisividad y el relativismo, y ambas cosas provocan la anarquía escolar, pues al querer aplicar las reglas todo cae en el "depende" y "no fue a propósito", pretextos para educar de manera laxa y evitar formar con valores a los alumnos.

Incluso recuerdo que en una época en la que ya estábamos como en quinto de primaria empecé a molestar también a dos de mis mejores amigas. Me burlaba de los puntitos negros de la nariz de una y le decía "nerd" a Alejandra, que fue mi mejor amiga por años.

Podía ver la tristeza en sus miradas, el desconcierto que esto les causaba. Alejandra fue de verdad la mejor amiga que había tenido hasta entonces. Iba mucho a su casa y ella a la mía, iba los sábados a la casa de mi tita con nosotros. Recuerdo que una Navidad mis papás nos regalaron a mi hermano y a mí una moto pony Carabela. Terminando de comer en casa de mi tita salimos a andar en la moto por toda la cuadra, en la Colonia del Valle, y aunque en esas épocas era todo mucho más seguro en México, de todas formas podía ser peligroso andar en una moto por la calle siendo tan chicos.

Mis papás nos decían que por ningún motivo nos bajáramos de la banqueta, pero a mí no me importaba, y cuando era mi turno de dar la vuelta a la manzana, me subía para manejar. Ale estaba atrás, y confiaba en mí. Conducía lo más rápido posible y a veces no me bastaba la cuadra y cruzaba la calle sin fijarme bien.

Ale sólo me decía: "Cuidado, Ren", nuestras risas y la adrenalina hacían todo mucho más divertido.

Con ella hice una amistad de hermanas; sus papás me querían mucho y yo a ellos. Por eso cuando empecé a molestarla sin razón, sé lo mucho que debió dolerle. Después de un tiempo, obviamente perdí su amistad… algo que me dolió en el alma cuando descubrí que yo lo había causado. Sin embargo, gracias a la vida, años después, no hace mucho, pude reencontrarme con ella y sanar heridas de ambas, ¡gran regalo que agradezco profundamente!

Yo lo veía como normal: todos molestaban a alguien, y los molestados lloraban, te acusaban… venían los reportes cada viernes por mala conducta, pero realmente no había ningún otro castigo por parte de la escuela.

> Lo normal se vuelve lo cotidiano, y lo cotidiano se convierte en bueno; por ello ante una ola creciente de estímulos para utilizar, vivir y crear violencia es común encontrar agresores "por repetición" que simplemente no creen que su falta tenga algún dejo de mala voluntad

> o maldad, creen que es una forma de diversión y esto se ha convertido en el consenso de la juventud respecto al bullying.

En mi casa tampoco pasaba nada, pues mis papás eran muy felices con mis buenas calificaciones. A la parte de la conducta no le hacían mucho caso, y mi mamá sólo me preguntaba: "Renata, ¿a quién molestaste ahora, mijita?" Yo le contaba riéndome, tal vez en el fondo buscando ese límite que necesitaba, pero ella me escuchaba y yo podía ver sus ganas de reírse conmigo; era como si ella pensara que su hija era fuerte por eso.

Hubo ocasiones en que las mamás de algunas niñas que molestaba iban a la escuela a regañarme. Nunca voy a olvidar una vez que estaba formándome un lunes para la ceremonia de honores a la bandera, cuando de pronto sentí un jaloneo en mi brazo derecho, y un apretón muy fuerte, me di media vuelta y vi la cara de la mamá de una niña que se llamaba Mónica; sus ojos estaban tan grandes que parecía que se le iban a salir, y con una voz de ogro, muy enojada, me dijo: "Más te vale que dejes de molestar a mi hija o te las vas a ver conmigo, ¿me entendiste, escuincla estúpida?"

Me quedé helada, me sentí agredida por completo. Llegando a mi casa le conté a mi mamá. Se enojó tanto que al día siguiente la esperó a la hora de la salida, y cuando la vio se bajó del coche. Me daba miedo que se pelearan, y también me daba pena que alguien viera a mi mamá haciendo eso. Se le acercó y sólo pude ver los ojos de mi mamá y su boca moviéndose, la agarró del brazo igual que ella me había agarrado el día anterior, y le dijo algo que no pude escuchar porque yo estaba adentro del coche.

La mamá de Mónica se quedó callada, tal vez intentó hablar, pero mi mamá no se lo iba a permitir. Regresó al coche, arrancó y nos fuimos. Creo que sus carcajadas duraron todo el camino hasta mi casa; estaba muy orgullosa de lo que le dijo a la señora, me dijo que no me preocupara nunca más, que esa señora jamás volvería a tocarme.

Confieso que yo también me contagié de la risa de mi mamá y me sentí muy protegida por ella, pues sacó las garras por mí. Yo también lo haría por mis hijos, porque pase lo que pase, y aunque se te antoje ir y agarrar de los pelos a la niña o niño que molesta a tu hijo, como adulto debes controlarte y manejar la situación entre adultos.

¡Mi madre me ha contado tantas historias de su infancia!, muchas de ellas tan divertidas. Es evidente que si el término *bully* hubiese existido en su época, ella se habría llevado el premio mayor... el más grande de todos... ¡la medalla de oro!

Desde chiquita me dijo lo que su papá le decía a ella: "No molestes por molestar, ni pegues por pegar, pero si te molestan o te pegan... pues les das más fuerte". Y no es que yo no esté de acuerdo en que sepamos defendernos, claro que un niño debe saber hacerlo, pero creo que mi mamá realmente nunca vio la gravedad del asunto. Esto no lo digo con rencor ni juzgando; aunque confieso que hubo un tiempo en mi adultez joven en que le echaba la culpa a mis padres por todo lo que no me funcionaba en la vida, pero ahora puedo decirlo con sinceridad, sin emitir juicios —creo que uno debe ser sincero consigo mismo para conseguir adentrarse al descubrimiento de quien es— y tengo que confesar que creo que no obtuve los límites suficientes de mis padres en el tema del bullying.

> Los padres son los responsables de establecer los conceptos del bien y el mal, y en ambos conceptos lo absoluto es lo que les da validez. Si nos reímos y minimizamos los actos de los niños y jóvenes que nos rodean —al pensar que es mejor que ellos agredan a ser agredidos—, claramente estaremos formando ciudadanos que en un futuro no concebirán la empatía, el respeto, la autocontención, la tolerancia y el amor al prójimo como valores importantes. Por el contrario, creerán que salirse con la suya, ganar y pisotear a los demás son signos de superioridad y éxito.

Pero ahora que también soy madre puedo ver que uno hace lo mejor que puede con las herramientas y la conciencia que tiene en ese momento. Entonces creo que nunca hubo un límite para mi comportamiento y el bullying seguía y yo, sin saberlo entonces, también crecía llena de resentimientos y haciéndome daño al lastimar a los demás.

Me acuerdo muy bien de una niña, blanca como la nieve, alta, delgada y muy bonita. Se llamaba Trixia. Fue una de las niñas que más molesté en primaria, junto con mi grupo de bravuconas y bravucones que se unían en mi cruzada de molestar a los dizque más débiles.

No sé ni cómo empezó. Mi mente no me deja recordarlo bien, debe ser una defensa ante la culpa que hoy siento al recordarlo. En fin... la molestábamos, y ¡feo! Le decía que era fea... lo cual no podía estar más lejos de la verdad, la acosaba, la humillaba, la desvestía emocionalmente... no la dejaba en paz, le criticaba su *lunch*, su mochila, su lonchera...

Llegué al grado de que si yo veía a alguien de mis amigas o amigos hablar con ella... ¡uff!, se arrepentirían, ¡se los prohibía! "Prohibido hablar con Trixia Valle, prohibido ir a sus fiestas de cumpleaños, prohibido acercarse a ella", les decía.

Algo en ella encendía algo en mí, y al no poder defenderse era más fácil para mí poner absolutamente toda esa parte infeliz mía en ella.

Quiero aclarar que jamás, ni por un momento, en mi mente de niña tenía idea de lo fuerte que era esto. No podía ni imaginar las repercusiones a futuro, por eso es que hubiera sido tan importante un límite, alguien que en verdad me dijera: "BASTA", porque confieso que en ese entonces no sentía remordimiento alguno; a veces me sentía grande, fuerte, poderosa, y esto es realmente peligroso porque puede convertirse en un camino sin regreso a uno mismo.

Y mientras en la escuela, al molestar, me sentía fuerte y poderosa, en mi casa me sentía aplastada por mi hermano y sus insultos; él me molestaba a mí y yo molestaba a Trixia y a muchos más. Era como un círculo, un enganche... el que ataca y es atacado, pero no es nada simple, no empieza con el que ataca ni termina con el que es atacado: hay mucho más al comienzo, en medio, y al final... emociones, vacíos en cada uno, historias que no son iguales pero se entrelazan por razones emocionales. Es realmente un proceso así de intenso.

Yo veía la derrota de Trixia, ahora lo explico con palabras de adulto, pero tengo el recuerdo de saber lo infeliz que la estábamos haciendo. Tengo grabado el sentimiento de impotencia y desolación que mostraba su carita, y si cierro los ojos, estoy ahí, en ese patio, en ese salón, frente a Trixia, con mis secuaces al lado, haciéndome guardia… Puedo verme señalándola, puedo sentir la adrenalina que se apoderaba de mí… Puedo sentir una vez más esta especie de "fuego" que iba subiendo desde mi estómago, y cuando pasaba por mi pecho, cerca del corazón… había un aviso, un pequeño susurro que me decía: "Cuidado, Renata, no sigas…" Un aviso de mi conciencia, un "basta", y después seguía el fuego, hasta llegar a mi boca, de la cual salían esas palabras espantosas, el fuego terminaba en mi cabeza y *boom*… Terminaba la explosión, y como un león satisfecho después de devorar a su presa, me iba, para regresar al día siguiente y empezar la cacería una vez más.

Hoy, cuando recuerdo lo que le decía a Trixia, a esa niña hermosa que hice sentir como la más fea, la menos deseada, la apestada, puedo ver que todo eso era lo que yo sentía de mí misma. Ella no era ninguna de esas cosas, ¡yo tampoco! Pero así me sentía, y ella fue un blanco fácil para mí, en ella deposité esos sentimientos propios que no sabía manejar y que no encontraban una salida saludable.

> El bullying es un ciclo en donde quien lo recibe lo ejerce, por tendencia general, entendiendo que toda regla tiene sus excepciones. Sin embargo, quien molesta, quien destruye, debe asumir las consecuencias de sus actos. La educación personalizada, sesgada, ajustada a cada niño, que quita la responsabilidad por todos los casos, genera una disciplina inaplicable en las escuelas: los maestros no tienen elementos de regulación. Los sistemas de educación prohíben sacar a un niño del salón, dejarlo sin recreo, suspenderlo, condicionar su inscripción a su conducta, pedir que se "callen y se sienten"… todo esto se considera "antipedagógico" por algunos radicales, quienes invocando los derechos de los niños han creado tiranos incontrolables que se matan unos a otros en las escuelas sin que nadie les pueda decir

> nada porque violan sus "derechos humanos"... Éste es el caldo de cultivo del bullying atroz que encontramos cada día más en todas las escuelas.

¿Ven qué triste? Y es que el bullying es muy triste, el que lo hace es un niño igualmente asustado e inseguro que el que lo recibe, sólo que ambos tienen diferentes formas de expresión y de manejarse en el mundo. El bully es un niño en desequilibro, que no encuentra una salida al cúmulo de presión que siente, es un niño confundido y solo.

Trixia y yo necesitábamos, como cualquier niño, amor, mucho amor propio y, en mi caso, límites. Y yo, en vez de darle lo que tal vez me faltaba, me fui en contra de ella, de mí, rompiendo cualquier oportunidad de una amistad que quizá pudo haber sanado tanto en ambas.

Un día ella se fue de la escuela para nunca volver, por fin pudo escapar de esa horrible cárcel que crea el bullying. Corrió, pero me imagino que el dolor la siguió acompañando por mucho tiempo.

> Por lo general el bulleado es quien debe dejar la escuela. No existe posibilidad actual por el sistema educativo para expulsar a alumnos nefastos y que así aprendan la lección y asuman las consecuencias de sus actos. La educación pierde a diario buenos alumnos, dedicados a aprender, quienes dejan la escuela con un sentimiento de injusticia que perdura toda la vida.

A la par de Trixia, hubo otros más que sufrieron el bullying de parte mía y de mis amigas. Muchas veces me he preguntado qué será de la vida de cada uno de ellos. Espero de corazón que estén bien y que el trago amargo del colegio haya sido superado.

Hablando con algunas personas, ya de adultos, que sé que han sufrido de acoso escolar, puedo darme cuenta de que para las mujeres es más fácil expresar el dolor, lo que sintieron y la forma en que creen que pudo afectar su vida. Para los hombres, sobre todo si fueron bulleados por otros del mismo sexo, es más difícil. Dicen cosas como: odié mi escuela, era nefasta; pero no ahondan mucho en el tema de haber sufrido de bullying; algunos lo tapan diciendo: "Bueno, así es la escuela, a todos nos ha tocado que nos molesten alguna vez, no es nada importante... fueron cosas de niños". Como si les diera pena aceptar que se dejaron molestar, porque ser hombre para ellos hoy significa saber defenderse y ser "macho", pero las heridas siguen ahí, y mientras no sanen se presentarán en de mil formas y las historias de tristeza y desolación, inevitablemente, se repetirán en sus vidas.

> Que siempre haya existido bullying no significa que sea correcto o que esté bien o que sea bueno para alguien. Mientras los adultos minimicen el problema, el bullying seguirá sin solución.

Al entrar a primero de secundaria obtuve muchas cucharadas de mi propia medicina. Unos niños que iban dos generaciones arriba se dedicaron a molestarme todo el año, y ¿saben qué me decían? "Fea... ¿qué haces aquí?, tú no perteneces a esta escuela, eres fea y asquerosa."

¡Uff! Causa y efecto, es inevitable, ¿no creen? Y no es que exista un karma, no hay maldición, ni castigo de Dios, es simplemente la ley más universal y más sencilla: a toda causa corresponde un efecto, ¡tal cual! ¿Qué mejor prueba que la mía? Yo envié una señal al universo al ser bully con Trixia y muchos compañeros más... entonces ¿qué otra cosa podría haber recibido tarde o temprano? La respuesta es clara y se explica sola: exactamente lo mismo que di.

Pero sólo así aprendemos, ahora lo sé: fue una enseñanza, un aprendizaje que después de muchos, muchos años por fin entendí. ¡Qué lección de vida! Pero sigo pensando que mucho de esto puede y debe evitarse, sobre todo hoy en día, cuando el tema del bullying está afectando tanto a nuestros niños y jóvenes. Las escuelas como instituciones educativas tienen que poner límites inquebrantables para erradicarlo, y los padres... mucho más todavía.

Hubiese sido bueno que ahí terminara la cosa, que Renata, la niña de primero de secundaria, entendiera el mensaje en ese momento... pero ¡no! A veces las lecciones más grandes de la vida las entendemos —si bien nos va— de adultos. Lo único que sucedió cuando a mí me hicieron bullying fue que me llené de más rencor, de mucho más miedo, insatisfacción, inseguridad... Experimentar esto fue durísimo para mí e hizo que siguiera desquitándome con las personas por lo que yo sentía adentro, ese círculo vicioso del que les he hablado: el bully que molesta, al que molestan y a la vez es bully también, o sea no terminaba el cuento y la bola de nieve seguía rodando.

El bullying de mi parte seguía consistiendo en burlarme de los demás, en hacerlos sentir que no pertenecían al grupo, que no eran merecedores de la atención de mi grupito de amigas y amigos. Los apodos, las burlas, los ataques emocionales eran pan de cada día, se había convertido ya en una costumbre, una práctica de años que termina siendo casi una rutina, una parte de ti que crees que te define y que si la perdieras dejarías de ser tú misma.

Este ritual de supervivencia fue mucho más marcado en la adolescencia, ya que a mí también me estaba tocando ser víctima del bullying. Entonces estaba mucho más a la defensiva, buscando presas fáciles para devorar, y calmar así mis mismos miedos y la rabia que provocaban en mí las palabras de acoso de los de tercero de secundaria.

Mientras escribo esto, vuelvo a pensar: ¿y dónde estaban las maestras y la supuesta psicóloga de la escuela?, ¿dónde estaban los límites? No estuvieron cerca, ni para mí y los otros bullys, ni mucho menos para los bulleados... pues aunque me duela verlo hoy, yo también ya formaba parte de ese grupo.

Ahora que estoy yendo con mi mente por la calle de los recuerdos, abriendo puertas que creía cerradas, y que es tan necesario abrirlas para mirar bien y poder sanar, recuerdo que también algunas maestras fueron víctimas del bullying. Me acuerdo muy bien de una: *miss* Cuca; la verdad es que no me acuerdo de su verdadero nombre, pero como mis amigas y yo decidimos que parecía cucaracha, le decíamos *miss* Cuca, pero no entre nosotras nada más, sino que todo el salón le

LA TORTURA

decía así. Ella nunca preguntó por qué, o si lo hizo, a mí no me importó. Nos daba clases de inglés, y la escuela siempre se caracterizó por su *good English*, pero *miss* Cuca verdaderamente fue la excepción, porque su acento era fatal. ¡Cómo nos burlamos de ella! Nos hacía preguntas y nosotros le respondíamos copiando su acento, sin ninguna pena, era tan evidente... no entiendo cómo lo permitió, pero así era. Debió ser la hora más larga de su vida cada vez que tenía que entrar a mi salón para darnos clases. Era chaparrita, muy flaquita y con el pelo cortito como Mafalda. No tenía el carácter para un salón en esa escuela, pero era su trabajo, y ella iba cada día a hacerlo. Creo que a veces hasta la caché riéndose de nuestras burlas, ya no le quedó más opción. Lo siento también por ti, *miss* Cuca, me imagino que eras una muy buena persona ¡y yo no hice más que torturarte!

> El bullying hacia los maestros, por parte de los alumnos, es cada vez más frecuente. El docente puede llegar a sentirse hostigado, ignorado, minimizado, agraviado, difamado, desprestigiado, retado, inhibido... pero como el maestro debe de saber controlar al grupo —por definición—, la dirección no puede apoyarlo en dichos casos. Lo lamentable es que sin poder imponer disciplina en las aulas, al ser el sistema el que lo prohíbe, el maestro se expone a ser humillado.

Entonces, la escuela fue un espacio más donde no existieron los límites, un espacio más en el que se permitieron tantas cosas, y que dichas cosas y acontecimientos fueron sumando y sumando, haciendo crecer más y más esa bola de nieve.

Y entonces... vino la huida.

CAPÍTULO 4

LA HUIDA

TRIXIA

El día más feliz de mi vida llegó cuando fui a comprar mis uniformes de cuadritos café con blanco, con ese suéter beige y las camisas de cuello redondo para ir a mi nueva escuela. Ahí estaba segura de que habría al menos uniformidad y cero competencia, y ya no tendría que sufrir cada día al escoger mi ropa para evitar ser criticada. Algo en mi interior sentía que estos límites me harían mucho bien.

El uniforme me dio pertenencia y seguridad al llegar a la escuela nueva, que por cierto era hermosa, llena de árboles, con pista para correr, los salones de ladrillo rojo cálido, la cafetería con sus mesas muy elegantes, y casi no había cemento feo y gris. ¡Qué alegría estar en un lugar así! Me sentí muy afortunada de que ésta ahora fuera la escuela que labraría mis nuevos sueños y me llevaría a volar.

Sin embargo, las heridas no sanan en un verano y menos sin ayuda, así que por muy linda que fuera la escuela y muy lindas las niñas, yo llegué con la espada desenvainada y convencida de que nadie me volvería a molestar jamás. Estaba segura de que esta "nueva" actitud altanera, grosera y prepotente me protegería de los ataques de mis compañeras, pues era una escuela sólo de niñas, así que estaría segura.

Me puse una máscara de rebeldía y agresión que, estaba convencida, crearía una nueva historia para mí. Las niñas me veían un poco extrañadas, pues ellas eran tranquilas, bien intencionadas y llenas de amor, pero al conocer sólo la hostilidad y la grosería, pues yo no reconocía el concepto de generosidad y dulzura. Lo irónico es que sé que en el fondo de mi ser siempre he sido una persona muy dulce, tierna y generosa, pero al haber sido humillada al confundirse estos rasgos con debilidad, me volví ruda y agresiva.

Estaba muy enojada con la vida a mis 13 años, sólo que no lograba reconocer qué me pasaba y sólo sé que un día me puse la máscara y no me la quité más.

Por años y años viví así. Sin embargo, y por fortuna, ese primer año la escuela me puso un freno. Al principio, todas las niñas de mi salón me invitaron a juntarme con ellas y a comer *lunch* en círculo en el pasto como acostumbraban hacerlo. Sin embargo, herida y desconfiada, yo no quise hacerlo. Las rechacé de inmediato y preferí juntarme con otra rebelde sin causa como yo e irnos a otro lado.

A todas mis compañeras de secundaria les encantaba seguir jugando resorte y brincando la cuerda en recreo, pero a mí me parecía ya una niñería y siempre me burlaba de ellas. Las despreciaba como lo hicieron conmigo, las molestaba como lo hicieron conmigo y me burlaba como lo hicieron conmigo. Esto duró unos meses hasta que una de ellas, quien siempre ha sido una mujer valiente y triunfadora, me puso un gran ALTO y me dijo mis verdades a gritos en medio del salón. En verdad me detuvo, me hizo consciente. Me di cuenta de que yo sólo tenía miedo y lo cubría con furia, pero sus palabras me llegaron al corazón y desde entonces jamás me metí con ellas.

También me ayudó mucho la estricta disciplina en todo: desde el uniforme, prohibido el maquillaje, uñas cortas, pelo recogido con moño con los colores del uniforme, todo me ayudó a contenerme. Hoy sé que cuando se te cae la estructura en la vida y te sientes totalmente vencido y desolado, lo mejor que te puede pasar es encontrar estructura en algo, y aquí verdaderamente la encontré.

> Los límites son muy importantes en los niños, pero deben ser implantados proporcionalmente y parejos para todos. Cuando un niño es agredido, y los adultos no lo contienen, tenderá a revelarse y a actuar de la misma forma en la que actuaron con él. Es una autodefensa para la psique, que evita volver a sufrir lo mismo de nuevo.

Si bien siempre he creído en Dios, y siempre he escuchado mi corazón, el hecho de haber estado en una escuela laica y con un papá que criticaba todo lo que oliera a Iglesia me dificultaba mantener mi fe; sin embargo, ahí encontré un lugar para confortarme. Me encantaba comenzar el día con una oración y a las 12 en punto rezar el Ángelus. A la salida, agradecer y levantarme de la silla en absoluto silencio cada vez que un adulto entraba al salón. Lo que necesitaba era el respeto y la estructura. Estos elementos me dieron una profunda seguridad.

Las maestras eran cálidas y cercanas, y cada una de ellas parecía poder ver a través de uno. Se preocupaban genuinamente por el bienestar de cada una de nosotras. Éramos a lo mucho 20 en cada salón y todas las maestras, que eran como 13, una para cada materia, se sabían cada uno de nuestros nombres, inquietudes, retos y potenciales. Nos miraban a los ojos y se compadecían de nosotros si nos veían tristes. Todavía pienso que tenían un radar de sentimientos que detectaban el más mínimo signo de dolor en nuestros corazones adolescentes. ¡Cuánto le debo a esta escuela! Estar en esas paredes con ese hermoso bosque fue para mí una decisión de vida, de vida plena, que todavía llevo en mi alma.

Las únicas palabras que salen de mi boca para esos años de secundaria son: gracias por educarme, por no tolerar mis arranques, por darme disciplina, por decirme cada veinte minutos que me subiera las calcetas y me bajara la falda y por enseñarme a amar a Dios.

A pesar de todo este amor recibido en los salones de clases, yo me seguía sintiendo mal, algo en mí no terminaba de estar bien, por lo que me llevaron con una psicóloga que me ayudó mucho a mostrar mi autoestima. Digo "mostrar" de una manera totalmente intencionada, porque esta doctora no trabajó con mi interior y con el cambio radical que se requiere para modificar el autoconcepto; más bien se enfocó en decirme que me pintara, que me viera bonita ante el espejo, que me sonriera y que dejara atrás todo lo que había sucedido.

> Una autoestima dañada no se cura automáticamente, las creencias incrustadas son muy poderosas. Se debe hacer un trabajo profundo hacia el interior para cambiar el patrón de pensamiento al que se ha estado acostumbrado.

Por lo anterior, ahora que me dedico desde hace varios años a trabajar con el tema del bullying, mi mayor recomendación e incluso un taller que creé consta precisamente de quitar la "máscara" para realmente llegar al fondo de lo que sientes y de lo que eres. Este taller, titulado "Desintoxícate del bullying", para niños, los lleva de manera muy sencilla y a través de una serie de ejercicios de autorreflexión a siete puntos principalmente:

1) Aceptación de un cambio. La persona afirma que está dispuesta a cambiar sus patrones, reconociendo así que todo lo que hay afuera es reflejo de nuestro interior.
2) Recuento de los hechos. Se busca enumerar cómo se vivió cada uno de los años escolares, descubriendo así lo que pudo haber causado el daño o analizando si lo hubo.
3) Buscar el autoconcepto. Se elabora un dibujo al que se le ponen una serie de sentimientos en las partes del cuerpo detectando así lo que puede haber quedado grabado como daño emocional.
4) Crear un nuevo autoconcepto positivo. Con base en la secuencia de palabras enumeradas en las diversas partes del cuerpo, la persona busca encontrar las tres características principales que la hacen ser verdaderamente valiosa. Estas características las dicta el subconsciente, por lo que no se trata de un engaño, sino de encontrar la verdad de tu ser.
5) Romper con todo lo negativo que te han dicho al reflexionar acerca de los letreros que la vida te ha colgado para romperlos de una vez por todas y repetir: "Yo no soy eso".
6) Activar la voz del diafragma, que es la voz del poder. Ella nos lleva a ser verdaderamente poderosos al poner límites a la gente que nos rodea; digamos que es activar el autorrespeto.
7) Crear un sueño. Nada más poderoso que ver nuestro ser en movimiento y poder concretar la realización de ciertas metas. Tú dirás: ¿pero este taller es para niños? ¡Pues qué mejor que desde niños aprendamos a crear sueños y milagros en nuestra vida! Y lo mejor de todo es que se puede hacer.

En Fundación en Movimiento, de la cual tengo el orgullo de ser la directora desde 2010 y donde he creado las técnicas y campañas para combatir el fenómeno, hemos llevado este taller a más de 50 000 personas con grandes resultados y éxitos. Lo menciono sólo con el afán de ver cómo sabernos valiosos cambia nuestra realidad.

Después de este breviario cultural, quiero decir que mi cambio de escuela fue, más que una huida, un reencuentro conmigo misma, con la paz y con muchas emociones perdidas. Fue tanto el tiempo y tan intensa la negación de lo que me sucedía en la anterior escuela, que yo misma dudaba de qué era lo que había pasado en realidad.

Estoy convencida de que uno de los peores sentimientos que se pueden albergar es negar la realidad como lo quise hacer yo. La vergüenza es muy mala consejera, y ahora que ya pasaron los años sólo quiero ayudar a que nadie se quede atrapado en ella y en el sentimiento que ata y amordaza el corazón.

> La vergüenza es la más baja vibración de las emociones negativas. Una persona que se ve avergonzada negará en su interior lo que sucede, lo que lleva a ignorar los hechos por los cuales es maltratada e imposibilita la capacidad de denunciar y defenderse ante lo que sucede.

Esta escuela me dio amor y fortaleza. Recuerdo que no podía creer que fuera tan bueno, tan fácil hacer amigas y que todo en mi vida estuviera bien. Como si me hubiera acostumbrado al mal y a la pesadumbre de arrastrar la vida, ahora que todo iba bien yo quería de alguna forma que fuera mal… Lo escribo y me río. ¿Cómo alguien en su sano juicio quisiera arruinar una hermosa realidad? Uy, creo que es por costumbre. Así que trataba de romper todas las reglas, retar a la autoridad, mostrarme rebelde, mala onda y así asustar a la gente.

Definitivamente mi máscara fue la del espantapájaros.

El segundo año que estuve en esta escuela, Dulce, mi única amiga de la primaria, regresó a la ciudad y casualmente entró a la escuela a la que yo iba. Incluso estaba en mi salón. Por supuesto que ella ya no era la misma: había crecido y ya tenía posturas de "grande"; los viernes se ultramaquillaba para salir así con todo y el uniforme, pero mega-arreglada; por supuesto fumaba y le encantaba retar a todos. Cuando la vi llegar, me quise hacer su amiga de nuevo, me encantó la idea. Ella también estuvo un poco de acuerdo, pero ¿recuerdan que les dije que yo nunca había sido su *hit*?, pues aquí tampoco fue diferente, pero me aceptó en su bolita que hizo con una niña que era más grande que nosotras, que había reprobado, tenía novio y era "toda una sensación".

Lo único malo del tema es que Dulce me adoptó de amiga sólo para tener cerca a quién molestar y humillar. Ésta es otra manera en que funciona el bullying: molestar a quien se tiene cerca para sacar los sentimientos negativos que uno tiene muy adentro y se cree que, al ponerlos en otro, se irán. Esto evidentemente no sucede, pero es fácil pensarlo. Es lo que yo llamo bullear al amigo bajo el escudo de "soy tu amigo". Pero a fin de cuentas es bullying.

Esto lo menciono porque, aunque yo creía que ya me había curado de bullying al huir de la tortura china de seis años y creer que con mi máscara de espantapájaros jamás volvería a ser vulnerable, estaba muy equivocada; al no haber modificado mi interior, mi experiencia siguió siendo la misma, aunque sólo más sutil. Para cambiar la experiencia y tener nuevas cosas maravillosas, se requiere un cambio interior profundo que quite el autobullying y la autocrítica negativa que nos lleva a ser autodestructivos. Pero al no haber sanado del todo, seguí atrayendo gente "bully" y generé en mi vida mucha autodestrucción…

> Cuando el bully se hace pasar por "el amigo" para poder ejercer maltrato es parte de una defensa o una forma de sacar sus propias frustraciones. En realidad un menor de edad no posee la conciencia necesaria para entender los alcances de su frustración y lo que ocasiona en otros, por ello es responsabilidad del adulto a cargo, quien debe mediar y contener dichas situaciones.

RENATA

Pasar de primaria a secundaria marcó una gran diferencia para mí. En primaria vivía para mí y mis amigas, nos divertíamos en la escuela y fuera de ella. Entrar a secundaria fue distinto: empezaron a molestarme niños más grandes que yo. Creo que no pudo ser en peor momento, ya que estás a punto de entrar a la adolescencia y es cuando empiezas a dejar de ser niña para empezar el proceso de convertirte en mujer, entonces, escuchar a niños más grandes que tú decirte "fea" en una época en la que empiezas a querer gustarle a los chavos, marca tu autoestima y tu autovaloración.

Recuerdo que cuando empezaron a molestarme fue un *shock* total para mí. ¡No lo podía creer! ¿Cómo a mí? Si yo era la fuerte, la divertida, la que tenía tantas amigas, y lo que más me hacía enojar era que no sabía cómo defenderme. Empecé a sentir la impotencia de no poder cambiar la situación, era desgastante y me sentía atropellada, humillada… y lo peor era que comencé a creerme lo que me decían. Pensé que de verdad era muy fea; debía ser cierto si ellos lo decían. Para empezar eran hombres, y no mujeres, y eran mucho más fuertes que yo, eran de la misma generación que mi hermano y eran los mismos chavos que lo molestaban a él.

Mi hermano en la escuela tenía pocos, pero buenos amigos. Yo me daba cuenta de cómo lo afectaba esto. Y es que los bullys se agarran de lo bueno que tiene el otro para molestarlo, lo sé porque yo lo hice: tomas de lo bueno de la persona y lo transformas en debilidad, moldeas la verdad a tu gusto y la conviertes en algo que no es. Pero el bulleado lo cree, y abres una puerta a la duda. El que es molestado empieza a dudar de su propia verdad, termina por vencerse y entra en una especie de lucha por sobrevivir a las emociones de impotencia y de humillación que siente. Mi hermano amaba el futbol y esos chavos transformaron esa pasión real en una mentira, porque veían algo en él que ellos no tenían o que no sabían demostrar; se odiaban tanto a sí mismos que necesitaban aplastar al otro para sentirse grandes, pero era falso, porque la verdadera grandeza sólo la tienen los caballeros como mi hermano.

La verdad es que a él nunca le gustó esa escuela, y hoy puedo entender exactamente por qué. Entonces, mientras todo esto pasaba, mis papás empezaron a pensar en sacarlo. "A mí no me sacan de mi escuela", les dije. Era lo único que yo conocía desde maternal e independientemente de que empezaron a molestarme, yo no quería irme, ni siquiera podía imaginarlo. ¿Qué haría sin mis amigas? Sin mi grupo de toda la vida… no… ¡imposible!

Las mañanas ya no eran con mariposas en la panza: la emoción de ir a la escuela desapareció por completo, porque sabía que al subir las escaleras hacia mi salón empezarían las palabras hirientes y las agresiones de los de tercero. Pero no me iban a derrotar, no iba a permitir que mis papás tuvieran más motivos para sacarme, porque aunque mis calificaciones seguían siendo buenas, los reportes y las citas con la directora, que les decía a mis padres que mi conducta debía mejorar o no podría quedarme en la escuela, siguieron existiendo.

Pero para mí siempre fueron amenazas que jamás tenían consecuencias, ni por un momento creía que podían correrme. Y es que, como he dicho antes, realmente en la escuela no había castigo por ser bully. Creo que en una institución educativa no sólo deben enseñar, dar clases, hacer que lo aprendas todo de memoria, saber historia, geografía y matemáticas. En una escuela la meta no debe ser llegar a ser el mejor, patear a quien sea para ¡conseguir lo que quieres! En un verdadero colegio, y lo han dicho célebres personas a lo largo de la historia, lo primero que debería enseñarse ¡es el respeto! El respeto a uno mismo y al otro. El amor y el respeto básico son indispensables para formar seres humanos con capacidades infinitas para el futuro. Creo verdaderamente que a mi escuela le faltó tanto de eso, tal vez la idea era sólo cobrar colegiaturas… Una verdadera lástima, ¿no creen?

> Cuando un alumno pierde el temor por la autoridad pensando en que nunca pasará nada y que lo que haga no tendrá consecuencias, no hay castigo suficiente. Es como el cuento del lobo: ¡ahí viene el lobo, ahí viene el lobo…! Hasta que nadie lo cree y ningún reporte o amenaza surte efecto. Aquí crecen las agresiones y los malos comportamientos de forma irremediable.

Y bueno, pues así seguían pasando los días, aguantándome las ganas de llorar cada vez que a los de tercero se les ocurría empezar a molestar. Pero dentro de todo, me obligué a no sentirme víctima, me decía que lo superaría y que debía ser fuerte; el año siguiente seguro sería mejor.

Por suerte, mi vida con mis amigas y mi grupo seguía siendo la cosa más importante y divertida para mí. Era el escape perfecto de lo que no me gustaba de la escuela. Mis amigas y las cosas vividas con ellas hicieron que todo fuera mucho más fácil de ser superado y el miedo a que mis papás pudiesen sacarme de la escuela era tan grande, que creo que no les conté sino hasta mucho tiempo después. Simplemente no hablaba de eso, evitaba toparme con los bullys y trataba de seguir con mis cosas como si nada.

Primero de secundaria también tuvo grandes y buenos momentos para mí, fue amargo en el aspecto de los bullys, pero dulce a la vez… porque fue la primera vez que me enamoré.

Desde sexto de primaria me gustaba un niño de mi generación. Estaba en un salón diferente al mío y yo salía diez mil veces al baño con tal de pasar en frente de su salón para que él se fijara en mí.

Esas primeras mariposas que una niña siente por un niño… ese querer estar con alguien del sexo opuesto para compartir tu tiempo por primera vez, tus ideas, tus sentimientos, es algo que todos tenemos que vivir y experimentar. ¡Es maravilloso!

Pues ese niño grandioso que me gustaba desde sexto por fin me hizo caso en primero, y empezamos a "andar". La verdad es que con todo y mi carácter extrovertido, en ese aspecto era bastante tímida, y sólo dejaba que me tomara la mano. ¡Jajaja! Era un amor tan inocente y puro, de ésos que recuerda uno toda la vida. Él fue lo máximo para mí... ¡lo máximo!

Me visitaba en las tardes en mi casa, me regalaba peluches, rosas y cartas, y yo estaba completamente enamorada ¡a mis 13 años!

No duramos mucho, no recuerdo ni por qué. Pero el tiempo que duró fue suficiente para que mi cariño por él fuera tan grande que lo guardé en mi corazón. Lo recordé siempre, por años.

Cuando faltaban como dos meses para que terminara el año escolar, mi mamá me dijo que la directora los había citado y les había dicho que lo mejor sería que buscaran otra escuela para mí para el próximo año, porque mis travesuras y mi constante mala conducta durante toda la primaria y en ese año habían llegado a su límite. Ahora sí ponían el pie firme, ¡por fin se habían dado cuenta!

No lo podía creer, lo que más temía estaba sucediendo, y no había marcha atrás; me tenía que ir de MI escuela, y empezar segundo de secundaria en otra. Fue horrible. Mis amigas y yo lloramos desconsoladas. Ninguna quería que me fuera, y yo... pues menos. Fueron dos meses tristes, porque iba todos los días a estudiar sabiendo que el siguiente año ya no estaría ahí. Lo único bueno era que ya no tendría que verles la cara a los de tercero ¡nunca más! Pero hubiese preferido seguir aguantando sus agresiones que irme de mi escuela.

Realmente fue uno de esos momentos en los que, a esa edad, pensaba que mi mundo estaba terminando, que era lo peor que podía pasarme. Me sentía totalmente derrotada, devastada, y me costaba mucho entender que no podía controlarlo, que no podía cambiar la situación. Ahora veo que seguían las enseñanzas para darme cuenta de que las cosas no son como yo digo. No siempre.

El día tan temido por fin llegó. El año escolar había terminado. La despedida fue triste, mis amigas y yo nos juramos amor eterno, por supuesto, y en vacaciones las vi mucho. Lloraba todos los días, sabiendo que ya nada sería igual, que tendría que empezar de nuevo en otra escuela y que los lazos con mis amigas de toda la vida, inevitablemente, cambiarían y terminarían por desaparecer.

> En esa época, aunque tardó en llegar, la medida disciplinaria llegó de alguna forma, evitando que ese bully siguiente corrompiera a más alumnos, pues un agresor corrompe al menos a 10 en su escuela que se unen a las agresiones bajo el escudo de "aquí no pasa nada, no te hacen nada". Sin embargo, en la actualidad es imposible, por el sistema escolar, expulsar a un alumno haga lo que haga.

La nueva escuela era la misma a la que iba mi prima Valeria; esto fue un superplus para mí, porque ella y yo éramos muy unidas. Esto hizo mucho más fácil mi entrada y también que me hiciera amiga de sus amigas. El cambio fue drástico: llegar de una escuela mixta y con educación laica a una de puras mujeres y religiosa. Yo pensaba: "¿Monjas? ¡No! ¿Señoritas consagradas?… ¡Noo, por favor! ¡Me correrán el primer día!" Y lo peor era que tenía que usar uniforme todos los días. En la otra escuela sólo lo usábamos los lunes para los honores a la bandera.

Los primeros días ahí fueron horribles. Me sentía una extraña con los ojos de todas encima por ser la nueva; caminaba por esos pasillos y en las ventanas de los salones veía puras caras nuevas, y todas de niñas, ni un solo niño por ningún lado. Llegaba a mi casa enojada a tirar al piso ese espantoso uniforme azul de monja. Mi pobre mamá tuvo que aguantar por un buen rato mis malos humores y mis reclamos por haberme cambiado de escuela.

> Los uniformes en las escuelas logran mandar un mensaje subconsciente de disciplina y orden que genera una sensación de inconformidad en aquellos que quieren seguir al margen de las reglas. Por ello las faltas al uniforme son señales de alerta de bullying.

Yo me sentía mal, como si hubiese huido. Pensaba que deberíamos haber intentado a toda costa que no me sacaran, pero hoy sé que todo pasa por algo, por algo mejor, y es mejor fluir con la corriente que nadar en su contra; es muy cansado ir al revés, pues al final tendrás que regresar a donde empezaste.

En la nueva escuela había otra niña que también empezaba ese año ahí. Se llamaba Claudia y era de Perú. Algunas se burlaron de ella porque hablaba "raro", con acento diferente a nosotras. Pero yo, desde que la vi, supe que seríamos grandes amigas, y así fue... ¡Hasta el día de hoy lo somos!

Rápidamente empecé a acostumbrarme a esta nueva y diferente manera de estar en una escuela. Me hice amiga de las amigas de Valeria, y en las tardes, al llegar a mi casa, ya no tiraba el uniforme al piso; hasta empezó a parecerme muy cómodo no tener que pensar qué ropa ponerme cada día.

La relación con mis amigas de mi primera escuela poco a poco fue cambiando hasta desvanecerse por completo. Creo que a esa edad es normal, porque buscas pertenecer, y ahora yo pertenecía a este nuevo grupo y ellas siguieron con su vida de siempre. Las lloré y extrañé mucho, las guardé en un lugar en mí en el que siguen hasta hoy, y nunca las voy a olvidar.

Mi carácter y mi personalidad no cambiaron. La verdad es que seguí siendo un poco bully. No tanto como en primaria, porque ya en secundaria empiezas a tener cambios, no sólo físicos sino también emocionales; empiezas a mirar las cosas desde otra perspectiva, el pensamiento cambia, las ideas... y con esto cambia la forma en la que vemos el mundo. Pero también la adolescencia trae consigo mucha arrogancia. La idea de que puedes sola contra el mundo, la idea de que ya eres "grande" y piensas que nada malo te puede pasar. Así que el bullying era todavía mi forma de demostrar ese "poder" que sentía que me pertenecía, aunque con menor intensidad. Y sobre todo seguía siendo inquieta y rebelde ante las reglas de la escuela.

Desde el primer año ya mandaban llamar a mis papás para pedirles que fueran más estrictos conmigo, ya que mi conducta no era adecuada para ese colegio. Pero una vez más, creo que a mi mamá le importó un pepino, porque jamás, y digo sinceramente jamás, me castigaron por mi mala conducta. Y eso a mí me venía más que bien, ya que la idea de que yo podía contra el mundo y bajo mis propias reglas estaba en su auge en mi adolescencia.

Las monjas, perdón, señoritas consagradas, ¡no me soportaban! Y en mi grupo de amigas obviamente había más de una que también era como yo y nos alcahueteábamos de lo lindo todas nuestras payasadas. ¡Cómo me reí en esa escuela! Pero cuando mis calificaciones empezaron a bajar en matemáticas y química, lo cual no era por no estudiar, sino porque no entendía nada, ahí sí mis papás me castigaban, pero una vez que tuve clases particulares para estas dos materias, se acabaron los castigos.

Lo que trato de explicar con esto, y que en ese momento no entendía, es que había un camino muy largo entre lo que yo quería y lo que hacía, y el límite de lo que realmente hubiese sido lo adecuado para que mi ego no volara tan alto, porque la caída, después de años —cuando por fin lo entendí— fue muy fuerte. La vida te enseña más de lo que puedes imaginar.

Al terminar el primer año en esa escuela, la hice parte de mí. Es más… ¡la amé! Tengo los mejores recuerdos de ella y las amigas que hice ahí son las que sigo teniendo hoy, son mis compañeras de vida y las quiero cada día más. Creo que las amistades que uno construye a esa edad pueden durar toda la vida si se cultivan con calidad, ya que depositas todo tu cariño en ellas, que en ese momento son todo tu mundo, conocen todos tus secretos, se vuelven tus aliadas y también la voz de tu conciencia cuando no la escuchas por ti misma. Mis amigas fueron en esa etapa mi permiso para ser libre, para mostrarme tal cual era y también mi rescate en momentos en los que ese camino largo del que hablé entre los límites y yo se me perdía.

Mi prima Valeria fue una pieza importantísima en el rompecabezas de mi tiempo en esa escuela. Al estar juntas nos unimos más que nunca. Era padrísimo tener el mismo grupo de amigas. Más de una vez nos tocó estar en el mismo salón. Estudiábamos juntas para los exámenes, nos metíamos al mismo equipo para hacer trabajos y exposiciones, nos veíamos diario. Ella fue el más grande Pepe Grillo, la voz de mi conciencia; sin duda, mi mejor amiga.

En esos años de colegio junto a mi prima pude conocer su interior, pudimos hablar de cosas que a las dos nos costaban trabajo y con esto hicimos un cimiento para nuestra amistad que ha durado todos estos años. Con los años se ha fortalecido aún más, ya que la vida nos ha enfrentado a arduas batallas a las dos y nos ha hecho crecer. Ahora, como mujeres hechas y derechas que somos, nos hemos unido a un nivel mucho más profundo, sin importar la distancia física de vivir en países distintos. Es una unión mucho más espiritual, natural y real que nunca. En ella veo mi reflejo, la admiro y me admiro a la vez. En ella descubro a las niñas que fuimos y a las jóvenes que aprendiendo se convirtieron en las mujeres de hoy: mujeres bien plantadas y seguras de sí mismas, llenas de vida y de amor para dar, pero sobre todo, llenas de gratitud por la oportunidad que la vida nos dio y nos sigue dando de crecer individualmente y a la vez juntas. Siempre la llevo conmigo a donde voy, muy dentro de la mente, del espíritu y el corazón.

Y en cuanto a la época en el colegio... Gracias, Vale, por tu cariño incondicional, tu paciencia para esperar a que lo mejor de mí, que sabías que existía, aflorara. Y gracias, prima, porque ese amor incondicional de antes sigue en el presente, y aunque no nos vemos tanto como quisiera, estás más cerca de mí que nunca.

> Una buena influencia en la adolescencia puede generar toda la diferencia del mundo en un bully, pues al final lo único que quiere el agresor son amigos y el tenerlos se convierte en un motor positivo para desarraigar actitudes de maltrato. Evitar los grupos fijos ayuda a que no se arraiguen malas actitudes de grupo.

CAPÍTULO 5

CRECER CON HERIDAS

TRIXIA

Cada uno de nosotros vive la adolescencia de manera diferente. Para algunos es una tortura, para otros es la mejor época de su vida... Para mí la vida comenzó en la adolescencia. Textual. En esta época maravillosa me di cuenta de que tenía poder, de que era valiosa, de que la gente me quería y que había alguien a quien le importaba. Creo que gracias a esa época sobreviví para lo que se avecinaba en el futuro.

El primer rompimiento con mi niñez fue a los 12 años, cuando, muy cerca de las fechas en que me rebelé contra Renata y su bullying y les dije a mis papás que no volvería a esa horrible escuela, exigí también cortarme el pelo... ¿Qué tiene de relevante? Mucho. Para mí fue un verdadero renacer. Verás: para mi mamá mi pelo largo era la cosa más bonita que podía tener y siempre lo decía así. Era de color dorado y me creció tanto que casi me llegaba a la cintura. Jamás me había puesto a reflexionar si se veía bien o no, puesto que mi mamá sólo decía halagos maravillosos sobre él.

Así crecí convencida de que yo era como Rapunzel —por cierto, uno de mis cuentos favoritos—, y que todo mi poder residía en este maravilloso atributo de mi persona. Sin embargo, mi bully un día notó lo largo que era y se dedicó a molestarme también con eso, diciendo cosas muy ofensivas sobre su largo y mi categoría por tenerlo así. Fue de las pocas cosas que no podía creer e ignoré los comentarios por muchos meses, hasta que el día de la boda de mi tío favorito, Arturo, me estaban peinando en el salón de belleza y al terminar el peinado me miré y decidí que se veía fatal. Exigí en ese momento que me deshicieran el peinado y me cortaran el pelo. Mi mamá se opuso terminantemente a que lo hiciera y no hubo poder humano que la convenciera, por lo que tuve que ir así a la boda.

¡Cómo sufrí! Al final, Renata tenía razón y mi pelo era una desgracia. Mi imagen se veía totalmente mal y una vez más me sentí avergonzada de ser yo misma. La boda fue maravillosa, pero yo ni quería levantarme de la mesa, me sentía muy mal de verme en el espejo reflejada como esa niña cero favorecida. Puede ser que toda mi percepción estuviera equivocada; sin embargo, lo más importante es lo que cada quien opine sobre sí mismo y yo opinaba mal sobre mí. A esto le llamo "autobullying" y me volví experta en hacerlo. Me criticaba sin piedad y en vez de disfrutar al máximo la boda, me senté en una silla dispuesta a ser una niña invisible.

Pasado este evento, no dejé un solo día de exigirle a mi mamá que me cortara el pelo, no iba a pasar más vergüenzas... Cuando finalmente lo logré, fui la más feliz y por fin pude sentirme, literalmente, otra persona. Dicen que la memoria genética se guarda en el pelo, yo no sé si sea verdad o no, pero lo que sí sé es que haberme cortado el pelo cortó con mi pasado, con mi personalidad anterior y aparentemente con todo el dolor del maltrato por bullying que sufrí.

Cuando nos tomaron la foto de generación ya no aparecía con ese horrible pelo largo, ahora lo tenía a la altura de la barbilla y me sentía mucho mejor. Ya para entonces Renata me había dejado en paz y digamos que abril, mayo y junio de sexto de primaria fueron meses mejores para mí, —no dije buenos, sólo mejores—. Además, estaba feliz porque ya me iba a crear mis sueños en una nueva escuela que me daría la oportunidad de ser quien yo quisiera ser.

Otro de mis problemas con la imagen es que yo era demasiado flaca, al extremo, y en esos tiempos no estaba de moda ser un "esqueleto ambulante": lo bien y lo *nice* era tener un cuerpo con curvas y demás... por supuesto que yo no entraba en ese rubro y me sentía mal por ello. Hasta el verano antes de entrar a secundaria me puso mi mamá a dieta para engordar: comía cereal, Gerber con kilos de azúcar y helado a todas horas... Me volví tan ñoña que me compré una mamila de bebé con decorados ultracursis y tomaba mi leche con chocolate en ella a cada rato mientras hacía la tarea... ¡Qué barbaridad!

Trece años y regresando a la etapa de un bebé… No sé, pero eso me dio fuerzas para sanarme y entrar con nuevos bríos a la secundaria. No engordé ni un gramo, pero me sentí apapachada, cuidada por mi mamá y bien conmigo.

Recuerdo la primera vez que me puse el *jumper* del uniforme. Me nadaba. Me veía como un palo de escoba con una túnica… ¡Jajajaja! Me reía de verme así, pero me encantaba la idea de ir uniformada y jamás tener que volver a pensar qué ponerme. Me gustaba la idea de ir a una escuela católica con puras "niñas bien" y eso sí… me daba cuenta de que los mejores niños salían con ese tipo de chavas, por lo que todo embonaba con la nueva etapa de mi vida.

Al poco tiempo de entrar a primero de secundaria tenía mucho enojo contra mis papás por no haberse dado cuenta de lo mal que la pasaba en la anterior escuela, y me resentí mucho con ellos, por lo que me llevaron con una psicóloga que me ayudó con una máscara de ego que fue mi mejor aliado por años. Creo que el ego en mi caso fue lo que me salvó la vida y me hizo pasar años felices y llenos de nuevas experiencias.

En la nueva escuela jamás acepté ante nadie que hubiera tenido malas experiencias en la primaria; al contrario, me inventé un cuento de que yo era la más popular, con muchas amigas y que jamás sufrí nada. Contaba de mis fiestas y con ello me hice una nueva imagen de quién había sido yo en los años anteriores. Con esto en mi mente cambió la historia y mi actitud.

> En la adolescencia, nuevamente viene el gozo de vivir en fantasía; escapando al monstruo que nos corroe por dentro, el adolescente se reinventa y eso ajusta su ego y le da una especie de subida a la autoestima, aunque muy dentro seguirán los complejos que en esta etapa comienzan a reflejarse de otras formas, como volverse un "adolescente piedra". El adolescente piedra es aquél que ante mucho dolor se cierra tanto que ya no puede abrirse y parece ser insensible a todo.

Ya había comentado antes que llegué con la espada desenvainada ante las niñas lindas que me decían: "No sé por qué estás enojada, pero mira, te convidamos *lunch*"... "¿Quieres jugar?"... "¿Te podemos ayudar en algo?"... Yo verdaderamente pensaba que estas niñas eran de otro planeta, porque además jugaban resorte y a la cuerda en la secundaria... y como yo ya sentía que era muy *cool*, hasta me burlaba... De esto sí me puedo arrepentir, pues creo que me perdí la oportunidad de hacer muy buenas amigas para toda mi vida y cuando he llegado a verlas, ahora de adultas, y saber lo que se quieren entre ellas y que todas se ven y se respetan, me lleno de gusto porque en verdad lo merecen, y sin saberlo, marcaron la diferencia en mí y lograron que no me endureciera más de lo que ya lo había hecho.

En fin, decidí llevarme con las niñas más agrandadas y por supuesto que a los 14 años me pintaba y ¡comencé a fumar! Todo era parte de mi nueva imagen imperturbable, madura... en verdad lo pensaba: creía ser de onda, *chic*; bueno, yo me quería sentir una *femme fatale*. Y ¿cómo empecé? Pues por una tontería: estábamos en una noche colonial de la escuela hermana a la nuestra, pero de hombres, y una amiga me dijo: "Mira qué guapos, hay que pedirles un cigarro". La verdad es que sí estaban muy guapos, así que nos acercamos. Cuando me dieron el cigarro, ni siquiera tenía la menor idea de que para prenderlo debía colocarlo en la ¡boca!... Me imagino cómo se habrán reído de mí, pero el pobre niño, al ver mi torpeza, se ofreció a prendérmelo y al menos no se rieron en ese momento. Nos alejamos caminando y yo sin tener idea le daba dizque el golpe. Mi amiga sí fumaba, y me dijo que tenía que aprender. Así lo hice. Me robé unos cigarros de mi papá —a pesar de haber jurado toda mi vida que jamás fumaría— y me encerré como dos horas en mi baño para prender uno tras otro tratando de darle el golpe, tosiendo como loca, hasta que lo logré... Para mí fue el equivalente de haberme ganado el Oscar y a partir de ahí me sentí diva.

Ya mi máscara estaba completa: ruda, fumadora, maquillada y comencé a conocer niños. Descubrí lo que nunca hubiera pensado antes: ¡tenía pegue! Me atacaba de la risa para mis adentros cuando me percaté de eso. Muchos niños querían salir conmigo y además me llenaban de flores, invitaciones, peluches y no sé cuántas cosas que compraban en Plaza Santa Teresa, en la tienda Blueberry —lugar especial para las cursilerías más cursis de México y donde todo el mundo compraba el "regalito del mes" y demás accesorios indispensables para la vida como globos, paletas, peluches y envolturas raras—. Yo era feliz cada vez que me llevaban estas cosas a mi casa y hasta me daba el lujo de ser una sangrona… De veras que no dejo de reírme al acordarme de esta época. En vez de agradecer, me creí, en verdad, la diva del momento.

Me funcionaba de maravilla. Iba a fiestas, quince años, tardeadas con los niños más guapos, y era tan pero tan sangrona, que a todos les decía que éramos sólo amigos, y aunque yo sabía que le gustaba a alguno y que quería andar conmigo, le "daba el avión". Me creció el pelo y me hice popular por los chinos superlargos que tenía, y porque al final lo flaca no estaba tan mal: me podía poner vestiditos y *jeans* superpegados que se veían bien. O sea, tal cual, como al patito feo: todo lo que estaba en contra de él, un día lo ayuda… pues yo igual. Raros y misteriosos giros que da la vida.

Pasaron años muy lindos en esta escuela de puras niñas, con maestras divinas que nos cuidaban y nos enseñaron a ser unas verdaderas "señoritas" cuando nos tocaban las clases de administración del hogar, taller de costura y cocina y orientación (que era moral y religión). Adquirí una buena base que me hizo tomar las buenas y las mejores decisiones, pero me confié demasiado y no escogí a las amigas adecuadas, entre ellas Dulce, mi bully-amiga… así que de pronto el sueño terminó y… ¡me corrieron! En tercero de secundaria y con buenas calificaciones no me dieron reinscripción para preparatoria, y mi amiga bully, que estaba en la época más rebelde, llevó una botella de champaña y me hizo beber de ella el último día de clases para burlarse del sistema. Yo, de bruta, le hice caso… A mi preceptora se le desorbitaban los ojos, pero ya no nos podían hacer nada, ya teníamos el certificado de secundaria en la mano. En realidad me dolió mucho irme de ahí, y más ahora que en prepa usaría falda y chaleco, en vez del horrible *jumper* que nunca me entalló… Pero con mi máscara jamás lo acepté y sólo me fui a una escuela liberal, sin estructura, de puertas abiertas, donde se podía fumar, mixta y totalmente humanista. No estaba mal...

En cuarto de prepa, y con mi formación de "niña superbiencasimonja, la verdad es que me la pasé de lo máximo ahí. Me hice superamiga de una bolita de niños que se volvieron mis protectores, *fans*, acompañantes de travesuras y pintas, y que cuando no iba a la escuela llegaban a mi casa para cantarme desde afuera... Yo me sentía feliz, muy feliz. Las niñas de la escuela me odiaban, pero a mí me tenía sin cuidado. Al contrario, creo que por Renata y Dulce aprendí a odiar a las amigas y mucho me costó tenerlas después. Preferí amigos hombres. Creo que no lo mencioné, pero mi amiga-bully, la de la champaña, también se cambió a esta escuela y nunca se me va a olvidar que un día, mientras hacíamos un trabajo en su casa, me hizo jugar *shots* que ella aventaba por la ventana y me emborrachó hasta casi matarme, sólo para reírse de mí y al día siguiente decirles a todos que estaba cruda. Era en verdad perversa, y lo peor es que yo era su *punching bag*.

> Los supuestos "juegos" de bullying en la adolescencia se pueden tornar peligrosos e incluso traspasar la barrera de la delincuencia. Hay jóvenes que al no haber tenido una guía llegan a cometer actos para una mal concebida diversión que los pueden marcar de por vida.

Me alejé mucho de ella y creé mi nuevo grupito con la que fue muchos años mi mejor amiga: Gui, una megatalentosa y profunda poeta, escritora, modelo, actriz y buena persona. Vivimos todo tipo de aventuras ella y yo... hasta tomamos cursos de actuación y modelaje. En la actuación aprendí que yo podía hacer el papel que escogiera y, en el modelaje, que a pesar de mi autobullying, todo lo determinaba mi actitud. Por fin me sentí contenta conmigo. No puedo decir lo que le agradezco a Gui su amistad, compañía, cariño, consejos, lo que profundizamos, nuestro análisis de vida y todo el valor que me dio para vivir. En verdad ¡la adoré!

Ella estuvo ahí cuando mi papá sufrió un revés económico muy fuerte y vio cómo mucha gente comenzó a despreciarme por ello. Gui todo el tiempo me llenaba de palabras de aliento y pasé miles de fines de semana con ella, su hermano y su linda mamá, que nos escuchaba y nos llevaba a comer unas tortas deliciosas; también con sus hermosos abuelitos que nos invitaban a Cocoyoc a pasar casi todas las vacaciones y muchos fines de semana. Los amigos de Gui se volvieron mis amigos, mis confidentes, mis hermanos, hicimos una de las mejores y más divertidas fraternidades juveniles. Con las cosas más simples hacíamos maravillas, nos íbamos a lugares apartados a hacer fogatas y a cantar y platicar con la música de los coches, platicábamos por horas acostados en el *green* viendo el atardecer y sólo estar juntos hacía "el plan". La gente más linda y las experiencias más padres las conocí ahí. Además de lo anterior, me enseñaron un concepto básico que mi máscara de diva había olvidado: la humildad y el amor por lo sencillo.

A la par de este ambiente, me hice muy amiga de tres hermanos libaneses —dos hombres y una mujer—, quienes me adoptaron como una cuarta hermana. Vivían solos con su papá y la verdad era toda una diversión estar con ellos. Me fascinaban todas las aventuras y tragedias que pasaban cada fin de semana, y como yo era bien portada, siempre estaba del lado de los rescatadores: los que ayudábamos a quien había perdido el coche, la cartera o un zapato... ¡pasábamos cada cosa! Me encantaba ir a su tienda en el centro y ayudar a vender; luego nos íbamos caminando a comer en fondas libanesas y todo el mundo sabía quiénes éramos. Aprendí lo que es vivir con una seguridad interior que determina el exterior... bueno, en este caso era fácil, ya que cada uno tenía dos escoltas y había operativos cuando llegaban a los lugares, pero como nada de eso era mío, yo sólo aprendí que estoy segura si Dios está conmigo y así me he sentido siempre.

Por su parte, la hermana, Claudia, quien fuera una de mis mejores amigas, odiaba las faldas y los vestidos. Su papá le daba toneladas de dinero para comprarse cosas y a ella luego no le gustaban, y terminaba con sus *jeans* y camisas... Así que podía usar todo su clóset y ella adoraba que alguien usara los vestidos. Por supuesto, yo feliz, porque como dije, en mi casa no había dinero en esos momentos y esto me ayudó mucho.

Me consentían. Siempre me hacían sentir que me echaban de menos. Los quise muchísimo y fueron años muy felices. Me quedaba mil veces a dormir en su casa y nos amanecía platicando de cosas. Yo, más que hablar, escuchaba.

También pasó que uno de los mejores amigos de Alejandro, el mediano, de pronto decidió que le gustaba, y entonces me llevaba serenata con miles de mariachis, y mi papá, quien adora esta música, feliz de que me fueran a ver. Así que siempre me daban permiso de ir con ellos. Fuimos tan cercanos que la gente me llamaba por Trixia y el apellido de ellos, y decían que era otra de sus hermanas. Esto me daba identidad, respeto, reconocimiento y todo lo que yo necesitaba con mi corazón dañado, pues ahora era "muy importante".

> El adolescente busca pertenecer a un grupo y sentirse identificado, querido, valorado y escuchado. Muchas veces, cuando la vida en familia no es del todo satisfactoria, el joven busca integrarse en un grupo en el que todo parece funcionar, para así sentir que tiene el control de sí mismo y evitar vivir una realidad que puede volver a hacerlo sentir avergonzado.

Aprendí también de la cultura del esfuerzo, pues todos los hermanos trabajaban en la tienda, al igual que sus amigos libaneses; me di cuenta de que trabajar es maravilloso y que al esforzarte, la recompensa de valía y de autoestima se enciende como una mecha en el corazón. Así que busqué trabajo y una de mis amigas, que se casó muy joven, junto con su esposo, me ofrecieron vender celulares, pues él tenía la primera distribución de esos teléfonos en México, y aunque era un concepto muy nuevo y caro, yo estaba feliz de hacerlo. De entrada, todos los libaneses me compraron uno y entendí lo padre que se siente tener dinero por uno mismo. Yo era feliz atravesando el centro histórico para buscar clientes. Me sentía libre y valiente.

Sin duda, fueron años maravillosos: el apoyo de estos tres hermanos, junto al de Gui, fueron mi estructura de vida. Jamás voy a dejar de agradecer haber tenido tan, pero tan buenos amigos. Creo que Dios me recompensó.

Tuve un par de novios que realmente no importaron mucho. Ya tenía 17 años cuando el amor me flechó con toda la intensidad del mundo. Mi hermana Roxana y yo éramos muy unidas y salíamos mucho juntas. Nos hicimos amigas de las vecinas, unas niñas muy lindas de una escuela de monjas, quienes nos empezaron a presentar a sus amigos y uno de ellos se enamoró de mi hermana. Así que para llegar a ella, se hizo mi amigo y desde el internado militar en Estados Unidos me hablaba por lo menos una vez a la semana para saber de ella. ¡Jajaja! En vez de hablarle directo, yo era su intermediaria y me pedía que la convenciera. Cuando regresó a vivir a México, este galán insistió en andar con mi hermana y nos invitaba a las dos a todos lados… Así conocí a Juan Pablo… ¡Ay, qué historia de amor!

Nos invitaron a Cuernavaca un 15 de septiembre, y el galán en cuestión organizó que nos quedáramos con su prima y así pudiéramos ir. Sus tíos eran los más lindos y Roxana y yo fuimos muy bien recibidas por todos, aunque a la prima no le hizo tanta gracia, pero en fin… La alberca, el Taíz (antro de moda) y todo lo demás, crearon días mágicos… y más cuando Juan Pablo me empezó a "tirar la onda". Yo estaba más que feliz. ¡Era megaguapo y megalindo! Me encantaba. Así, en el Taíz, entre brindis y brindis, empezamos a andar. Todos los días, a partir de ese fin de semana, nos vimos diario por más de un año y medio. Él vivía a una hora en coche, como a 30 kilómetros de distancia de mi casa, y no le importaba. Llegaba justo después de comer y hacíamos la tarea juntos, luego me acompañaba a ver la telenovela de moda… creo que era *Cadenas de amargura*, y le daba un toque ameno a cada escena, pues se atacaba de risa por todas las tonterías que pasaban y por supuesto ¡los ultradramas! Todavía puedo escuchar su risa en mi mente, era la persona más alegre que jamás había conocido, además de caballeroso, educado, atento, amable, buen hijo, buen hermano, buen nieto (era muy lindo con su abuela). Yo me superenamoré de él. Fueron meses increíbles de noviazgo y aprendí a querer sin ningún interés más que estar con una persona para compartir.

Salíamos todos los fines de semana a lugares por los rumbos de Juan Pablo, así que pasaba por mí, íbamos al antro, bar o restaurante en su zona, luego me llevaba de regreso a las 2:30 am, máximo, y se regresaba a su casa. Yo creo que gastaba un tanque de gasolina diario con estos viajes, pero no le importaba. Sólo queríamos estar juntos. Fue un gran apoyo para mí en estos años, pues la relación con mis papás terminó por romperse y me fui a vivir con mis abuelitos desde entonces, hasta que me casé. Adoré a mis abuelitos, pero a esa edad uno necesita gente más cercana, y Juan Pablo era mi compañía, mi apoyo, mi consejero (y muy bueno, por cierto), mi respaldo, todo, todo, todo. También con sus amigos me llevaba muy bien, pues todos eran muy decentes y amables. No hay algo negativo que pueda decir de estas épocas, sólo puedo decir gracias, gracias, gracias... fue un puente para cruzar a la independencia que me estructuró y me dio seguridad para seguir avanzando.

Mi autoestima creció y Juan Pablo me avalaba, me daba seguridad, siempre podía contar con él; así llegó mi mejor venganza contra Renata... y tengo que admitir que ¡cómo lo disfruté! Fue un día que me la encontré en Acapulco en un antro de moda... Ella iba con sus "cuatas" y no tenían ni mesa, ni nada. Jamás la había vuelto a ver desde la primaria y por primera vez ya no la vi bonita, ni *chic*, ni nada... no es que no lo sea, pero yo la idolatraba y luego la comencé a detestar, así que la veía horrible. Y ahora verme yo en mesa de pista, glamorosa, con champaña en la mesa y dos docenas de rosas que me había dado mi novio, bueno, pues me hacía sentir lo máximo de lo máximo. Cuando se acercó a saludarme, me hice la que no la conocía (aunque por supuesto sabía quién era), pero para cumplir con mis aires de grandeza, debía ignorarla. La verdad, llegó superlinda a decirme: "¡Qué guapa te ves, me encanta verte!", y yo con todo el desprecio de la vida contesté: "¿Te conozco?" Nunca olvidaré su cara cuando me dijo quién era y yo me puse en actitud de "ah, ¿tú? Sale, bye". Ahora me siento mal por haberlo hecho, pero en el momento sentí que años de humillación se borraban con ahora ser yo "wow" y ella "equis". Como verán, el bullying deja heridas terribles.

> Los sentimientos de venganza se albergan cuando un niño bulleado jamás siente protección y justicia en lo que le sucede, de forma tal que busca el momento de cobrar venganza y así sentirse en igualdad de circunstancias con la vida. Por ello, cuidar de regular los ambientes escolares sancionando las malas acciones ayuda a mejorar el clima escolar y evita el bullying.

En fin, siguiendo con mi historia adolescente de amor, también la familia de Juan Pablo me ayudó mucho, pues sus papás me invitaban a su rancho de Tulancingo —con mi hermana de chaperona, por supuesto— y me trataban como uno de los suyos. Todo el tiempo eran amables y me encantaba sentirme parte de algo tan sólido como esta bella familia. Nos asoleábamos, jugábamos cartas, íbamos al pueblo, platicábamos…

Hasta aquí todo era miel y felicidad. Todo era amor puro e incondicional. Pero un día, un día horrible, me enteré de que me había mentido: me dijo que iría a un retiro con los padres de su escuela y se fue a Gente Nueva a Monterrey con sus amigos. En realidad no era tan grave, pero para mí esto fue imperdonable, y con todo el amor que le pude tener, comiendo hamburguesas y llorando los dos, terminamos. Esa tarde fue una de las más amargas de mi vida. Preferí vivir en la verdad que estar con quien adoraba. Ya bastantes mentiras había vivido con mis papás como para aceptar más, así que a pesar de mucho dolor y meses de súplicas, nunca regresé con él. Hasta sus amigos comenzaron a odiarme porque nunca lo perdoné. Como haya sido, así fue…

> La seguridad que da en la adolescencia un noviazgo en el que haya compromiso, entrega y amor puede reconstruir de forma única un corazón dolido y lastimado por el bullying. Aunque puede haber

> cosas que separen y errores no perdonados, amar es el mejor remedio para casi todos los males de la vida.

Por "ardida", al mes conocí a un chavo guapo y más grande y luego luego empezamos a andar. Me dio su cruz en una cadena (señal innegable de noviazgo serio) y cuando me topé a Juan Pablo en un antro casi se pelea con este cuate, pues se enojó muchísimo de verme con su cruz. Sus amigos lo detuvieron antes de la pelea y yo me fui muy indignada. No le contesté el teléfono por más de cinco meses. Cuando corté con este chavo, le volví a tomar las llamadas, nos vimos, lloramos, quisimos volver, pero no pude... nunca pude perdonarlo, pero tampoco olvidarlo. Cada fin de semana, los domingos, hablábamos por teléfono más de dos horas acerca de nuestras aventuras... nuestros pensamientos... pero nunca nos hablábamos en sábado o viernes, pues si lo hacíamos parecería que queríamos volver (él conmigo o yo con él) y nuestro ego nos lo impedía. Así pasaron casi cuatro años hasta que se fue a MIT (Michigan) a estudiar su maestría y cerré mi capítulo con él.

Algo importante pasó cuando terminé con Juan Pablo y fue el momento más revelador y de crecimiento que he tenido: tuve un terrible accidente automovilístico en el que estuve a punto de morir y mi vida dio un giro inesperado.

Venía de comer con unos amigos y me sentí un poco celosa por no ser el centro de atención como usualmente lo era. Cuando salí estaba enojada. Le dije a uno de ellos que se fuera conmigo y no quiso, lo que me enojó aún más... Cuando llegó mi coche del *valet parking* estaba verdaderamente furiosa y al salir sólo aceleré y aceleré. No pensaba en nada más que en desquitar mi enojo, algo a lo que ya me había acostumbrado. Siempre he pensado que tantos desaires que recibí a causa del bullying me hicieron ser algo autodestructiva. Mi destrucción era arriesgar la vida a través de la velocidad excesiva y el manejo de alto riesgo, pero como nunca me había pasado nada, pensaba que todo estaba bien al hacerlo y que jamás correría peligro. Pensaba que los que "realmente" estaban en peligro eran los chavos que se drogaban o las niñas que se acostaban con sus novios, así que yo me sentía fuera de riesgo. Pero esa tarde no fue así...

Venía rebasando a 140 km por hora y por la derecha a cuanto coche podía. Estaba en la Avenida Insurgentes a la altura de la UNAM; antes se podía correr y había casi cinco carriles para hacerlo. Así que comencé a rebasar y a acelerar. De pronto, un coche se cambió de carril y tuve que frenar desesperada para no impactarme con él. Al hacerlo, perdí el control del coche y empecé a derrapar.

No supe de mí por un tiempo, sólo sé que antes de impactarme sentí como si Dios me hubiera cerrado los ojos y susurrado al oído: "No veas", y ahí me habría desmayado. No vi el accidente, que fue muy aparatoso y verdaderamente corrí con suerte, mucha suerte. Creo que de haberlo visto no habría podido estar en paz al ver el impacto en mi mente una y otra vez. Si ya creía en Dios, a partir de ese momento mi fe se elevó hasta el cielo.

En el tiempo que estuve inconsciente escuchaba voces muy lejos. Sólo oía pequeños fragmentos de diálogos. Inesperadamente desperté... estaba en el hospital y varios doctores me atendían; sentí que me regresaba el alma al cuerpo y, al hacerlo, todo me comenzó a doler muy fuerte.

Mis heridas no eran graves: 14 puntadas en la barba; la nariz hecha pedazos y conmoción cerebral, que me ocasionó pérdida de memoria y unos dolores indescriptibles de cabeza. Viví por meses una gran confusión al no retener lo que me decían; por ejemplo, decía: "¿Cómo te llamas?", me contestaban y a los pocos minutos de nuevo lo preguntaba. Me sentía sola, incomprendida, confundida, mareada y adolorida.

Cuando salí del hospital, me llevaron a ver mi coche y el lugar del accidente: el resultado de mi enojo, imprudencia y arranque... Ahí me di cuenta de lo que estuve a punto de perder. Primero fuimos al lugar donde le pusieron a un poste de fierro — de ésos verdes de alumbrado público— un letrero con mi nombre de cariño: TRIX, y una flecha apuntando hacia abajo en señal de que yo había chocado con ese poste. Fue una broma inocente de mis amigos, en ningún momento dudo de su amistad ni de su cariño; sin embargo, el hecho de ver que ese nombre pudo haber sido una cruz, me cambió por completo. Además a unos cuantos centímetros estaba otro poste de concreto, y de haber chocado con él no estaría aquí escribiendo esto... Dios fue muy generoso conmigo y decidí hacer y dar lo mejor de mí a partir de entonces.

Luego me llevaron a ver los restos de mi coche: el parabrisas se estrelló por completo y se vino abajo, rompí el volante con la cara y hasta una marca de *lipstick* dejé en él. Todo era un muégano y el golpe más fuerte fue del lado del pasajero, así que de haber venido conmigo, Enrique habría muerto. ¡Cómo me sentí mal al ver el daño que pude haber provocado a alguien que quería tanto! Volví a llorar por horas y prometí cambiar. Cambiar para siempre.

Había perdido la inscripción a la escuela, estaba deprimida y enojada. Mi lito me ofreció pagarme unas clases para distraerme y aprender algo mientras me regularizaba. Como estaba deprimida trataba de dormir mucho para matar los días más rápido. Todavía siento la pesadez de la vida caer sobre mis hombros al no tener nada en qué ocupar mi vida, con las ideas movidas y unos dolores de cabeza que me hacían querer morir.

> En la adolescencia, cuando se forman las ideas sobre la vida y todo se hace más dramático, es muy importante mantener la mente ocupada y el cuerpo ejercitado, de lo contrario pueden aparecer pensamientos que lastimen mucho la autoestima. En ocasiones el peor bully vive dentro de nosotros mismos.

De pronto un día, mientras veía un programa que pasaba muy tarde en la noche-madrugada y el cual veía con frecuencia, para desvelarme y despertar tarde, salió Miguel Bosé. A partir de entonces me volví LA FAN, y más que por su música —que es increíble—, por su mensaje. Comenzó a platicar de varias experiencias que había tenido: que recientemente había estado deprimido y sin encontrarle sentido a su vida. Que ya tenía todo: fama, dinero, amigos, conocidos, ropa, viajes, coches y todo a lo que se le podría llamar una vida exitosa...

sin embargo, se sentía totalmente vacío. Fue así como un día se rindió ante Dios y le preguntó cuál era su misión o para qué estaba aquí en la tierra. Sacó un papel y escribió todo lo que se le ocurría, hasta llegar a una frase que le gustó: ser amor y transmitirlo. Es decir, su vida ya no era simplemente pararse en un escenario y cantar, sino que su labor era ser amor para otros. Un concepto totalmente diferente. De esta manera, cambió su vida.

Yo lloraba al escucharlo... saqué un cuaderno que conservé muchos años y comencé a hacer lo mismo. Me hinqué y le dije a Dios: "¿Para qué me dejaste aquí?" Sentía que quizá no merecía esta oportunidad, pues no había valorado anteriormente mi vida y ponerla en riesgo tantas veces me hacía sentir culpable. Sin embargo, sabía que alguna razón habría para que yo estuviera aquí y seguramente la idea de Dios no era que me quedara deprimida en la cama desvelada y viendo *talk shows*...

Anoté todo lo que me vino a la mente, todo lo que se me ocurría. Varias veces estuve a punto de rendirme. Llegué a pensar que esa clase de inspiración sólo le ocurría a la gente como Miguel Bosé y me dije varias veces: "¿Qué te hace pensar que hay una misión para ti?" De nuevo mi autobullying en acción. Sin embargo, en una de las líneas de pronto apareció lo siguiente:

TRANSMITIR Y ADAPTAR LOS VALORES AUTÉNTICOS AL SIGLO XXI

¡Esto era! Esto era lo que buscaba. La leí mil veces y me dije que eso era: YES! Voy a vivir por algo. ¡Basta de ser una telenovela ambulante que sólo da lástima! Ya estoy aquí y voy a hacer la diferencia... no tenía idea de cómo, pero tenía claro el QUÉ, CUÁNDO, QUIÉN, DÓNDE Y POR QUÉ... que son las cinco *W* del *marketing*: WHO, WHEN, WHERE, WHAT, WHY... y dicen que el HOW aparece solo, por eso tiene la *W* al final.

Pasaron 10 años antes de que supiera cómo, pero todo lo que hice en el camino entre un punto y el otro fue el motor que me llenó de pasión, como un ardiente deseo que me llevó hacia adelante. Me transformé... y lo digo así: TRANSFORMÉ, porque cuando se habla de cambiar es porque algo está mal contigo y hacerlo o pensarlo así sólo habla de rechazo hacia tu persona. De manera que yo me perdoné, me acepté con todo y mi nariz deforme y transformé mi vida. Estaba lista para seguir el rumbo de la vida.

> Todo cambio drástico se inspira en un despertar de la conciencia, un despertar espiritual que nos lleva al siguiente nivel; por muy doloroso que pueda resultar lo que sucede en nuestra vida, hacer un alto puede ser también la mejor bendición. Encontrar un sentido es el sentido de la vida.

Lo primero que hice fue cortarme el pelo... no tan radical como a los 12 años, pero sí fue lo suficiente como para cambiar de era. Y lo segundo, buscar trabajo, tragarme el ego y hacer las cosas por mí. Para entonces ya tenía más que claro que mis papás no me podían apoyar, así que en vez de lamentarme emprendí el más hermoso viaje hacia la autosuperación y el probarme a mí misma.

Abrí el periódico, al tiempo en que acababa mis estudios, y busqué algo que se viera más o menos bueno para trabajar. Encontré una oportunidad y fui a la entrevista en taxi —ya no tenía coche, por obvias razones—. Llegué a un horrible edificio y ahí, en el primer piso en donde vi luz, pregunté si buscaban a alguien... Sorprendida, la recepcionista me dijo que ellos eran una agencia y que llenara la forma. Lo hice y a los pocos días me llamaron para una entrevista en una empresa de tecnología.

Me contrataron casi de inmediato y estaba increíble porque todos eran muy jóvenes. Yo tenía 19 años, así que me sentía feliz de que todos tenían como máximo 28. Esta empresa, en donde comencé de recepcionista, al poco tiempo necesitó alguien para *marketing* y así comencé a subir de puestos y de sueldo. Yo feliz. De nuevo me acordé de lo que es y lo que se siente salir adelante y ser útil y resolver las cosas, igual que cuando la venta de los celulares. Desde entonces me encanta trabajar.

Como al año, Dios me premió con algo: una de las más importantes ejecutivas de la empresa me pidió hacer una traducción, lo cual hice con mucho gusto sin esperar nada, pero ella quería darme algo extra y el director lo aceptó. Me dieron justo lo que necesitaba, así que con este dinero y unos cuantos pesos que había ahorrado: ¡me compré un coche! Esto sí era lo máximo de lo máximo, pues durante mi travesía laboral requería recorrer 20 kilómetros en camión, pesero y en mis mejores días en taxi. Mis amigos de repente pasaban por mí los viernes, y eso era un megafavor que agradecía en el alma. Muchas lágrimas y humillaciones me tragué, pues vivía en una zona de ricos, donde nadie camina y existe cierta prepotencia, por lo que en más de una ocasión me gritaron cosas o me aventaron algo. Con mucho trabajo, esfuerzo y ahorros compré el entonces coche de mis sueños: un Cutlass Eurosport rojo... ¡uy, aunque era viejito fui la más feliz!

Posteriormente, el VP de Latinoamérica de la compañía, a quien admiro y reconozco por inspirarme a ser mejor, me ofreció al fin una plaza fija con un supersueldo, algo con lo que yo soñaba desde el primer día. Este reconocimiento lo llevo desde esos años en mi corazón y a pesar de que no acepté su oferta, por equis razones, me encantó y me llenó de amor que me lo propusiera.

Ya tenía 21 años y entré a una distribuidora en donde todos lo que trabajaban ahí, incluido el dueño, eran mis amigos, así que me sentía como en casa. El sueldo era buenísimo para una chava de esa edad. Me la pasé de lo mejor, comencé a viajar a Silicon Valley a la sede de las marcas que vendíamos para conocerlas más, crecí mucho y maduré también. Todo fue maravilloso en mi rol de gerente de *marketing* hasta que entró a la empresa el que yo llamo "un gran visir" —el típico mal consejero de la película que hace al rey perder su reino—, y como me alucinaba, hizo un complot en contra de mi puesto para hacerlo innecesario y unos cuantos meses después me corrieron-renuncié. Fueron ambas cosas, pues cuando capté lo que pasaba, decidí buscar otra cosa y renunciar. Aproveché un viaje a Estados Unidos para pedir trabajo en dos empresas; una de ellas me prometió "las perlas de la Virgen", y aunque al final fue mentira, con esta oferta renuncié y comencé a avisarles a los distribuidores que me iba, y ahí llegó mi gran oportunidad, un giro del destino que me abrió las puertas enormemente.

A la par de todo esto… ¿y mi vida social? ¿Y los novios? ¿Y la juventud? Pues salía, tenía amigos, tuve algunos novios a quienes en realidad no quise mucho; dos de ellos se querían casar conmigo, pero en cuanto yo escuchaba esa palabra salía corriendo, me ponía de sangrona y al poco tiempo los cortaba. En realidad todo el tiempo quise a Juan Pablo y como seguíamos hablando por teléfono, aunque no estábamos juntos era como estarlo. Ni él ni yo pudimos tener una pareja "bien" hasta que él se fue a MIT a hacer su maestría, y ese diciembre en que se fue, todo cambió… La energía se movió y regresé a una nueva era en la que nuevos retos llegaron…

> A veces, la edad no importa. Cuando encontramos nuestro centro y decidimos amarnos a nosotros mismos, perdonarnos y aceptarnos por lo que somos, pareciera que todo el mundo hubiese cambiado, cuando en realidad es uno mismo el que cambia. Encontrarse con uno mismo es sin duda la llave hacia la liberación y la superación personal.
> "La inspiración existe, pero tiene que encontrarte trabajando."
> PABLO PICASSO.

RENATA

Casi sin darme cuenta me convertí en adolescente, y es que la vida es así, pasa delante de ti... la vives, te vive y de pronto miras atrás y te das cuenta de todo el tiempo que ha pasado. La escuela seguía siendo divertida, las amigas, las risas, las salidas a comer, las travesuras en clase... todo esto continuaba. Empezaban las fiestas con los amigos... Estábamos creciendo.

He escuchado historias y he visto niñas que se destrampan en la adolescencia y que empiezan a ser un dolor de cabeza para sus padres. Éste no fue mi caso (claro, según yo). Yo lo sentía ocurrir todo dentro de mí.

Mi falta de límites en la escuela y dentro de mi casa, en cuanto a la mala conducta, me hizo estar siempre al borde. Probaba los límites, aunque nunca los traspasaba: jamás ocurrió algo que pudiese ser peligroso para mí, pero sí era mucho más aventada que otras de mis amigas. Cuando llegó el momento de poder manejar, me gustaba hacerlo muy rápido. Quien me enseñó a hacerlo fue mi papá, y creo que hizo un gran trabajo, porque para manejar en México hay que aprender ¡muy bien! Pero una adolescente en un coche con amigas, con música a todo volumen y risas que no paran... puede ser muy peligroso.

Recuerdo que ir rápido en el coche me daba también una adrenalina parecida a la que sentía cuando hacía bullying, pero es verdad que no traspasaba el límite hasta el punto de poder haber tenido un accidente, ya que la voz de mi papá estaba siempre en mi cabeza al manejar: "Siempre fíjate bien en todo, mi Ren. Aunque tengas luz verde mira primero que no venga nadie, porque mucha gente se pasa los altos; fíjate bien y siempre frena en una bocacalle un poco, aunque tengas la preferencia, no todos la respetarán". Y así como ésos, mil *tips* que me han servido mucho.

Una sola vez choqué en mi época escolar. Estaba con mi amiga Claudia en una callecita entre Insurgentes y Revolución. Íbamos platicando y fumando, oyendo música y divirtiéndonos. Claudia no se había puesto el cinturón y estaba muy cerca del parabrisas, recargada en el tablero, hablándome. Fue la primera vez que se me olvidó fijarme si venía alguien por mi derecha en la bocacalle... un señor venía rapidísimo, no pudo frenar y chocamos. La verdad es que pudo haber sido fuerte, pero no nos pasó nada, ni siquiera a Clau, que no tenía el cinturón puesto.

Cuando llamé por teléfono a mi papá para contarle, lo primero que le dije fue que no había sido mi culpa, y eso hacía siempre con mis papás... nada de lo que yo hacía era mi culpa, y la verdad es que no hubiese importado tanto si lo era o no, creo que habría importado más que yo entendiera que era más una cuestión de asumir mi responsabilidad en las diferentes situaciones que viví. Uno no tiene que tener la culpa o no, nada es blanco o negro, todo tiene matices; conmigo era sí o no, blanco o negro, ¡a mi manera o a ninguna!

> Cuando los padres justifican cada una de las malas acciones de los hijos, crean una irresponsabilidad que con el tiempo va creciendo. De no detenerse a tiempo las personas pueden llegar a convertirse en víctimas de sus circunstancias y de esta manera jamás enfrentar la vida como adultos. En el caso del bullying, cuando los padres sobreprotegen y no permiten que sus hijos se enfrenten con sus errores, el acoso que ejercen irá en aumento generando rechazo para ellos mismos.

Ahora veo lo importante que era haber aprendido esto antes: asumir mi responsabilidad en mis asuntos, en mis problemas, en mis acciones, en mi comportamiento, bueno o malo... ¡pero bien asumido! Otra gran lección de vida que aprendí tarde, aunque en realidad nunca es tarde, ¿verdad? Creo que todo pasa por algo y todas las lecciones me han llevado a ser quien quiero y elijo ser hoy… Agradezco las lecciones, y mucho más, ¡haberlas entendido al fin!

Yo luchaba contra las reglas, contra las figuras de autoridad; sacaba de quicio a las *misses*, a las monjas, era rebelde, conseguía lo que quería fácilmente, y casi siempre. Así que como en la adolescencia hay una constante necesidad de sentirte omnipotente en el mundo, de creer que todo lo sabes, te convences de que tienes todas las respuestas. Por eso pienso que en la adolescencia se reafirmaron las partes de mí que no eran tan positivas, que no me ayudarían a entender al mundo como realmente era y a respetar al otro como realmente lo merecía. Mi forma de pensar, según la cual todo debía ser a mi manera, mi manía de tratar de controlarlo todo, siguió aumentando y me topé en varias ocasiones con varias paredes al tratar de imponer mis modos ante todo y todos.

Cuando me salía con la mía estaba muy de buenas porque todo iba a mi ritmo, de lo contrario me ponía de pésimo humor y me hacía la víctima cuando las cosas no iban según lo que yo pensaba. Les hablaba mal a mis papás y a mis amigas. Y después con un "perdón" pensaba que todo quedaba olvidado y seguía adelante con mi vida como si nada. Este patrón se repetía en mi vida. Y no era por azar, sino porque era una forma de estar en el mundo, una manera de controlar lo de afuera para que lo de adentro no me hiciera tanto ruido, para callar ese volcán que hacía erupción dentro de mí.

Desde chiquita era ordenada con mis cosas, me gustaba formar en orden a mis muñecas y tener mi cuarto impecable; en la adolescencia esto era igual, y esto que digo de tratar de controlar "lo de afuera" también se notaba en el orden. Me gustaba que las cosas en mi cuarto siempre estuvieran en el mismo lugar, que mi ropa estuviera acomodada de cierta forma, los zapatos… algo así como esa película de *Durmiendo con el enemigo*, ¡jajaja!, donde abrían las puertitas de la cocina ¡y todas las latas estaban iguales! No era así de exagerado, obviamente, pero esa forma de acomodarlo todo minuciosamente y de no querer que se desarregle, hoy sé que significaba algo mucho más profundo en mí que el simple hecho de que me gustara tener mis cosas en orden. Si miro bien dentro de mí, si lo pienso bien, puedo compararlo con el bullying... Querer cambiar en el exterior cosas o personas para moldearlas a mi manera o para sentir que yo tenía el control sobre ellas, me hacía no tener que fijarme mucho en el interior... en lo que realmente me estaba molestando. Algo así como adormecerme para no hacerle caso al sentimiento real, al descontrol... cambiar lo de afuera para no sentir el hueco adentro.

> La manía por poner orden a todo, cuando se vuelve obsesiva, habla de una falta de aceptación de la persona, que lleva a querer arreglar "lo de afuera" pensando en que "lo de adentro" se arreglará también. Para hacerlo es necesario ir al fondo de la situación.

En esa época, dicho hueco se manifestaba en varias cosas: empecé a sentirme muy insegura en cuanto a mi aspecto físico; me veía al espejo y no me gustaba, creía que los chavos pensarían que no era guapa, y realmente me preocupaba lo que los demás pensaran de mí.

En esos momentos no entendía de dónde venían todos estos sentimientos. Pero hoy sé que la inseguridad, el miedo, la frustración e insatisfacción sobre mí misma los he tenido desde niña, y es la misma razón por la que molesté a tanta gente desde niña hasta adolescente. En la adolescencia hay más confusión, más preocupación por lograr la independencia; entran también en juego las hormonas y los pensamientos cambian todo el tiempo. Es realmente una etapa de fragilidad importantísima en el ser humano.

Recuerdo que me sentía rara, como si no supiera adónde pertenecía, y esto lo empecé a notar más con los chavos, cuando empecé a tener amigos o con algún galán por ahí que me hablara por teléfono para invitarme a salir. A mí me daba muchísima pena platicar con un chavo y más si era guapo. Me daba pena y me mortificaba no tener conversación o no saber qué decir cuando estaba con él. Pensaba que tenía que actuar o ser distinta para gustarle a alguien.

Y ahora puedo ver de dónde venía eso. Si yo misma no sabía quién era, yo solita huía de mí misma, buscaba afuera, cambiaba afuera, pero no miraba dentro… y cuando uno no practica la manera de verse y conocerse, la identidad está nublada. Me colgaba cosas que no me correspondían; traté de imitar a una amiga o quería ser como alguien más por no haberme visto a mí y el enorme potencial que tengo; ¡si tan sólo me hubiera mirado y amado!

Lo más confuso era que nadie me veía así. Todas mis amigas pensaban que yo era la más extrovertida y quitada de la pena. Y no es que no lo fuera; lo era, era alegre y extrovertida porque me sentía querida y valorada por ellas, pero es que a ellas tampoco les contaba cómo me sentía, porque yo no quería sentirlo y no lo entendía… Era muy incómodo. Creía que si no les hacía caso a mis sentimientos, pronto se me pasarían. Y las cosas van pasando, pero no cambian, sólo van transformándose y se muestran en otras, de maneras distintas, pero con el mismo fondo, la misma raíz, y luego se vuelve cada vez más difícil desenmarañarlas para llegar a la verdad propia… Esa bola de nieve sigue creciendo.

Y es que tampoco entendía entonces que ser extrovertida y alegre no implicaba que no pudiera ser tímida para otras cosas, pero en mi mente lo veía distinto. Yo pensaba: ¿cómo voy a ser tímida o a sentirme incómoda en situaciones si toda la vida he sido extrovertida, alegre y segura de mí misma? Me veía como lo que yo pensaba que era o tenía que ser, como me habían dicho que era. Y creo que por eso ponía en el exterior mis sentimientos; creo que por eso estaba tan enojada y lo sacaba molestando a los demás, teniendo mal carácter, yendo contra las reglas de la escuela o llamando la atención. Cualquier cosa que me permitiera buscar culpables por mi insatisfacción. Y no es que yo fuera realmente culpable de nada, sino que simplemente no me conocía a mí misma, no sabía quién realmente era Renata ni cómo acomodarla en el mundo.

Creo que jamás analicé las heridas con las que crecí, y no tenía idea de que existían, no sabía de dónde podían venir el enojo, la insatisfacción y la inseguridad. Mis amigas me querían mucho, pero a pesar de eso me sentía incompleta. Ahora sé que los desplantes y la mala conducta en la escuela eran para llamar la atención, es como si me hubiese acostumbrado a pensar que era la única forma de ser "vista"... llamando la atención para mal, portándome mal en clase, desafiando las reglas y a las figuras de autoridad, y por supuesto... siendo bully.

> Quien ejerce el bullying está tratando de decir algo con sus acciones, por ello es imperativo poner atención y enfocar a la persona hacia las actitudes correctas. Un psicólogo es quien debe atender a los niños que ejercen bullying, y las escuelas tienen la obligación de asegurarse de que se reciba atención para fomentar un buen ambiente escolar.

No me daba a mí misma lo que necesitaba, y trataba de arrebatárselo a los que yo pensaba que sí lo tenían. Mientras tanto dentro de mí siempre estuvo la verdad, una verdad que me era muy difícil de reconocer. Una verdad que me gusta creer que posee cada ser humano desde que nace y que va fortaleciendo a través del tiempo con las herramientas adecuadas; pero en algunos casos dichas herramientas no están a la mano porque todos pasamos por momentos que van abriendo heridas emocionales y que no sabemos cómo manejar, momentos que nos marcan tal vez cuando somos muy pequeños para poder procesarlos.

Y así, mientras todo esto pasaba dentro de mí, seguían las fiestas, los viajes a Acapulco con las amigas, los exámenes, mil anécdotas y momentos increíbles. Yo los disfruté muchísimo a pesar de la lucha interior por descubrirme. Una vez más el tiempo voló y la escuela terminó. ¡Pero tampoco me pude graduar en ella! Al tercer o cuarto mes de haber empezado sexto de prepa ¡me corrieron! Una vez más, pensé que mis actos no tendrían consecuencias... pero no fue así y me la perdí.

La directora de ese gran colegio religioso y de mucho prestigio llamó a mis padres y les dijo que yo no podía continuar estudiando ahí, no podría terminar la prepa en la escuela. Que mi mala conducta era ya imperdonable a pesar de las advertencias que ya había recibido. Éstas no habían tenido efecto en mí.

Yo me dedicaba a molestar, no seguir reglas, hablar en clase... pero un día mis amigas y yo, en el recreo, decidimos que estábamos muy aburridas y queríamos "hacer *destroyer*" (así le decíamos a nuestro momento de portarnos mal o hacer algo que sabíamos que era indebido). Entramos en un salón de clases que no era el nuestro, empezamos a tirar los libros que estaban sobre el escritorio de la maestra y las cosas de los pupitres de las niñas. Recuerdo que había unos lentes; y los tiré y los pisé; después bajamos corriendo las escaleras, una amiga le dio una tremenda patada a la puerta de la enfermería y ésta se abrió de par en par, entramos y deshicimos la cama, tiramos unas medicinas que estaban guardadas... hicimos un desastre como nunca lo habíamos hecho. No sé por qué pasó, cómo empezó, pero sí sé que cuando lo hacía descargaba una rabia muy grande, como si en ese momento salieran todos esos monstruos de dudas y miedos. Con la adrenalina a todo lo que daba.

Después del recreo, la directora pasó por cada salón exigiendo respuestas: quería saber quién se había atrevido a hacer semejante desastre, quién había cometido tal falta de respeto que significaba expulsión inmediata del colegio. Nadie habló, había silencio absoluto en el salón. Y yo pensaba: "Si no digo nada, no pueden comprobar nunca que fui yo". Antes de irse, la directora dijo que les daba dos días a las responsables para dar la cara, de lo contrario, ella misma averiguaría quiénes habían sido y las expulsaría del colegio.

Cuando la directora por fin salió del salón, Valeria automáticamente volteó a mirarme con una cara de entre enojo y preocupación. Una mirada muy firme y autoritaria me dijo: "Renata, si fuiste tú, y sé que así es, más te vale que vayas ahora mismo y lo digas o después será demasiado tarde y te irá peor". Mis amigas y yo habíamos jurado que nadie diría absolutamente nada, aunque nos amenazaran: nadie nos había visto y no había pruebas. En verdad creímos que nada pasaría si nadie hablaba. Y en ese momento volví a desligarme de mi responsabilidad, volví a estar en ese largo camino entre mis límites y yo.

> La falta de límites y de consecuencias al infringirlos lleva a los niños y jóvenes en formación a cada vez hacer cosas cada vez más graves y peligrosas; es como si quisieran o tuvieran la necesidad de saber en dónde está la frontera entre el bien y el mal. Nuestro deber como padres y maestros es delimitar aquello de forma contundente y educar y crear conciencia en esta etapa de formación.

Cuando llegué esa tarde a casa estaba verdaderamente asustada. Era la primera vez que realmente sentía una enorme culpa y angustia. No le dije nada a mi mamá; quería borrarlo de mi mente y que desapareciera. No me atrevía a buscar dentro de mí lo que sabía que era necesario para demostrarme que tal vez ya había llegado el momento de crecer, de dejar de tener miedo.

Al día siguiente no fui a la escuela, amanecí con una fiebre terrible. No estaba enferma de otra cosa que de angustia. La fiebre era real, provocada por el miedo y el llanto contenido de saber lo que me esperaba, lo inevitable. El miedo de una vez más afrontar los cambios que sabía que vendrían; un miedo que, repito, no era otra cosa que el miedo a crecer, a enfrentarme misma mí misma y realmente empezar a mirarme y a preguntarme ¿qué quería?

> Las graves faltas o angustias se somatizan en nuestro cuerpo. Observar los cambios físicos en niños y jóvenes nos puede dar todas las respuestas necesarias para notar que existe un problema y entrar en acción a tiempo.

Cuando se fue la fiebre, volví a la escuela, y obviamente mis amigas y yo terminamos confesándolo todo… Ya sabíamos lo que vendría después. Pero seguía habiendo esta parte dentro de mí que no lo creía; siempre me pasaba igual, pensaba: "No, ni hablar… a mí eso no me puede pasar".

Mis padres fueron citados inmediatamente, y cuando me llamaron a la oficina de la directora y vi sus caras, supe que algo muy malo pasaría. Entré a la oficina y me senté frente a ella, y muy calmada me dijo algo así: "Renata, realmente no sé lo que te pasa ni por qué te empeñas en ser algo que sé que no eres. Eres una buena estudiante y una niña de buenos sentimientos y tienes unos padres que te quieren; no sé por qué te empeñas en portarte pésimo. Eres tú la que no quiere estar en este colegio, ¡y eres tú la que finalmente ha conseguido no estarlo más! Ya puedes retirarte, ya no eres bienvenida". Y hoy sé cuánta razón tenía. Cada palabra era real.

Ésa fue la primera vez que vi realmente enojado a mi papá: "A ver cómo le haces ahora, Renata, porque esta vez yo no buscaré una escuela para ti, y menos a estas alturas, pues estamos casi a la mitad del año. No sé cómo le harás, pero terminas sexto, ¿me entendiste?" Mi mamá estaba muda. Yo sabía que me quería abrazar, pero me imagino que ella también sabía que esta vez no podía hacerlo, ya sería demasiado.

Llegué a mi casa y lloré hasta el día siguiente. Me sentía totalmente perdida. Por primera vez empezaba a ver que yo misma me negaba las cosas que la vida me ofrecía, empezaba a entender que mi falta de amor propio era lo que me hacía actuar de esta manera, sentí miedo, mucho miedo de perderme y no poder encontrarme nunca más. Sabía que era el momento de pedir ayuda, alguien que pudiera ayudarme a entender qué eran todos estos sentimientos que no tenían nombre, esa insatisfacción conmigo misma, esta forma negativa que había usado para estar en el mundo. Ese grito desesperado por fin se escuchaba muy fuerte.

Le dije a mi papá que aunque yo me buscaría mi propia escuela, necesitaba que por favor me pagara una terapia; él solamente asintió con la cabeza. Y qué dolor sentí al ver la decepción en su mirada, y al mismo tiempo la tristeza de verme destrozada, pero sé que en ese momento él también estaba consciente de que algo tenía que empezar a cambiar.

Conseguí ir con una psicóloga y asistir a una prepa abierta, la cual terminé cuatro meses después. Me sirvió mucho darme cuenta de que uno puede lograr lo que se propone si de verdad lo intenta y lo hace por uno mismo. Empecé a entender que la responsabilidad de mi vida radicaba solamente en mí y que aunque fuera difícil crecer, tenía que hacerlo.

> Un día, tarde o temprano la vida nos enfrenta con nuestros errores y con nosotros mismos. Por más que los padres quieran a sus hijos y por mucho que los sobreprotejan, llegará un momento en que no puedan evitar lo inevitable. Lo mejor, por mucho, es corregir antes de que las cosas sean extremas.

Mientras todo esto pasaba, Valeria me retiró la palabra por meses. A veces, después de mis clases en la prepa abierta, iba a mi antigua escuela a visitar a mis amigas. Era una forma de no querer perder ese último año con ellas, de tratar de experimentar a su lado las cosas de las que me estaba perdiendo en la escuela junto a ellas; no podía soltarlas, no quería hacerlo, me dolía demasiado. Pero cuando iba a visitarlas, Valeria no se aparecía, me veía llegar y se iba a otro lado, estaba tan enojada conmigo. Esto fue algo que me dolió mucho, sentí que me estaba abandonando justo en el momento en que más la necesitaba, y ella pensaba que nuestras otras amigas no deberían hacerme ninguna fiesta cuando llegaba a la escuela a visitarlas.

Fui a su graduación, pero no invitada por mi prima. Ella invitó a mis papás a su mesa, pero a mí no. Seguía evadiéndome y seguía estando muy enojada. Yo fui a la mesa de Claudia como invitada y las lágrimas eran todavía amargas, lo mismo que el remordimiento y el sentimiento de pérdida.

Después Valeria empezó a ceder y cuando pudimos platicar me di cuenta de que su enojo era una forma de tapar el dolor que había sentido, porque ella también experimentó una pérdida cuando me fui de la escuela, ella también me extrañó y me necesitó. Pero era sabia y también sabía que debía poner distancia entre las dos; estaba dispuesta a poner un límite que yo no tenía, por amor. Eso es algo más que tengo que agradecerle a mi prima, a ese hermoso ser humano que me quiere de verdad.

> Un buen amigo es quien hace notar nuestros errores, pues busca lo mejor para nosotros. El amor tiene muchas formas de manifestarse, y el amor "duro", el amor que educa, también es amor.

Después vino la universidad, estudié psicología (a ver si así me entendía a mí misma y al mundo loco en el que vivimos). Me encantó mi carrera. La disfruté de verdad. También ahí hice grandes amigas y por fin el bullying paró. Creo que la salida de mi segunda escuela me hizo pensar mucho, fue un golpe más fuerte que la salida de la primera, porque la vida ya era más en serio... Ya no era una niña y realmente empecé a cuestionarme muchas cosas, a tratar de descubrir qué pasaba dentro. La terapia me permitió abrir una ventanita, pero no muy grande; seguía resistiéndome, me costaba conectarme y realmente hablar desde adentro, me daba pena contarle a la terapeuta todo lo que había hecho. Sabiendo perfectamente que para eso estaba ella, para ayudarme a ir derritiendo las capas de la bola de nieve, a ir quitando mis propias capas internas para tratar de descubrir mis vacíos y obtener las herramientas necesarias para salir adelante, siendo la Renata que estaba ahí... debajo de toda la nieve, esperando poder brillar.

Pude hablar sobre algunas cosas y me sentía mejor conmigo misma, pero hoy sé que todavía no me amaba lo suficiente, no me atrevía a dejar de ver que no eran las cosas las que me pasaban a mí, sino que era yo la que hacía que las cosas me pasaran. En el fondo quedaba la confusión, el miedo, el enojo, la inseguridad y mucho, pero ¡mucho ego!

CAPÍTULO 6

CREANDO OTRA HISTORIA

TRIXIA

Por supuesto que este capítulo inicia con un corte de cabello. Me lo corté hasta la barbilla antes de entrar al trabajo que me daría todas y cada una de las más grandes oportunidades que he tenido para reconocerme y brillar. Hewlett-Packard me abrió las puertas a los 23 años con un puesto a nivel Latinoamérica para llevar una línea de productos. Tenía todas las prestaciones del mundo, incluido un coche nuevecito que en dos años sería mío, un megasueldo y mil cosas más.

Mi propio reconocimiento, y más allá de eso, el reconocimiento de mi familia por fin llegó. Antes de eso, todo el mundo me veía como una hija mal portada a la que su pobre madre le lloraba por haberse ido de su casa y que casi no hablaba con su papá. Una mala hija, que estaba perdida, aunque nadie sabía que tal vez salía mucho de reventón, pero siempre portándome muy bien. Si ya sabía lo que era estar desprestigiada al sufrir bullying, jamás me permitiría el hacérmelo yo misma. Así todo eran percepciones, pero eran unas percepciones que no me ayudaban... pero con este puesto, todos se callaron. Por fin me reconocían: había ganado la mitad de la batalla de la vida.

Casi a la par de esto Juan Pablo se había ido y por fin quitaba el ancla que tenía sobre mí y que me evitaba avanzar en la vida. De pronto todo se alineó para que entrara en una nueva era.

Al poco tiempo de entrar a este maravilloso trabajo, conocí a Raúl, quien al principio se mostró desinteresado para provocar mi curiosidad en él, y esa estrategia surtió efecto. Así nos hicimos novios. Su "primo de cariño" era el novio de mi hermana, así que después de haber tenido serios problemas con ella, y sentirme rechazada muchas veces, ahora tenía la oportunidad de acercarme otra vez y que me reconociera por tener un novio que a ellos les fascinaba. Ésta es mi percepción, pero fue muy importante para mí.

Raúl y yo salíamos mucho de reventón. La relación fue creciendo y, para mi sorpresa, a los seis meses me pidió matrimonio. No sabía qué contestar y por muchos meses estuve dudosa de qué responder, pues como era muy burlón, pensé que era broma o que me estaba probando. No sabía si creerle o no y mejor le daba el avión. Mientras tanto, salíamos juntos y él salía también mucho solo. Era muy trabajador, pero al ser empresario podía disponer de su tiempo, así que hacía sus planes constantemente, y como yo estaba mucho de viaje, mil veces se iba solo. Confiaba ciegamente en él.

Sin embargo, la única vez que cortamos fue porque me dijo mentiras y me dolió mucho descubrirlo. Me escapé a Miami con una amiga y no le contesté nunca más, pero investigó mi vuelo de regreso y llegó al aeropuerto a recogerme. ¡Jamás lo esperé! Me encantó el detalle, pero estaba enojada y dije que me iría en taxi... él me pidió que le diera una oportunidad para hablar y me convenció. Sólo le acepté un café. Comenzó a hablarme de su error y se disculpó, pero se enfocó más en hablar de sus planes y de que ya estaba viendo una casa para cuando nos casáramos y demás... Me ilusionó saber que me quería a ese nivel. Y volvimos.

> Para alguien que ha sufrido bullying la seguridad de saber que alguien es capaz de amarlo se convierte en un importante motor que evita ver otros defectos importantes. Cree que lo único importante es haber sido elegida y validada después del rechazo recibido por años.

Seguimos así hasta que al poco tiempo me pidió de nuevo que nos casáramos y yo, en vez de responder con evasivas, le dije: "¿Cuándo?" Puso una cara... y me dijo: "En un año, y podemos empezar a ahorrar desde ahora".

Desde un año antes de la boda, hasta el día en que nos casamos, todo o gran parte del tiempo lo destinamos a hablar del evento social más esperado por ambos. Aunque él ya estaba naturalmente fastidiado del tema, escuchaba con paciencia. Se acercaba el día. Tuvimos una hermosa boda y vivimos en una casa a la que yo traté por todos los medios en convertir en hogar.

Los primeros nueve meses de casada trabajé en HP. El negocio de Raúl crecía gracias a sus buenos manejos, por lo que cuando mi área se fue a Miami yo pude renunciar gracias a su apoyo y manutención. Después de más de cinco años de trabajar casi sin tomar vacaciones y de levantarme temprano diario, este descanso me cayó de maravilla, aunque fuera sólo los primeros meses. Pasó el tiempo y trataba de ir al club a hacer ejercicio o distraerme con algo, pero al haber estado acostumbrada a tanta actividad, me aburrí... y al estar aburrida, encontré la forma de cumplir mi misión que había declarado 10 años atrás...

Este espacio de calma me recordó que siempre me había gustado escribir. Me acordé de que alguna vez le había prometido a Dios "Adaptar y transmitir los valores auténticos al siglo XXI". También me acordé de que durante mi adolescencia había escrito para una revista local de forma constante en una columna.

Entonces la suerte y el destino se alinearon. Tuve la oportunidad de practicar mi redacción cuando apareció un trabajo que me consiguió un amigo de Raúl en una revista inmobiliaria. Lo agradecí con el corazón, ya que además me pagaban, y eso me ayudaba, pues Raúl era un poco especial con el dinero y me costaba mucho pedirle algo, así que esto, aunque era poco, me ayudó mucho.

> Una de las formas de maltrato en la pareja es la violencia económica que restringe a las personas o las hace sufrir para tener acceso a los recursos familiares. Estos patrones son permitidos por miedo, al no haber superado otras formas de maltrato en la niñez.

Al año y medio de casados tuvimos la noticia de que seríamos papás. Me sentí muy, muy feliz, al igual que él y nuestras respectivas familias. Yo personalmente decoré cada pared, rincón, canasta y accesorios para mi hijo. En mis ratos libres escribía cosas para la revista y a veces colaboraba editándola. Así que los días pasaban muy lindos aunque Raúl no bajaba su vida social de comidas con amigos, palco los sábados para ir a ver jugar a su equipo, jugar en un equipo *amateur* y en el club, irse de fin de semana largo a las despedidas de soltero de sus 25 amigos, jugar golf... Estaba padre que se divirtiera, pero constantemente terminaba sola. El problema fue que como al casarnos yo trabajaba, tenía dinero propio y no hijos; si él se iba a comer los viernes, yo hacía lo mismo, pero al cambiar la vida también cambiaron mis actividades y ya no estaba tan padre que cada quien hiciera sus cosas... Por supuesto que era tarde para poner un límite y nunca lo conseguí.

Él era buena persona, pero sus amigos tenían un lugar muy especial y siempre les quería dar gusto. Menciono esto porque desde recién casados comenzó una ola de chismes en su grupito de 40 personas, parejas de todo tipo y gente muy diferente, y jamás les puso un alto. Yo no entendía nada, ya que si algo tuve en la adolescencia fueron excelentes amigos. Yo no entendía que en un grupo hubiera tantos problemas y menos que él no les pusiera un límite a sus propios amigos.

Recuerdo cuando los invitamos por primera vez a nuestra casa: todo era blanco, nuevo y minimalista. A uno de sus amigos se le ocurrió llevar pinturas de spray "lavables" y comenzaron en mi sala una guerrita de pinturas que dejó todos los sillones nuevos, las paredes y hasta mi coche manchados. Cuando vi esto, les pedí enojada que pararan. Él me superregañó por haberle puesto un alto a esta grave falta de respeto; con todo ello, siguió dándoles el avión y riéndose de lo que habían hecho y hasta se disculpó por mi falta de sentido del humor, mientras yo limpiaba como podía las manchas. A este tipo de groserías les siguieron muchas más. ¡Cómo lloré! Pensaba que yo le estaba quitando a sus amigos, que otra vez todo estaba mal conmigo y que por mi culpa ya no se verían. Hacía todo tipo de esfuerzos por agradarles a sus amigos y novias/esposas pero nunca lo lograba, sólo generaba en cada uno de ellos más desprecio y... ¡bullying! Otra vez un acoso brutal de chismes y desprecios, al grado de que algunos me "saltaban" para no saludarme en las fiestas.

Era terrible, porque además de todo él permitía esas humillaciones. Jamás pude poner límites de respeto ni a él ni a nadie... pero nunca había convivido con gente así en la adolescencia, por lo que no contaba con las herramientas para defenderme o ser objetiva respecto a lo que sucedía. Así pasé mi embarazo, tratando de refugiarme en mi familia y amigas para no llorar tanto estos desprecios.

> A veces el bullying viene escondido o puede no ser tan directo, disfrazado de amor pero enfermizo al fin. Si una persona sufrió de acoso escolar en su niñez, al buscar pareja, sin haber sanado del todo su autoestima, es muy probable que consiga una pareja que la haga sentir menos, y así repetir historias y alimentar creencias.

¡Nació Rau! Aquí el humo, chismes y todos los detalles no importantes se me olvidaron y nos dedicamos a nuestro hijo. Todos estábamos felices. Creo que tenemos 500 horas de video de cada momento del desarrollo de mi hermoso bebé, que además era un bebé buenísimo y nada llorón. Las vacaciones las pasábamos en Cancún con sus papás y ahí nuestro hijito era feliz en el agua y disfrutando el sol.

Mientras crecía, me encantaba que estuviéramos en la casa para atenderlo como se debía, por lo que decidí ocuparme en algo que me gustara, pero sin salir mucho... Surgió la idea de mi primer libro: *La vida en el reventón*. ¡Cómo me divertí! La verdad la pasé increíble haciendo reuniones cada jueves con mis vecinos "chavitos" de entre 15 y 21 años y mi hermano Miguel y sus amigos. Cada jueves los invitaba a cenar cuando Rau estaba dormido y poníamos un tema: los antros, las drogas, los niños, la anorexia... a veces también les leía lo avanzado y nos reíamos por horas, sobre todo con una gran amiga chavita que adoro: ¡Amine! Su sentido del humor me llenaba de vida.

Aunque lo ocultaba y lo negaba, sentía que mi vida y todo mi poder se hacían pedazos. Así que esta actividad me resucitaba cada semana y el resto de los días escribía con disciplina. Avancé bastante rápido. Lo terminé por fin e hice una cena elegante con todos los que participaron; saqué juegos de copias engargolados para dárselos a cada uno de ellos... también invité a Raúl, quien ya tenía planes. Estábamos cenando y les comencé a entregar sus libros dedicados a cada uno, cuando llegó Raúl, burlón como siempre, y dijo: "Ay, eso qué... ni siquiera está publicado, jajaja, ¿a poco eso vale algo?" Me mató. Quedé muda por años y triste.

Siguió pasando el tiempo y establecimos una relación muy respetuosa respecto a nuestras actividades. En general yo hacía todo lo posible por darle gusto y él también a mí, cada uno a nuestra manera.

Llegó el verano, y con él, el mundial de futbol, de los cuales Raúl nunca se había perdido uno solo. Se fue con su papá por más de un mes y yo en verdad y de corazón estaba feliz por él... Pero en esta ocasión decidí, sin importarme nada, irme a España a ver a mi familia por un mes con una de mis tías como compañera de viaje y, por supuesto, con mi bebé de año y medio.

Al ser tan buen bebé, la pasamos felices subiendo y bajando de trenes y con mi prima Lili —a quien adoro—. Además de las vacaciones, llevé mi manuscrito para presentarlo a editoriales españolas, pues mi prima estaba en ese medio. No tuve éxito, pero conocí a Arturo Pérez-Reverte y a varios escritores de la generación del Crack que en ese entonces vivían en España. ¡Me encantó el medio y con todo mi corazón deseé ser escritora un día!

Algo curioso que me pasó fue que en la Diagonal, mientras tomaba un café, se me acercó un lector de cartas y me dijo: "Vas a tener una hija que será una excelente bailarina y nacerá pronto". Yo la verdad medio le di el avión, pero a los dos meses de regresar a México me embaracé y ¡tengo una niña hermosa y superbuena bailarina!

Regresé a México con todas las ganas del mundo para seguir creando mi familia en amor y bendiciones, pues tras haber vivido el caos familiar que tuve de niña, toda mi intención estaba puesta en ello. Sin embargo, Raúl comenzó a ser hostil y a faltar a su honestidad en algunos sentidos. Yo sentía que era un cero a la izquierda, es decir, nadie importante en mi casa y el dinero en todo momento era un problema. Al ir creciendo los bebés cada vez requieren más cosas, y si yo pedía dinero para la natación, ropa o lo que fuera, era un problema... pedir para mí, menos... eso no entraba en las posibilidades. Muchas veces me sentí bulleada y no vista como persona con todo lo que trataba de dar, por lo que me concentré en las cosas que sí me hacían sentir bien, como mis libros.

De pronto una noticia cambió mi vida: me llamaron de una editorial para publicar mi libro y con muy buena atención y manejo salió en noviembre de 2002. Desde el principio llamó la atención su contenido y tuve muchas ventas y entrevistas en diversos medios importantes. Me sentía muy bien, pero a Raúl no le parecía y me reclamaba que fuera a las entrevistas y que nuestro hijo se tuviera que quedar con la nana, a pesar de que sólo era por un par de horas. Me quería dividir en mil pedazos, pero al no poder, sólo me frustraba, y como no me podía enojar con él, me desquitaba con quien fuera: el de la gasolinería, la de la tienda, el mesero... comencé a enojarme otra vez con la vida.

> Una vez más, la persona trata de cumplir con sus sueños y a la vez satisfacer las expectativas demandantes de su bully, sintiéndose culpable por el derecho de ser quien es, y así, una vez más el autobullying entra en juego, y se alimenta la creencia de que no se merece lo que se puede tener.

Nació Xime, una hermosa bebé que en vez de llorar hacía ruiditos como de ballenita, y siempre ha sido una alegría ver lo divertida que es. Me concentré en ella esos primeros meses, por lo que Rau se enojó y se enceló, y su papá tuvo que involucrarse más en todo. Me apoyó en todo lo que pudo. Fueron meses tranquilos, pero yo tenía un gran dolor y depresión posparto, por lo que ese año no la pasé muy bien que digamos...

Los amigos de Raúl y su bullying siguieron siempre, pero por fin nos alejamos un poco de ellos y nos enfocamos en gente diferente que nos abrió otras posibilidades para convivir contentos. Mis compadres Manuel e Ileana (padrinos de Rau) siempre han sido una bendición enorme en nuestra vida, e hicimos juntos miles de viajes, fines de semana, fiestas y demás. Para mí son mi familia y los quiero mucho.

Seguí escribiendo para evadir lo que sentía. Llegó mi nuevo libro: *...Y fueron felices para siempre*, que habla de las realidades —desde diferentes puntos de vista— de las parejas en el noviazgo, el matrimonio y hasta el divorcio... ¡Qué sabía yo de eso si nunca me había divorciado! Pero al final lo hice y sería publicado por la misma editorial; sin embargo, el nuevo editor se negó a cumplir la promesa y con un gran berrinche renuncié y me enfurecí. Aquí comencé a autobullearme de nuevo. El sabotaje personal se convirtió en mi mejor arma y lo hacía sin piedad.

Eché a perder muchos proyectos... Me concentré en mis hijos, a quienes adoro con todo el corazón, y hoy sé que lo mejor que me pudo haber pasado fue estar con ellos día y noche viéndolos crecer; hoy que ya los veo autosuficientes, autodeterminados e independientes me lleno de alegría. Sin embargo, en esos tiempos yo quería seguir creando proyectos propios y en más de una ocasión me frustré porque durante muchos años las cosas no me salieron bien. Culpaba a todos y no volteaba a verme yo. ¡Estaba atrapada! ¡Era bulleada! ¡Yo misma no dejaba de reclamarme cosas sin piedad!

> El autoconcepto es la parte que más se daña con el bullying, puesto que al sufrir repetidos insultos y denigraciones por parte de nuestros "pares" de la infancia se hace en la mente una idea fija que muy profundamente nos desacredita y nos impide vivir en plenitud. Además de esto, cuando hay un pobre autoconcepto se crea un imán de experiencias que vuelven a minimizar o denigrar a la persona, sin razón alguna, sólo porque la persona cree merecer este trato... y si lo crees, lo creas.

No quiero decir que no hubiera días hermosos y felices, por supuesto que los hubo, y muchos. Teníamos una vida estable, sin problemas económicos, con comodidades y viajes, y dos hijos hermosos.

Eso era lo que más me dolía: que no lográramos, con TODAS LAS BEN-
DICIONES DE DIOS que teníamos, estar bien.

Pasó de todo. La convivencia con Raúl se volvió imposible. Reconozco mis errores, y el primero fue haber cedido todo mi poder,
sin poner límites, y aunque después me arrepentí ya no había regreso... Todo lo hice por agradar y evitar tocar las peores heridas que
tengo en el corazón, que son el abandono y el rechazo.

El 19 de febrero de 2007 murió mi abuelito... ¡cómo me dolió y
cómo me arrepentí de tantas cosas! Sin embargo, su muerte me trajo
de vuelta a la vida y decidí hacer lo que fuera necesario para transformar lo que no me gustaba de mí, así tuviera que atravesar el más
profundo dolor, no importaba: yo no iba a morir víctima de las circunstancias. ¡No, gracias!

Un día antes de que falleciera estábamos todos comiendo en su
casa pero él ya no se levantó de su cama, así que mi mamá, mi hermana y yo fuimos a su cuarto a verlo. Yo estaba ya como en la adolescencia: hecha una piedra total, llena de enojo y de rencor. Me costaba mucho expresarme. Una voz interior me decía: "Dile a tu abuelo
todo lo que quieras, es el momento". Yo no hice caso y me cerré al
querer decirle:

Lito: eres lo más grande que he tenido en la vida; me enseñaste a soñar,
a leer, a creer en mí. Con tu mirada de aprobación me hiciste sentir
valiosa y amada, cada vez que llegaba y me decías: "Trix, trax, trux...,
¿cómo estás tux?", se me iluminaba la vida. Me enseñaste a aceptar los
errores y seguir adelante. Me enseñaste a seguir mis sueños, sin importar
lo que dijeran los demás. Gracias por haberme aceptado en tu casa y
quererme como una hija, apoyarme y recogerme de los lugares y darme
lo que necesitaba... Lito, te quiero y te adoro y tu luz siempre vivirá en
mí. Fuiste un padre y mi apoyo. Perdóname si fui grosera o no estuve
atenta a ti... estaba muy enojada con la vida, pero no era por ti, era por
mí. Por ti y por lo que creíste en mí, hoy soy quien soy.

Pero en vez de decir todo esto, viendo que ya se iba mi lito al cielo,
me callé, mientras él con sus lindos ojos verdes me veía y me decía:

"Vas a lograr todo lo que te propongas porque tienes la voluntad para hacerlo". Sus últimas palabras eran todas para mí y yo muda... ¡Qué horror! ¡Qué dañado tenía el corazón! Ahí lo vi: estaba muerta en vida.

Raúl entró, como siempre, con prisas y a regañarme: "Vámonos, agarra a los niños, ya es tarde..." Aterrada de que se fuera a enojar, me fui y por supuesto salí sin decirle nada a mi lito en su lecho de muerte.

Al día siguiente, lunes 19 de febrero a las 9:00 pm, sonó el teléfono mientras estábamos cenando en pijama y los niños dormían. Raúl contestó, habló con alguien y colgó. Se me acercó y me dijo: "Era tu mamá, ya se murió tu abuelo... La neta, qué bueno porque ya estaba sufriendo mucho". Me mató... ¡cómo pudo decirme eso! Luego me explicó que él no podía ir conmigo porque tenía una cita muy temprano con un cliente fuera de la ciudad y que si quería me fuera con mi hermana. Organizó que pasaran ella y mi cuñado por mí. Todo el camino, todo el tiempo lloré. Como un mes lloré.

Llegamos a casa de mi lito y ya se lo habían llevado. Así, fuimos a Gayosso a esperar a que mi hermano y mi mamá llegaran con el cuerpo. En la capilla, mientras esperaba, pensé en ir por unas flores, salí a comprarlas, y mientras las escogía me descubrí diciendo: "No, ésas son muy caras, te va a regañar Raúl si las pagas con su tarjeta... y no tienes dinero... mejor un arreglo más barato".

¡Más barato! ¿Más barato? ¿Darle a alguien que dio la vida por mí algo barato el día de su partida?

Ahí se detuvo la vida...

Ahí me di cuenta de que le tenía a Raúl tal miedo que no era capaz de comprarle a mi abuelo adorado un arreglo como lo merecía; por miedo a alguien que ¡ni siquiera me había acompañado a llorar su partida! Punto. Ya no más. Compré el arreglo más grande y hermoso de la florería con un letrero enorme que decía:

LITO, TE VOY A EXTRAÑAR

No podía dejar de mirar el arreglo y al verlo lloraba y lloraba. Lloraba por la partida de mi lito, lloraba por mi represión, lloraba por mi falta de poder, lloraba porque no le había podido decir lo mucho que lo adoré.

Cuando dejamos todo listo, nos fuimos a dormir porque el siguiente día sería muy pesado. Llegué como a las 9:00 am y todo el día llegó gente a darnos el pésame. Estuvieron todas mis amigas, primas y toda la gente que quiero. Por el dolor que sentía no podía tomar ni agua y vomité más de 30 veces ese día y los posteriores. Como a las 8:00 pm, cuando estábamos en plena misa de cuerpo presente, llegó Raúl muy acelerado, se me acercó y me dijo al oído: "Ay, no sabes el tráfico, me muero de hambre, ya ni comí por llegar aquí…" Sin comentarios. Mi corazón se murió.

Sin embargo, como dije antes, la muerte de mi lito me regresó a la vida. Comencé un camino de encuentro conmigo, de autoconocimiento, de dejar de ser víctima y de crear la vida que quería. Me hice responsable de mis acciones, pero sobre todo de mi futuro, pues así como iba acabaría amargada y enferma en poco tiempo. Me rebelé contra mi bully y contra todo lo que no me gustaba; me negué a ir a lugares que me quitaban la energía y que sólo me contaminaban. Volví a ir por mis sueños.

Publicaron de nuevo mi primer libro y luego los demás… recuperé mi carrera editorial y mi poder. Me cambié de esa casa fría y oscura en la que vivíamos, y a la cual yo pensaba estar condenada hasta el último día de mi vida, y me di cuenta de que cada quien puede izar sus velas, levantar el vuelo, ajustar su destino y desenterrar su corazón si así se lo propone.

¡Regresé a la vida!

> Un golpe fuerte que la vida da, como puede ser la pérdida de un ser querido, nos hace hundirnos hasta tocar fondo y salir con más fuerza de la que imaginamos posible. La víctima deja de sentirse como tal, movida por ese impulso que todos llevamos dentro, y emprende el vuelo con las alas que parecía haber olvidado que poseía, ahora mucho más largas y fuertes. Para superar el bullying, la primera batalla es con nuestro interior.

RENATA

Cuando era chiquita, como muchas niñas, jugaba a las muñecas; ellas eran mis hijas… Las cuidaba, las vestía, las peinaba y en mi imaginación las alimentaba y les daba todo el amor maternal que sentía. Después empecé a crecer un poquito más y ya fueron muñecas de niñita, fueron Barbies, con las que empecé a identificarme más con la parte femenina como género y un tiempo después vino Ken, quien me hizo soñar con una "pareja" y conocer acerca de los roles que cada uno representa en la sociedad.

Cuando de niña jugaba a la mamá y al papá todo era bello, ¡como en los cuentos! Un castillo de hadas hermoso al que llega el príncipe azul en su caballo a enamorarse de ti y muchas veces a "rescatarte" también. Cada niña, dependiendo de su historia familiar, tendrá diferentes conceptos de lo que es el matrimonio, pero todas inevitablemente algún día hemos jugado al castillo y al príncipe azul que nos ama por sobre todas las cosas, no ve ningún defecto en nosotras y ¡nos protege de todo mal! Algo así como una perfecta extensión del padre que nos inunda con su amor incondicional y siempre perdona nuestros "errores".

> Los conceptos de la pareja son fijados en la infancia. El mundo de la fantasía infantil genera un concepto claro y fijo de lo que definirán las personas como amor en la etapa adulta. Cuando una persona sufre bullying en la adolescencia respecto a su apariencia física o recibe burlas de la persona por la que se siente atraída, su concepto de pareja puede ser dañado para siempre.

En mi caso, mucho más tarde que temprano, entendí que no hay castillos de hadas ni príncipes azules perfectos y que mi esposo no sería mi papá. Mi carácter y mi personalidad no deberán subordinarse a la falsa expectativa de un hombre que me ama y me amará a ciegas, hasta que la muerte nos separe. Así es, desafortunadamente lo comprendí muy tarde, así lo aprendí y lo viví... pero más vale tarde que nunca, dicen por ahí. Y en mi caso personal, aunque más tarde... ¡el aprendizaje llegó en el momento justo!

Conocí al que hoy es mi esposo cuando estaba en la universidad y tenía 21 años. Mi amiga Claudia, de Perú, me invitó a su casa un día a una cena para sus papás. No era raro que me la viviera en casa de Claudia, ya que éramos uña y mugre y siempre hacíamos todo juntas. En esa cena había varias personas de la compañía para la que trabajaba el papá de Claudia, había música, comida y nosotras rondábamos por ahí, tomándonos nuestra cubita, fumando un cigarrito y platicando y riendo de lo más a gusto. El papá de Claudia puso unas pistas para cantar, y como era "como mi tío" y sabía que me gustaba cantar, me hizo pararme junto a él y cantamos un par de canciones. Al terminar lo que yo pensaba que era una gran actuación de voz mía, se me acercó un señor muy buena gente que estaba ahí con su esposa y me dijo: "Hola, mi esposa y yo somos de Perú, de Lima, acabamos de llegar a México desde Vancouver, en donde estuvimos los últimos cinco años, tenemos un hijo que también canta, y me gustaría que un día lo conocieras".

Así, de la nada... Me pareció tan amable... y me sentí muy halagada, pero ahí quedó todo. En realidad, el comentario de ese señor se me olvidó por completo, pero cuando lo recordé unos meses después entendí perfectamente por qué me lo había dicho.

Tiempo después, Claudia me habló por teléfono para invitarme a una reunión con sus papás; me dijo: "Ren, ¿te acuerdas de esos señores peruanos que conociste en mi casa? Pues sus hijos acaban de llegar de Canadá y hay una cena para que conozcan a los hijos de sus amigos, ven conmigo".

Al llegar a la reunión, entramos a esta linda casa en el Pedregal, subí las escaleras y había muchísima gente a la que jamás había visto en mi vida, salvo los papás de Claudia y los anfitriones. Los saludé y nos indicaron que pasáramos a la sala de junto, donde estaban "los jóvenes".

Cuando entré a aquella sala, momento que no voy a olvidar nunca, vi a un chavo sentado con *jeans* negros, camisa blanca y chaleco negro. Sólo lo vi por un segundo, pero su imagen se metió en mi cabeza. No lo puedo explicar, sentí algo tan especial, como si su energía fuera amiga de la mía, como si lo conociera de siempre. Nunca me había pasado algo parecido con nadie.

La reunión siguió fluyendo, y después de cenar, este chavo agarró su guitarra y el señor de la casa dijo: "Ahora mi hijo les va a cantar algo". ¿Su hijo? ¡Él era el famoso hijo de quien me había hablado hace unos meses! Y cuando empezó a cantar... ¡yo ya estaba perdida! Lo entendí todo. Eso que había sentido al verlo por sólo un segundo se multiplicó por mil en ese instante, que si por mí hubiera sido, podría haber durado para toda la vida.

Después, de una forma muy natural se acercó a mí, cantamos y platicamos muchas horas. Las horas, como suele suceder cuando estás feliz, pasaron volando y la reunión terminó. Y como dijo Sabina: "Nos dijimos adiós, ¡ojalá que volvamos a vernos!" Cuando llegué a mi casa le conté a mi mamá. Le dije que había conocido a un peruano, y que era el hombre más guapo que jamás había visto en mi vida y que seguramente me casaría con él. Mis planes de entonces eran terminar mi carrera, ser una psicóloga con consultorio y ¡casarme a los 34! Pero esa noche cambiaron mis planes.

No supe más de él. Yo sabía que había venido a México por vacaciones y que sus planes eran regresar a Vancouver para despedirse y volver a Lima, la ciudad que lo vio nacer y a la que quería volver.

Un par de meses después, Claudia me invitó a una boda. Le dije que no, que qué flojera ir a una boda sin pareja, y entonces me dijo: "Es que Daniel, el peruano que conociste, está en México, y me acaba de hablar para preguntarme si tú ibas a ir a la boda". Obviamente después de colgar el teléfono corrí a arreglarme. ¡No había forma de que faltara a esa boda!

Esa noche fue increíble. Las mariposas en el estómago se hacían más y más fuertes. Empezamos a salir después de eso y a ser novios muy pronto. Él no se regresó a Perú, y yo me enamoré perdidamente. Entre más tiempo pasaba... ¡esto crecía y crecía!

Esta historia de cómo conocí a mi esposo debo contarla porque hoy sé que debo recordarla siempre. Es muy importante que nunca olvide que lo que él y yo empezamos a construir hace casi 18 años, fue algo sincero, real, construido sobre bases sólidas y con un amor muy fuerte, muy grande, y sobre todo... sincero y transparente.

Un poco más de dos años después, nos casamos. Yo tenía 24 y a él le faltaban dos meses para cumplir la misma edad. En verdad, a mucha gente le llamó la atención que nos casáramos tan jóvenes, sobre todo él; estoy segura de que más de una amiga de mi suegra o de mi mamá pensó que estaba embarazada. Él tenía que irse a vivir a Guadalajara por trabajo, y me dijo que no quería irse sin mí. Yo no lo pensé dos veces, ni siquiera una... y le dije que sí. ¡Cómo no me iba a querer casar con este hermoso, amoroso e increíble hombre mío!

Terminé mi carrera en diciembre del 96, y nos casamos en marzo del 97. Una noche maravillosa de primavera. Confieso que no podía esperar a que terminara la boda para irme con él para siempre, los dos juntos.

Y así empezó la vida de casada. Regresando de la luna de miel nos fuimos a vivir a Guadalajara. Haciendo memoria, puedo ver ahora que mi personalidad de bully seguía latente en mí. En ese momento de mi vida no me daba cuenta, pero la realidad es que ser bully no termina en la escuela, lo llevas contigo a todos lados. Es una parte de la personalidad que busca formas de expresión en cualquier lugar y a cualquier edad. Muchas cosas en mi matrimonio se vieron afectadas por mi personalidad de bully y yo no me asumía como tal. No me daba cuenta, y no es por justificarme, es que realmente años después, cuando mi vida empezó a desmoronarse, pude empezar a verme a mí misma, en esa búsqueda en mi interior y comprender el porqué de las cosas que estaban pasando en mi vida.

Recuerdo que en la luna de miel, pues todo era miel... o por lo menos todo debería haberlo sido, y en mi mente así lo era. Pero viendo atrás, yo era siempre la que tenía que decidir qué se hacía, a donde iríamos primero o lo que fuera. Y si todo marchaba como se había planeado, yo estaba feliz; pero si algo cambiaba, entonces venía mi mal humor y mis reclamos... Así como de chiquita en la escuela o en mi casa. Y es que creo que esa niña interior y el ego me han dominado la mayor parte de mi vida. Y mi esposo, que tiene un superbuen carácter, creo que para no pelear me daba gusto en todo, y muchas veces era él quien terminaba pidiendo una disculpa cuando era yo la que debía asumir la responsabilidad y hacerlo.

> La falta de límites y evitar que los niños asuman las consecuencias de sus actos puede detonar en personas abusivas en la etapa adulta que dañen a las personas más queridas y cercanas de su vida al tener —en el inconsciente— la idea de que las personas deben, a como dé lugar, hacer lo que ellas desean para demostrar que las quieren. Su idea del amor se convierte en obligar a otros a hacer lo que quieren y controlar o maltratar para hacerlo, ejerciendo así el bullying.

Creo que tener una personalidad de bully te lleva a escoger a personas en tu vida que de alguna manera te permiten serlo, y entonces la bola de nieve sigue creciendo... ¿Y cuándo se detiene? Si se ha hecho tan grande que tú ya quedaste atrapada en medio, irreconocible para ti misma, ¿cómo encontrarte en medio de toda esa nieve? La bola se detiene cuando choca contra algo tan fuerte que la deshace, y la deja sin nada, sin capas para cubrirse, sin hielo para seguir congelando el corazón, la mente, las ideas, la percepción de uno y de los demás. Es cuando uno realmente empieza a crecer, a asumir responsabilidades, a mirar al otro con empatía; es cuando uno cede el control, el agotador trabajo de querer siempre controlarlo todo; es cuando pasan cosas dolorosas que tienen que pasar porque son el efecto del tiempo acumulando nieve.

Volviendo al principio del matrimonio... llegamos a vivir a Guadalajara, una ciudad hermosa que yo ya conocía. Me encantó vivir en ella. Ahí estuvimos tres años. Mi esposo era director general de su oficina y yo trabajaba en un kínder con niños.

Fueron tres años padrísimos. Hicimos muchos amigos, y como éramos recién casados y no teníamos hijos, nuestra vida consistía en trabajar y divertirnos. Creo que vivir lejos de nuestros padres nos fue muy útil, ya que eso nos unió más como pareja. ¡Nuestra familia eran nuestros amigos! Nunca olvidaré los jueves en La Enredadera, que era el bar de unos grandes amigos: jueves de guitarra y risas, de juventud y sueños que apenas empezaban, de este amor desbordante que sentía por mi esposo, y aunque mi carácter no era fácil y los berrinches de niñita consentida se manifestaban en varias ocasiones, mi esposo me daba todo el amor de su corazón y ¡la pasábamos tan bien!

Ahora pienso cuánto me habría gustado que él me pusiera un alto en las veces que venían estos actos de bullying hacia él, hacia mi vida en matrimonio. Pero las cosas llegan en su momento. A los dos nos costó años ver realmente el daño que nos hacíamos: yo pensando que era la reina y señora de las decisiones y sabedora de cómo se hacían las cosas, y él me dejaba asumir tal rol dejando en segundo lugar sus opiniones, dejándose a sí mismo ser controlado, pensando que era mejor evitar discusiones.

Pero a él también le tocaba descubrirse a sí mismo, ver de dónde venía el haber escogido una pareja que fuera bully. Él solo debía vivir lo que le correspondía. Por eso empecé a contar esta historia sobre el matrimonio hablando sobre la forma en que Daniel, mi esposo, y yo nos conocimos, porque al margen de engancharnos con la personalidad del otro, realmente estábamos enamorados, a la que vez que éramos mejores amigos, así que es necesario contar las cosas como empezaron y también como se fueron desenlazando. Tuvimos que hablar con la verdad, con el corazón en la mano, con los afectos donde corresponden, ya que sólo así fuimos poniendo calor en donde la nieve dejó tanto frío. Mostrándonos tal como somos, con virtudes y defectos para tratar de seguir avanzando, creciendo, construyendo un presente para que el futuro sea sólo la continuación de un hoy que se edifica con amor, paciencia, verdad, respeto, comunicación, ganas, vida y poco ego, ese ego… mi amigo fiel que me acompaña siempre, al que tengo que aprender cada día a separar de mí. Al que no debo ir a pedir consejo. Al que tengo que domar porque es esa niña que se siente abandonada y que tiende a alejarse antes de que la dejen; esa niña que se sintió morir en ese hospital a los dos años, que sabiéndose amada por sus padres no pudo evitar sentir el abandono en esos momentos; esa niña que aún vive en mí y a la cual tardé mucho en rescatar, en apapachar... Esa niña que es bully porque no sabe otra forma de expresar su miedo, enojo y soledad, y al no haber aprendido a hacerlo, se perdió de recibir el amor que tanto miedo tuvo de perder.

> Cuando un niño no aprende a tener empatía y pone sus necesidades por encima de los demás, aprende que es correcto sólo pensar en sí mismo. Con el tiempo la vida le enseñará que todas las personas tenemos necesidades igual de importantes. En la pareja es vital poder mostrar empatía para llegar a un equilibrio, así que darles gusto siempre a los hijos puede devenir en una baja habilidad social que puede cobrar consecuencias en el futuro.

Los tres años en Guadalajara pasaron volando. En 2000 nos fuimos a vivir a Houston, Texas, lugar que también conocía a la perfección porque muchas Navidades fue nuestro lugar de vacación en la casa de mis tíos, los papás de Valeria.

¡Yo estaba feliz de irme a vivir allá! Me encantaba la idea de tener *malls* en cada esquina, ya que para mí —y como buena mexicana—, Estados Unidos representaba ese fantástico lugar donde todo era *nice*. Y estaba tan cerca de México que mis papás podrían visitarme casi tan seguido como cuando vivíamos en Guadalajara, y a la vez yo podría ir al Distrito Federal cuando quisiera.

Siempre fui muy independiente, así que casarme e irme a vivir lejos de mis padres no fue difícil para mí.

En Houston, como en Guadalajara, hicimos amigos rápidamente. Parejas más o menos como nosotros, con muy pocos años de casados y algunos que ya empezaban a tener hijos. Muchos de ellos peruanos, algunos argentinos y mexicanos. Éramos un grupo increíble. Todos los fines de semana nos reuníamos en las diferentes casas. ¡Era fácil vivir lejos de México estando rodeada de gente tan querida!

Yo no podía trabajar porque no tenía la visa requerida para hacerlo, hasta que un amigo, vicecónsul de Panamá en Houston, me invitó a trabajar con ellos. De esa forma no necesitaba visa porque trabajaría para el gobierno panameño. Yo, que había estudiado psicología y que me había imaginado siempre que tendría un consultorio para dar terapias, fui descubriendo que si fluyes todo se acomoda, y así como en Guadalajara trabajé dando clases de inglés, pues ¿por qué no trabajar en un consulado? Una experiencia diferente en la que aprendí muchísimo.

Mi vida de pareja era como siempre: nos amábamos y nos divertíamos mucho, pero ahí, en el fondo, donde las cosas son como realmente son, quedaba esta parte mía de siempre querer tener la razón, de que las cosas eran a mi forma o entonces "agárrate", de despertarme todas las mañanas de malas… ¡porque sí! De que se me hiciera un problema al pensar en todas las cosas que tenía que hacer cada día, en fin, creo que siempre encontraba una excusa para no disfrutar al cien por ciento mi vida. Era como si yo sola me quisiera hacer infeliz. Esto lo digo ahora porque lo he comprendido, pero en ese entonces no tenía ni la menor idea de que las cosas no eran como yo pensaba. Y creo que la parte más incómoda de recordar es que pasara lo que pasara, actuara como actuara, le dijera a mi esposo lo que le dijera… cuando a mí se me pasaba el coraje, entonces todo volvía a la normalidad y yo era toda miel otra vez. Creo que debe haber sido muy difícil vivir conmigo. Y una vez más, como cuando era chiquita, el límite no llegaba… mi esposo se guardaba todo, pasaba la página, evitaba el conflicto.

> La personalidad del bully consta de exigir la aprobación de los demás por medio del miedo que tienen sus pares ante sus reacciones; es una forma de convivir con los demás que funciona mientras los demás no se rebelen contra la circunstancia.

Entre amigos era todo maravilloso, éramos una pareja feliz. Yo siempre he demostrado mi afecto físicamente, me gusta abrazar y besar a mi esposo, y él también es así, entonces eso era lo que reflejábamos ante los demás y no es que fuera una farsa. ¡De verdad sentíamos eso el uno por el otro! El sentimiento siempre estuvo ahí, pero los malos manejos de ambos era lo que no estaba bien. Mi mal humor en las mañanas y mi forma de contestarle a él cuando algo no salía como yo quería, nadie lo veía.

Nadie sabe lo que pasa en la casa de nadie, sólo en la propia. yo no sabía la verdad sobre mí, yo no me daba cuenta del desgaste y el daño que le hacía a mi esposo, a mí misma, a mi matrimonio. Y tampoco sabía lo que pasaba por la mente de Daniel, pensaba que si a mí se me pasaba el enojo después de la discusión y si a mí no me quedaba rencor... pues a él tampoco. Y de esa forma me construía mi castillo de cuento de hadas, de esa forma me hacía creer a mí misma que mi esposo era ese príncipe azul que me amaba sobre todas las cosas y no veía mis defectos. De esa forma alimentaba el falso sueño de una niña que cree que el mundo gira a su alrededor por siempre y me olvidaba de algo muy importante... algo que no había aprendido todavía: que amar es una decisión, que a la persona que uno quiere se le cuida, que el respeto va antes que el "amor", y que una mujer inmadura no es una mujer todavía, porque no ha aprendido a mirarse y no ha tenido las herramientas para crecer. Y lo del príncipe azul ya lo entendí.

> Por lo general el bully va haciendo un "radar" de víctimas fáciles, personas a quienes puede maltratar, minimizar y manipular sin que haya consecuencias o enfrentamientos. Aplastar a los demás se vuelve una forma de vida, que ya no pasa por el juicio de la conciencia, al haber adquirido esta actitud como habilidad social. Así, para el "bully" es complicado admitir que hace daño a los demás y en verdad no se da cuenta de ello.

Y bueno, así seguía nuestra vida en Houston. Finalmente eso es la convivencia en pareja: vas conociendo más al otro, acomodándote en este rol que ahora tienes como mujer, como esposa y preparándote mentalmente para tener un hijo.

Desde que nos casamos sabíamos que no queríamos tener hijos muy rápido. Estábamos conscientes de que éramos jóvenes y pensábamos que ésa era una decisión que definitivamente tomaríamos, pero en su momento. Ahora sé que lo que pensaba en ese entonces no tiene nada que ver con lo que pienso hoy, así como en unos años probablemente me preguntaré en qué carambas pensaba cuando tenía 39 años.

Uno va planeando las cosas en su momento, toma decisiones, cree que lo sabe todo, que está preparado para lo que viene, pero sinceramente creo que todo, absolutamente todo lo que vivimos es un aprendizaje, una oportunidad más para descubrirnos como seres humanos, y por eso entiendo ahora que el presente es lo único que tenemos, el futuro es el hoy.

Algunos de nuestros amigos ya tenían hijos chiquitos. A mí siempre me encantaron los niños, y pensar en tener uno propio en definitiva era el siguiente paso en nuestra vida. Ya llevábamos casi cuatro años de casados, y aunque el tiempo había volado, empecé a tener una sensación de querer embarazarme. Era como si mi cuerpo me estuviera avisando algo, como diciéndome: ¡ya, Renata, es tiempo!

Cuando eres novia de alguien te preguntan: ¿cuándo te casas? Cuando te casas te preguntan: ¿cuándo tendrás hijos?... Un par de personas en la familia nos decían que ya era hora. Puedo decir que la decisión de embarazarnos vino de nosotros, no de la presión familiar o de preguntas de amigos. Ni de otros que incluso me decían que esperara más, que los hijos te cambian la vida por completo, que sólo teníamos 28 años y había más tiempo. No me hice bolas para decidirme; como dije, algo en mí decía que quería un bebé, y en lo único que pensaba era en que quería tenerlo para darle vida y oportunidad de vivir en este mundo y de experimentar el amor y la felicidad, pero jamás porque era lo que le seguía al matrimonio.

Un día, regresando de trabajar, me senté en mi sillón y me vino a la memoria una imagen que había olvidado. Antes de casarme pensé en la posibilidad de tener un hijo, o dos… y les escribí una carta a esos hijos que aún no existían físicamente. No la guardé. Estaba escrita en una servilleta cuando esperaba en un aeropuerto. Pero ese día, después del trabajo, recordé las palabras que había escrito y todo de pronto fue tan real, ¡tan claro! Esa noche decidimos dejar de cuidarnos para tener un bebé.

Ésa es una decisión de la cual jamás me arrepentiré en mi vida, hubo tanto amor puesto en la sola idea de imaginarnos a alguien llegando a nuestra vida, que fuera una parte de los dos, un ser en sí mismo concebido en el amor que Daniel y yo nos teníamos, una personita de carne y hueso creada por nosotros y ese poder supremo en el universo.

Y así, sin pensarlo más, se decidió, como quien decide ir al cine o a cenar, pero en mi corazón era una decisión llena de alegría, de esperanza. Nuestra vida siguió como de costumbre y cuando había pasado sólo un mes ¡yo ya estaba embarazada! Nunca pensé que iba a ser tan rápido, tampoco pensé que nos íbamos a tardar mucho, simplemente queríamos tener un bebé, y al mes nuestro deseo fue concedido.

Yo tenía un retraso de dos días en mi periodo, pero como jamás se me retrasaba ni uno solo, lo supe. Esperé cinco días más sin decir nada, porque sabía que las pruebas de embarazo de la farmacia te recomendaban siete días de retraso para mayor seguridad de que se presente la hormona del embarazo en la orina. Pasaron los siete días, compré la famosa prueba en caja... regresé a mi casa e hice la prueba. Recuerdo que fue muy emocionante esa espera de minutos, parecían eternos, pero yo sabía que daría positivo, ¡y así fue! Antes del tiempo que decían las instrucciones que debía esperar... ya se habían pintado dos rayas hermosas en aquel tubito blanco, ¡era POSITIVO! Recuerdo que me miré en el espejo de mi baño y vi una sonrisa que no sabía que mi cara podía plasmar. Me sentí feliz, muy feliz, y dentro de todo mi drama entre mis vacíos y quien realmente soy, me amé profundamente y juré cuidar mi cuerpo, que ahora sería la casa de este maravilloso bebé que ya crecía dentro de mí.

También me sentí realmente unida a mi esposo y no podía esperar a que regresara del trabajo para contárselo, y abrazarlo mucho y decirle que lo amaba. Eso era muy típico de mí: cuando las cosas iban bien yo sabía que tenía a un hombre maravilloso en mi vida, porque mi esposo es realmente ese hombre maravilloso, un ser humano lleno de cualidades, de vida y de amor, y entonces me encantaba demostrarle cuánto lo quería; me arrepentía en silencio de la bronca del día anterior y pensaba que él siempre me perdonaría.

> El amor se enferma poco a poco cuando se hace un juego de dar y retirar. Para la persona que padece —al convivir con personas que dan y quitan su amor— se convierte en un reto "agradar" para recuperar el cariño de quien ama. Las parejas también pueden sufrir bullying, cuando una de ellas, con intención o sin ella, saca todas sus frustraciones de manera constante con su "incondicional", que es la pareja.

Al fin llegó Daniel de trabajar. Yo quería darle la gran sorpresa, no sabía cómo hacer para que fuera especial, y es que nunca he sido buena para hacer planes sorpresa o inventarme cosas para alguien en su cumple... la verdad es que simplemente no sabía qué hacer, entonces decidí sólo decirlo... así, ¡a lo natural! Entró por la puerta y como siempre escuché su voz diciendo: "Hola, amor". Me acerqué, lo saludé y le dije: "Ven, amor, tengo algo que enseñarte". Lo llevé a nuestro baño y le di el tubito de la prueba de embarazo... él lo vio, me miró... yo sonreí y le dije: "Sí, ¡vas a ser papá, amor!" La sonrisa en su rostro, la cual en él sí había visto muchas veces, con esos dientes blancos hermosos, y sus ojos negros de hombre bello expresaban tal felicidad... Nos abrazamos y me dijo: "¿Así tan rápido era?" Lo amé. Y hoy, mientras escribo esto y vuelvo a vivirlo, lo amo igual que ese día.

Empezaba una etapa nueva para los dos, una forma distinta de ver la vida, el "futuro". Siempre supe que cuando quedara embarazada mi cuerpo sería un templo; había dejado de fumar antes de enterarme, y mi embarazo iba muy bien y yo me sentía muy feliz. Daniel llegaba todos los días después del trabajo con ansias de escuchar alguna novedad, de ver si me había crecido la panza un poco, ¡un poco más! Realmente fue una época feliz. Nueve meses de espera en los que pasan muchas cosas por la mente, preguntas, miedos, anhelos, nostalgias, sueños, recuerdos, promesas... muchas cosas, todas necesarias, ¡todas bienvenidas!

Y mientras pasaban esos meses de espera, la vida seguía... el amor continuaba creciendo, pero desgraciadamente, también la otra cara de mi matrimonio crecía y yo, sin darme cuenta aún, a punto de ser madre, era una niña de mil formas, pero repito... todo pasa como tiene que pasar, todo lo que vivimos nos lleva al lugar al que estamos hoy; inevitablemente, todo es un aprendizaje, y los meses de esperar un hijo... ¡mucho más!

CAPÍTULO 7

LOS GRANDES MAESTROS DE LA VIDA
(NUESTROS HIJOS Y CÓMO NOS MARCARON
SUS EXPERIENCIAS)

TRIXIA

Mi abuelita siempre me dijo que sería una excelente mamá. Mi mamá también, además de halagar mi hermoso pelo largo, me lo decía: que era muy tierna con mis muñecas y que seguramente sería una excelente mamá.

Desde niña crecí convencida de que sería la mejor mamá del mundo, y como las palabras son nuestra programación para el futuro y el anuncio de las cosas que sucederán después, ambas tuvieron razón, ser mamá ¡ha sido lo más maravilloso que me ha pasado!

Desde que nació Rau y luego Xime, he disfrutado cada instante, cada momento, cada palabra, cada venida del ratón de los dientes, cada Navidad, cada clase de natación, cada logro, cada uno de los festivales de la escuela, cada momento especial... bueno, hasta cada berrinche. Me fascina verlos formarse y creo que todas las etapas han sido lo máximo de lo máximo.

Antes de que nacieran mis hijos comenzó mi crecimiento. Habiendo sufrido tanto de niña por no haber sido guiada como lo necesitaba y haber vivido tanta inestabilidad de todo tipo, me propuse crecer y madurar para darles a mis hijos lo mejor... sin pretender jamás ser perfecta y sabiendo que en la práctica es donde más aprendería de la vida con ellos como maestros. Participé en muchos cursos de desarrollo humano y fui a terapia para entenderme más a mí, a mi historia, reconciliarme con mis padres... todo un recorrido a mi interior.

> Cuando una mujer tiene el corazón lleno de amor para dar, al tener un hijo surge la hermosa posibilidad de entregar por completo y sin

> condición dicho amor. El hijo despierta en su madre un sentimiento tan pleno que es capaz de sanar heridas que jamás creímos posible.

Había escuchado que cuando una persona tiene hijos comprende "por arte de magia" a sus padres, los perdona y casi se vuelven mejores amigos. Seguramente en algunos casos será así... pero en el mío, definitivamente no. Por ello, la terapia me ayudó a perdonarme por no vivir esta reconciliación mágica con mi origen. Y también me ayudó a aceptar mi historia, mi realidad, y embonar cada pieza del rompecabezas para crear el vínculo de árbol genealógico con mis hijos.

Mis dos embarazos fueron superbuenos: casi no subí de peso, no me sentía mal, casi no tuve problemas para dormir en las noches y disfrutaba muchísimo ver mi panza hermosa y dura y redonda donde crecían mis hijos. Caminaba todos los días y a veces jugaba tenis, dormía siesta y leía muchos libros de la "buena educación", las etapas del embarazo, las etapas de los niños y casi hice una maestría para ser mamá... repito: yo en verdad hice todo para dar lo mejor de mí y desde ahí aprendí tanto, pero tanto de mí que creo que a mis hijos y a mi lito es a quienes más les debo ser quien soy.

Cuando nació Rau, mi excelente doctor me bloqueó al llegar, y así nada me dolió y mi hijo nació en dos horas. Lo único malo fue que mi bebé tenía reflujo severo, no podía comer nada, pues todo lo vomitaba de inmediato y lo tuvieron que canalizar. ¡Cómo sufrimos! Y luego, para colmo, llegaba una señora de la liga de la leche cada 20 minutos a decirme que si ya había podido y demás... de plano les pedí a las enfermeras que no la dejaran entrar, pues me valía qué comiera mi hijo, sólo quería que comiera... Pensaron en la posibilidad de operarlo del píloro, pero gracias a Dios no fue necesario, de pronto le atinaron a la fórmula adecuada y recibió el alimento. Esos primeros meses aprendiendo a cuidar a un bebé, aunque cansados, fueron muy padres y luego luego me recuperé de todo. Además, Rau era un bebé maravilloso, casi no lloraba y con sus ojotes nos veía o se reía. ¡Era lo máximo! Así por bien portado desde los dos meses ya viajaba a todos lados y al año y medio se fue a Europa conmigo y comía paella y aceitunas. ¡Lindísimo!

Al regresar de ese viaje y después de lo pronosticado, me embaracé superrápido. Ahí sí Rau se puso celoso y un tanto rebelde. Fueron meses complicados tratando nosotros de demostrarle el cariño y el amor que sentíamos por él, y que la llegada de un hermano no cambiaría en nada esto. También en mi embarazo, algunos meses no estuve bien emocionalmente, pues sufrí una gran decepción que derrumbó mi mundo y mis ideales por completo. Ahí decidí que además de mis hijos, mis proyectos personales llenarían mis horas, y descubrí que uno no puede basar su felicidad en alguien más, cada quien es responsable de sus cosas y de sus acciones.

Xime nació en abril y con muchas bendiciones, es una niña que vino con una estrella y una alegría que contagia a todos. Pasados los celos, Rau y ella se hicieron grandes compañeros de vida y hasta la fecha se quieren con todo el corazón. A mí me dio un poco de *baby blues* —depresión posparto—. Era como estar en una contradicción: por un lado muy feliz y por otro muy triste... Al cabo de unos meses todo pasó y seguimos creciendo con huellitas, cobijitas, baberitos, mochilitas y juguetitos por todos lados. Cada uno de mis hijos empezó a mostrar su esencia y juntos moldeamos su personalidad. Es decir, una parte es lo que se trae desde que se nace (carácter) y otra la personalidad (la que se moldea), y ha sido padrísimo hacerles destacar sus cualidades y pulir sus defectos.

Un ejemplo de ello es que yo tenía la teoría de que los hombres "no saben buscar". "¿Me pasas la cátsup del refri?", respuesta de hombre: "¿Cuál cátsup, de cuál refri?" Jajajaja, yo dije —mi hijo tiene que saber buscar, me desespera que los hombres no sepan buscar—. Así comencé mi programación neurolingüística en práctica y todo el tiempo le decía lo bien que buscaba, lo fácil que encontraba las cosas, lo bueno que era para buscar y ¡zaz!, como por un hechizo de palabras es el niño que mejor busca y encuentra cosas. ¡Las palabras en realidad dan la vida o la muerte y son mágicas y preciadas! Así con ellas siempre he buscado hacer la diferencia y ayudarles a pulir sus errores.

> Las palabras son tan poderosas como hechizos que programan nuestra vida. En el bullying verbal, que es al que menos importancia se le presta, se dañan los acuerdos de las personas para toda la vida. Hoy se invita a las escuelas y a las familias a evitar usar las groserías como formas de comunicación, puesto que el inconsciente no comprende bromas y "¡tonto!" o "tontito" lo registra igual: "soy un tonto". Para evitar el bullying un buen paso es vigilar nuestras palabras.

Uno de mis más grandes aprendizajes como mamá fue cuando Rau se cayó ¡dos escalones! Se le atoró el pie entre ellos (estaban volados), y al caer con el pie girado, se rompió el fémur en diagonal... ¡Se paralizó el tiempo en ese momento! Yo estaba desvelada, teníamos una comida, y aunque ya estaba lista, me acosté en lo que nos íbamos. Raúl le pidió a nuestro hijito de cuatro años que fuera con él y mi compadre Manuel al súper. Rau me dijo: "Mami, ¿me ayudas a ponerme los zapatos?"... y yo de floja le dije que se los pusiera él solo... así lo hizo, bajó solito, y al hacerlo de pronto se escuchó un gran golpe y enseguida un llanto, pero no era un llanto común, era un llanto ahogado... como para adentro y con dolor indescriptible.

Cuando bajé casi de un golpe, veo a Raúl que lo carga y la pierna se le va para atrás. ¡Cómo me dolió ver eso! De inmediato lo subieron al coche y mi compadre manejó, mientras yo llevaba a Xime a casa de mi comadre para que la cuidaran en lo que yo iba al hospital.

Lloré todo el camino. Entre culpa, preocupación, dolor y miedo llegué a urgencias. Obviamente deshecha, entré a la sala y pronto me indicaron dónde estaba mi hijo, quien lloraba muchísimo. Lo abracé con cuidado de no mover su pierna y llegó el nefasto, horrendo y perverso doctor que tuvimos la mala suerte de contratar...

"Tengo dos opciones para su hijo: operarlo y poner un clavo para que suelde y usar un yeso por tres semanas en esa pierna o anestesiar para acomodar el hueso y usar un yeso completo en ambas piernas, con un tubo atravesado en medio y entre dos y tres meses en reposo absoluto", dijo el doctor.

Yo comencé a llorar y le pregunté a Raúl qué sería lo mejor... le pregunté al doctor si no sería mejor operarlo y que usara menos tiempo el yeso. Bueno, casi me mata el neurótico doctor, que comenzó a insinuar cosas sobre cómo se había roto la pierna mi hijo y que si fuera su hijo él lo cuidaría el tiempo necesario. Yo inocentemente pensé que eran cosas de rutina, pero hoy sé que este doctor hizo toda una telenovela en su mente sobre lo sucedido y pensaba que como yo no llegué junto con su papá, lo había maltratado o jaloneado y por eso estaba así. De la angustia, me dio un ataque de paro respiratorio y me tuvieron que dar algo para que me calmara. Creo que fue el peor día de mi vida.

Antes de operarlo, el anestesiólogo nos preguntó si había comido algo y le dijimos con claridad que acababa de comer tacos hacía menos de dos horas. Con esta instrucción, él debió lavar el estómago antes de anestesiar, pero por una negligencia de ambos doctores no lo hicieron y Rau estuvo a punto de morir en el quirófano al haber broncoaspirado... a lo que el doctor, con todo cinismo y grosería, nos dijo que había tardado tanto la operación por esta situación, pero sólo al recordar cómo se columpiaba contra la pared con las manos en la espalda... ¡uy! ¡Lo quería matar! No debería haber doctores así...

Nos asignaron el cuarto y me fui a esperar a que subieran a Rau. De pronto llegan unos pasantes con un sinfín de preguntas... yo las respondía, pero mi hermano, que estaba acompañándome, me dijo que estaban muy raras tantas cosas. En eso entra la pediatra de los niños, la doctora Lucía Madrazo, que es un ángel y nos conoce desde siempre, y me dice: "Trixia, el cirujano quiere acusarte de maltrato... yo ya declaré que para nada y que es mentira, pero estaba a punto de entrar la gente del DIF a interrogarte..." Sin palabras. ¡¿Cómo alguien en una situación de tanto dolor puede ser capaz de acusar a una mamá de algo así?!

No es necesario decir que alucino al doctor y más aluciné el hecho de que ¡no me permitieron denunciar su negligencia médica...! Casi mata a nuestro hijo y debí quedarme con eso en el corazón por miedo a que al quitar el yeso, lo dejara mal... tan sencillo que hubiera sido cambiar de doctor y usar todo el peso de la ley sobre ese nefasto y nada profesional tipo... pero nada, a callar y resignarse. No me despegué de mi hijo en todo el tiempo que duró esto y tuve que ver a esta persona cada día en el hospital.

> Cuando alguien ha sufrido bullying, ajusta en su vida el abuso y lo permite. Es como si su programación de vida le llevara a configurar que está bien restringir sus propias necesidades y que tiene prohibido exigir sus derechos. Como parte de la sanación de alguien que ha sufrido bullying existe un ejercicio llamado "Basta" para activar la voz diafragmática y así comenzar a hacer valer sus derechos.

Después de dos semanas y miles de placas para ver si no había infección pulmonar por lo que sucedió en el quirófano, finalmente salimos. Tuvimos grandes apoyos y grandes cariños, pero también hubo quien nos dio la espalda y nos dejó de hablar por sentir que habíamos sido injustos ¡con el doctor...! Para matar a esta gente, pero en fin, cosas que pasan.

Desde el accidente, Rau no pudo dormir bien: se despertaba llorando y asustado, lo consolábamos, pero eran unos gritos de pánico y dolor y ahora con sus piernitas elevadas, como semidobladas y separadas por un tubo, fue lo peor de lo peor. ¡Llorábamos su papá y yo al ver esto! Pasó un mes y siguió igual... así que lo llevamos con un médico alternativo que lo curó con *reiki* y con medicamentos de homeopatía.

Desde ese día durmió como angelito, y la verdad fue admirable cómo su carácter fue tolerante ante la situación y esperó a curarse sin hacer berrinches. Trajimos todos los juegos de mesa, rompecabezas, hojas para pintar... Pasaba toda la mañana jugando con él y Xime, que era una pulga con chupón y coletitas, nos ayudaba a traer cosas para su hermano; ¡también se portó como toda una princesa!

Pasaron dos meses y medio y la radiografía indicó que ya era tiempo de quitar el yeso. Recé creo que cinco rosarios seguidos con el pánico de que el doctor hiciera algo malo, pero gracias a Dios todo salió bien. Lo llevamos a casa y en una semana iríamos a Cancún para que terminara de sanar en la alberca. Yo asumí que al quitar el yeso mi hijo caminaría normalmente, pero esto tardó un par de semanas en las que me dolía el alma verlo arrastrándose por el suelo como cuando era bebé y sin fuerzas para pararse.

Afortunadamente en Cancún y con la alberca encontró de nuevo su fuerza y su seguridad y pronto estuvo caminando. La primera vez que se puso de pie ¡lloré de alegría! Qué felicidad ver a mi hijo recuperado y sin secuelas. Pronto volvería a jugar futbol y a ser el niño activo y talentoso para el deporte que siempre había sido.

Todo esto pasó en verano, así que no perdió clases ni nada. Yo asumí que al haberse curado físicamente ya no habría ningún tipo de situación o problema y que ya a partir de entonces todo estaría bien.

Sin embargo, estaba muy equivocada. El enojo reprimido por lo que le había sucedido, y que tenía toda la razón de sentir, lo llevó a estar iracundo y a molestar a sus compañeros en la escuela. Recuerdo que yo lo regañaba y le decía que ya era suficiente, que no podía desquitar su enojo con los demás y que debía estar agradecido por haberse recuperado con bien… por supuesto que yo asumía que estaba hablando con un niño de 18 años, ¡pero apenas tenía cuatro! Y todo mi rollo sólo causaba mayor frustración en él, que me llenó de frustración a mí y que me hizo estar enojada también con la situación.

> Nos han enseñado que lo que duele es lo de afuera y pocas veces exploramos el interior. Las tradiciones del mundo moderno material (sólo enfocado en la materia) han dejado a un lado la parte integral de un ser humano que es igual o más importante que lo físico. Así, cultivar las habilidades emocionales en las escuelas puede ser una solución definitiva para el bullying, aprender a mirar a través de los demás, desarrollando así la empatía, o hablando de nuestros sentimientos para evitar los abusos.

Pasaron tres meses y mi mamá y mi hermana me recomendaban que lo llevara con un psicólogo. La verdad es que me negaba a hacerlo, y aunque hice varias citas, no me latía. ¡Nunca llegué a tiempo, por lo que nunca vi a nadie! Siempre he pensado que los niños no tienen problemas, sino sus padres. Así que yo trataba de encontrar lo que me pasaba y qué en mí estaba causando esta situación, pero no lograba verlo y sólo seguían los reportes y, agregados a ellos, los castigos de mi parte hacia Rau.

Cuando murió mi abuelito, me prometí llegar al fondo de mi corazón y resolver lo que tanto me estaba dañando y que tanto descontento generaba en mi vida. Así que cuando ya habían pasado seis meses del accidente de Rau, me metí a un curso intensivo de *coaching* que no me dejaba ni por un minuto pensar o justificar las groserías o rollos que tenía contra los demás. Fue ponerme un espejo con reflector y conciencia frente a mí 10 días seguidos y luego tres meses de práctica. Esto es lo mejor que he hecho por mí y la etapa de mi vida a la que llamo TEMPORADA DE MILAGROS.

Al mover mi interior, el exterior comenzó a mejorar. A los dos días de iniciado este curso, en el que comenzaba a romper la piedra que envolvía a mi corazón, era viernes y Xime se había ido con una amiguita, y yo había invitado a Rau al cine... pero mis idas al cine eran en tribu; es decir, con al menos tres amigas mías y sus respectivos hijos, que creaban toda una banda. Así que lo recogí en la escuela e íbamos de camino cuando ¡todo el mundo nos canceló! Al estacionarme, le dije a Rau lo que sucedía y él, furioso, estalló diciendo que ya no quería ir conmigo y que no se iba a bajar del coche. Estuve a dos segundos de explotar y decirle que era un malagradecido, que yo estaba tratando de darle gusto y que era el colmo que no quisiera ir conmigo a algún lugar. Todos los argumentos podían haber sido ciertos y racionales, pero mi hijo necesitaba otro nivel de amor y gracias a Dios me detuve antes de decir todo esto y lo bajé cargando del coche mientras él pataleaba enojado y decía que no quería ir. Yo, sin hacerle caso, lo seguí cargando y ahí entendí: él estaba dolido conmigo y capté por qué.

Al llegar a la taquilla, le pregunté qué quería ver en el cine; él no me contestaba, seguía furioso, sólo pedía que nos fuéramos. De pronto, lo sujeté fuerte, lo cargué y lo abracé a la altura de mis ojos. Lo miré fijamente y le dije: "Hijito, sé que estás enojado conmigo... sé que al saber que casi te ibas de mi lado, cuando estuviste a punto de morir cuando te operaron, yo separé mi corazón de ti... Sé que he estado lejos de ti estos meses, pero sólo quiero volver a estar cerca. ¡Perdóname! Te quiero con todo mi corazón y prometo no alejarme nunca más... ¿Podemos ir juntos al cine?"

Su actitud, su cara, sus ojeras, todo se transformó en un segundo. Volvió a ser el niño de antes y un muro de separación que había entre nuestros corazones se convirtió en un puente de reconciliación. Así de grande, fuerte, puro, entregado y pleno es el amor, que todo lo cura, todo lo une y todo lo reconcilia. Estoy segura de que ningún psicólogo del mundo hubiera unido a mi hijo y a mí como lo hicieron aquellas palabras sinceras, y el reconocer mis errores. Entramos al cine, y cada vez que quería estar conmigo corazón a corazón, me decía: "Mami, ¿podemos ir al cine tú y yo solitos?" Por supuesto que hasta la fecha vamos al cine solitos: es nuestra actividad ancla para estar juntos. Y la disfrutamos mucho.

> El amor todo lo puede, todo lo cura, todo lo espera y todo lo une... Cuando alguien ha sufrido bullying, existe una tendencia a aislar el corazón, a poner una barrera con los demás e incluso con los hijos. Es fácil ponerla pero muy difícil quitarla, requiere un trabajo profundo al interior para cambiar las creencias que nos tienen ahí anclados y detenidos sin dar amor. Lo increíble es que cuando te abres y decides sanar, no sólo la gente deja de abusar, sino que percibes la añorada felicidad que proviene de la conexión con los demás.

Martha Alicia Chávez dice en su libro *Tu hijo, tu espejo* que todos tenemos un hijo oasis y un hijo maestro. Tu hijo oasis es aquel que siempre te pone de buenas, se porta bien, te hace sentir orgulloso y aligera cualquier situación, y tu hijo maestro es quien viene a enseñarte grandes lecciones además de llenarte de satisfacciones como el hijo oasis. Su misión es más completa y más compleja... debe en ocasiones derrotarte, sacarte de tus casillas, retarte o simplemente enseñarte con su inteligencia y amor cuáles son tus capacidades.

Me parece que Xime ha sido mi hija oasis: siempre adaptada y atenta a los demás, con buenos sentimientos, alegre y muy bien portada. Por otro lado, Rau ha sido mi hijo maestro, pues además de ser buen niño, extraordinario futbolista, buenísimo para la escuela, noble y educado, con su experiencia y los retos a los que nos hemos enfrentado me ha hecho crecer. Mi primer crecimiento fue darme cuenta de que al haber visto a mi hijo en peligro de muerte mi corazón se cerró. Fue como una protección inconsciente de "me despego de ti por si te pasa algo, para no sufrir tanto". Leyendo sobre el tema, a muchas madres en riesgo de perder a sus hijos les sucede. No era la única ni una malvada, sólo era una madre en *shock* por haber vivido una muy fuerte experiencia con su hijo.

> El hijo maestro nos pone un espejo al frente, nos muestra una vez más lo que aún queda por trabajar, por sanar, por remover para llegar a la raíz del problema que sigue causando nuestros síntomas, un espejo que nos trae repeticiones del propio pasado. Gran oportunidad para una autorreflexión o dos... o las que sean necesarias. Cuando un hijo sufre o hace bullying es importante analizar el papel de padres que se ha desempeñado, ahí hay grandes respuestas.

La segunda experiencia fuerte que viví con Rau, y la cual le ha dado todavía más sentido a mi labor, fue cuando en segundo de primaria sufrió un bullying terrible... Y yo, dedicada al tema y tratando de hacer la diferencia, tenía este problema en mi propia casa. ¡Me sentía fatal!

Lo que sucedió fue que al presentar mi libro *¡Ya no quiero ir a la escuela!*, una escuela católica me prestó el auditorio —con la previa autorización de las autoridades de la organización— para hacer ahí la presentación. Al evento se invitó a todas las escuelas de la zona y asistieron casi 1 500 personas, puesto que la presentación estuvo a cargo de Luis de Llano, Violeta Isfel (Antonella en la telenovela *Atrévete a soñar*) y Eleazar Gómez (Mateo en *Atrévete a soñar*), así que muchos niños llevaron a sus papás a la presentación.

Muy agradecida por el préstamo del auditorio y feliz con el resultado del lanzamiento, me desconecté del mundo, pues ya eran los últimos días de clases, el verano estaba por comenzar y no supe nada hasta agosto.

Al regresar a la escuela, era costumbre que en los primeros días de clases se convocara a los papás a una junta. Sin embargo, cuando dieron el aviso de la junta, mi hijo había llamado para que fuera a recogerlo, pues tenía un fuerte dolor de estómago. Por descuido de las maestras al día siguiente tampoco le dieron el aviso y, como es natural, al llegar el día de la junta, ni su papá ni yo fuimos... ¡No sabíamos! Lo terrible fue lo que sucedió durante nuestra ausencia cuando la vocal del salón tomó la palabra y comenzó a decir que Rau era el peor niño y a achacarle todas las leyendas urbanas de los años anteriores —que si había enterrado un lápiz o si había lastimado a alguien—; por supuesto todo aquello era mentira. Esta "caritativa" señora le exigió al padre, quien la veía: "Ese niño se tiene que cambiar de salón. Es el colmo que esté poniendo en riesgo a todos nuestros hijos. Es un bully y no queremos que los dañe".

Lo peor del caso es que era la primera semana de clases. Cada año revolvían los salones y en realidad poca gente nos conocía de forma cercana. Así que fue fácil creerle a esta señora, quien, siendo vocal, tenía cierto respeto entre los papás. Aunado a esta escena, se dedicó a decirles a todas en los desayunos que Rau era lo peor y que era "el colmo" que yo, teniendo un libro sobre bullying, tuviera también un hijo bully.

Nosotros no entendíamos qué pasaba, sólo captábamos algo raro en el ambiente. Sin embargo, nuestro hijo comenzó a llegar de malas, con reportes por haberse peleado verbalmente o cabizbajo... Al preguntarle sobre la escuela se molestaba y también en el camión había dos niños que nos dijo que lo molestaban. Primero hablamos con la "nanita" del camión y quedó en poner atención, pero las cosas seguían igual. Cada vez que a él le ponían el reporte, decía y describía toda la escena, en donde justamente a quien molestaban era a él y el reporte era el resultado de poner un alto al defenderse. La verdad es que todo era muy raro para nosotros, y decidimos ir a hablar con la maestra para llegar al fondo de las cosas.

> Por lo general, el bulleado se puede convertir a los ojos de los adultos en el bully (agresor), dado que las reacciones para defenderse de los enfrentamientos verbales, emocionales o de rechazo pueden llevar fuerza o coraje y causar un diagnóstico equivocado de la situación.

Todavía no había pasado el primer mes de clases cuando nos recibió la maestra, y cuando le preguntamos qué pasaba y por qué nuestro hijo estaba así de agresivo, se limitó a bajar la cabeza, le salió una lágrima y nos dijo: "No sé por qué las mamás del salón se han organizado para desprestigiar a su hijo, ni cuáles sean sus intenciones… Pero sí sé que Raúl es un buen niño y no se vale lo que están haciendo". Nos explicó que varios niños tenían la clara instrucción de no llevarse con Rau y hasta las mismas mamás lo acusaban de cosas falsas. ¡Lo que puede hacer la mala influencia de una persona! ¿Y sus palabras?… Simplemente destruir por dentro todo lo que tenemos en el corazón.

La escuela trató de intervenir en lo que podía, como tratar de ser muy justos con Rau o buscar los límites dentro de las instalaciones. Pero lo que no podían hacer, y nos lo explicaron, era educar a los papás ni evitar que se reunieran para hacer o deshacer lo que fuera.

Hablé mucho con Rau para recordarle que él no era eso que le querían hacer creer y que lo más importante era mantenerse fuera de los problemas para no dar motivos para que lo siguieran etiquetando; le expliqué que ellas querían tener razón sobre él y que no podíamos darles ese gusto.

Conforme fui preguntando a otras personas el porqué de esta actitud e incluso hablé de frente con la vocal y le invité un café, tragándome el orgullo, me di cuenta de que todo el problema era porque se le había hecho un exceso de "presunción", o yo que sé, que yo hubiera presentado mi libro en la escuela… Sin comentarios. Creo que tú también sabes lo que pasó, ¿no?

Viendo que la situación no estaba mejorando, la escuela nos dio la posibilidad de moverlo a otra, respetando los pagos y demás… Rau fue a hacer examen y al salir me dijo: "Mami, ni loco vengo aquí… prefiero mil veces mi escuela y no me voy a cambiar bajo ningún motivo". Tenía miedo de moverse en pleno octubre a un lugar desconocido, y eligió quedarse donde estaba. Acepté con la siguiente condición y muy claramente le dije: "Ok, ésta es la oportunidad más grande del mundo para sacar la casta, para demostrar lo que somos y de qué estamos hechos… Te propongo que vayamos a todos los cumpleaños, *halloween*, fiestas, posadas y demás, con la cara bien en alto hasta que la gente por sí misma se dé cuenta de quién eres. ¡Discúlpame, hijito, pues por causa mía te están afectando a ti!"

> Explicar a quien sufre bullying que el hecho de que lo molesten no tiene nada que ver con la persona, ni con su valor, ni con sus cualidades, ni con su físico, ni nada… Cuando alguien molesta tiene que ver con SU PROPIO DOLOR, con su propia historia, con su propia realidad. La gente es como un camión de basura… cuando se llena la va tirando por doquier y está en uno mismo recoger la basura de quien la tira o no.

Lindísimo, aceptó el reto y ni siquiera quiso que lo cambiaran de salón. Cada fiesta yo aguantaba todo tipo de groserías: desde que no me hablaran hasta que me saltaran al saludarme… ¡Volví a mis épocas de bullying! Y aunque ya no me dolía, ahora lo que me mataba era que a Rau lo estuvieran afectando por tener una diferencia conmigo, me parecía una gran crueldad. ¡Y lo era! Pero decidí no engancharme y en cada ida mi hijo, muy valiente, tenía la oportunidad de mostrarse tal cual era, sin estar a la defensiva, ni nada, simplemente como era. Cada viernes invitábamos a un niño diferente del salón para que lo conocieran en verdad; hubo quienes fueron, hubo los que no, pero nosotros tuvimos la atención.

Para enero, las señoras del salón y los niños no tenían cara para vernos. Estaban de lo más arrepentidas por lo que habían causado al seguirles la corriente a ciertas personas. Alguna de ellas se llegó a disculpar y lo agradecimos mucho, otras simplemente cambiaron de actitud. Y lo mejor del caso es que esta lección nos sirvió, más a mi hijo que a mí, para saber lo que yo llamo la REGLA DE ORO: "Lo que los demás piensen puede parecer importante, pero lo único que realmente importa es lo que digas tú".

> El amor a un hijo nos hace crecer y creer en nosotros mismos, nos pone en circunstancias en las que debemos ayudar a este hijo a superar ciertas vicisitudes y así es como nos damos cuenta de cuánto hemos crecido. El bullying hacia el adulto deja de tener importancia, ya que cuando se trata de defender a este hijo del acoso... él está primero, y ahí se pone en práctica lo realmente superado y aprendido.

Durante este ciclo escolar fueron las primeras comuniones y la confirmación, así que convivimos bastante a final de año con las mamás y en verdad todo se calmó. Pensé en dejar a Rau al siguiente año escolar, pero como Dios no quiere permitir el sufrimiento innecesario, un buen día me llamaron de la escuela para decirme que mi hijo tenía un fuerte dolor de estómago. De inmediato fui por él y estaba en la enfermería, mientras sus compañeros estaban en el salón de junto en clase de música. Fui hasta ahí por él y lo cargué, pues se sentía muy mal. La enfermera llevó la mochila y la lonchera; íbamos juntas caminando cuando pasamos frente al salón de música y todos sus compañeros salieron a burlarse, reírse y hasta insultarlo con obscenidades frente a mí, frente a la enfermera y frente al profesor.

Todo se vio claro para mí en ese momento. Esta situación ya había rebasado todo lo rebasable... los niños no tenían límite, ni respeto por nada ni por nadie. ¡la escuela estaba plagada de bullying! Me moría de tristeza al ver esto y vivir en carne propia lo que veía afuera: que nuestros niños mexicanos se han corrompido también, y el bullying es muestra clara de ello y de una sociedad que va en declive constante sin poder ver, hasta el momento, un regreso a las bases.

Lo peor fue cuando al llevarlo al hospital me dijeron que tenía una oclusión intestinal y la mayor parte de este problema era por nervios; le lavaron el intestino y le dieron pastillas para regularizarlo. Todo volvió a la normalidad en su cuerpo físico, pero en su alma no, ya nada sería igual despúes de esta experiencia. Y desde entonces soy mucho más cuidadosa en garantizar que exista el respeto sano y necesario para crecer, en cualquier ambiente en el que estén mis hijos, y trato con mucho más pasión de colaborar a que el bullying sea erradicado.

> La mayoría de las personas que sufren bullying no lo denuncian, puesto que el bullying toca el sentimiento de menor nivel vibratorio, que es la vergüenza… cuando alguien siente vergüenza, como primera reacción se paraliza. Posteriormente, al estar paralizado, no puede defenderse, y así acepta la situación que sufre, a lo que queda como solución de autodefensa minimizar los hechos e incluso negarlos.

Creo que es obvio, pero mi hijo ya no volvió más a la escuela y encontramos para él, gracias a una gran amiga, una de las mejores y más respetuosas escuelas que yo he visto jamás, cuyo éxito comienza por tener "cero trato preferencial", "cero familias VIP" y la integración total de los 180 alumnos que tienen por generación. Una verdadera escuela con formación de valores.

Mis dos hijos son lo más importante para mí y sé que sin duda son los más grandes maestros que la vida me ha dado. Si llego a tener otros también aprenderé muchas nuevas lecciones, pues cada ser tiene un brillo diferente y especial. Agradezco a la vida, con el corazón, por ello.

RENATA

El embarazo de mi primer hijo fue una etapa increíble para mí. Uno siempre escucha mil historias sobre los embarazos, unas lindas... otras no tanto. La verdad es que el mío fue maravilloso, excepto por un pequeño percance en los primeros meses.

Cuando tenía casi tres meses de embarazo, tuve un pequeño sangrado. Inmediatamente fui al ginecólogo, quien me mandó a hacer una ecografía. El corazón de mi bebé latía normalmente y todo se veía bien. Al parecer, esas cosas suelen suceder y en la gran mayoría de los casos todo sigue avanzando de manera normal y el bebé sigue creciendo sano y fuerte. Gracias a Dios, así fue mi caso. Recuerdo que solamente me recomendó unos días en reposo leve, sin subir escaleras ni hacer esfuerzos. Al siguiente mes, la ecografía fue normal y todo seguía su curso. Nunca más me preocupé de nada, sabía en mi interior que si este hijo mío había decidido venir al mundo, ¡entonces así de natural sería todo!

Yo seguía trabajando, y con cada dólar ganado corría a la tienda de bebés para ir comprando todo lo necesario. Era tan emocionante comprar cositas para este hijo que esperaba con tanto amor, jamás me había sentido tan en paz como cuando estuve embarazada, y mi ánimo estaba siempre arriba. Compré de todo, y todo podía ser para niño o niña, ya que todavía no nos enterábamos del sexo de nuestro bebé.

Yo pensaba que me gustaría que fuera niño, no sé, siempre me vi con un hijo, por lo menos el primero, pero sabía que eso no dependía de mí sino de la naturaleza, y también de lo que este hijo eligiera para sí mismo.

Y así llegó el tiempo en el que podíamos saber el sexo del bebé. Mi esposo y yo fuimos a un consultorio que no pudo ser el mismo de siempre, ya que un mes antes había habido una tremenda inundación en Houston y el consultorio de mi doctor se había inundado por completo. Entonces nos mandó a otro lado en el que nos recibió un técnico, pues mi ginecólogo no podía asistir a la cita. Empezó la ecografía y a los pocos minutos nos dijo: *"It looks like a girl!"* Mi esposo le preguntó si era cien por ciento seguro que fuera niña, y él nos dijo que nada era cien por ciento seguro, que a veces los testículos de los niños tardaban en descender y podía parecer que era niña. No sé si hace 11 años ya existían las famosas ecografías en 3D, pero la mía era de las normalitas.

Total que nos quedamos con esa idea...¡era niña! Rápidamente llamamos cada uno a nuestros padres en México para darles la noticia.

Entonces empezamos a pensar en nombres para nuestra hija, y el primero que me vino a la mente fue Fernanda. Me gustaba ese nombre porque en una época cuando yo era más chiquita, como de 10 u 11 años, me daba pena decir que me llamaba Renata, no sé por qué; quizá porque no había muchas niñas que se llamaban como yo en ese entonces, creo que mi nombre se empezó a hacer común mucho después de mi época de colegio. Pero ahora creo que pudo haberme dado pena llamarme como me llamo porque era una forma de no sentirme a gusto en mi propio pellejo, una forma más de exteriorizar ese sentimiento de no pertenencia en el mundo.

¡Y entonces así quedó! Fernanda sería el nombre que llevaría nuestra hija; a mi esposo por supuesto también le gustaba y estuvimos de acuerdo, (y si no le gustaba, pues tampoco me lo dijo). Otra de las razones por la cual también me gustó siempre ese nombre es por mi tito, mi abuelo paterno: él se llamaba Fernando.

Cuando compraba ropa para mi hija, nunca era de color rosa. No sé... no me gusta el rosa, se me hace un poco cursi, aún hasta el día de hoy. Compraba blanca, azul clarito, verde pistache, amarilla, hasta roja... pero nunca rosa, ni siquiera un puntito de rosa. Y en el fondo de mí pensaba: el técnico dijo que no era cien por ciento seguro el sexo, entonces ¿qué tal si es niño?

> La intuición es la herramienta que nos ha sido dada para poder manejar nuestra vida con mayor cuidado. Es como un GPS para saber hacia dónde vamos, el problema está en que no lo escuchamos porque no creemos que sea verdad. Así, al evitar escucharnos a nosotros mismos podemos enfrentar situaciones que pudimos haber evitado al estar en contacto con nosotros. En el bullying la regla podría ser: "Si algo no te vibra o algo no te hace sentir bien, repórtalo, atrás de eso puede haber algo importante".

Cuando tenía como seis meses de embarazo viajé a México para un *baby shower* que me harían mi mamá y mi suegra. Como iba sólo por unos días, aprovechamos la oportunidad para que fuera tanto familiar como con mis amigas, y por supuesto mi suegra y un par de amigas de ella. Antes del viaje mi mamá me preguntaba cómo quería el pastel, la decoración, etcétera, y recuerdo que le dije: "Del color que quieras, mami, menos rosa. Mejor hazlo verde pistache, que puede ser para niño o niña, porque la verdad, ma… en el fondo todavía me queda la duda de que sea mujer".

¡Y así fue! Un pastel hermoso en forma de chambrita color verde pistache clarito. Fue un *baby shower* superdivertido.

Y así… como siempre, el tiempo volaba y mi panza crecía. ¡No podía creer lo impresionantemente grande que era! De verdad, mi panza era grandísima; mucha gente en la calle me preguntaba si iba a tener gemelos, yo sólo me reía porque realmente amaba mi panzota.

Un día, como a los ocho meses de embarazo y después de haberme cuidado mucho en la alimentación (porque ojo, mi panza era grande, pero ¡yo no!), se me antojó muchísimo comerme unos Doritos Nachos. Recuerdo que salí volando al súper y me compré la bolsa más grande de Doritos que encontré, y aparte un *dip* de frijol… ¡jamás comía *dip* de frijol! Pero se me antojó tanto que lo compré; en todo el embarazo no había tenido antojos específicos, pero éste sí lo era.

Llegué a mi casa y en 40 minutos la bolsota de Doritos y el *dip* de frijol habían desaparecido por completo. Me lo comí todo… y fue delicioso. Esa noche me desperté en la madrugada con un dolor horrible en la panza; pensé que eran contracciones, pero después de un momento supe que eran las famosas contracciones Braxton Hicks (no sé por qué me acuerdo tan bien del nombre), que son como de práctica, el útero se contrae cuando se acerca la fecha de parto y son totalmente normales.

Me dolía horrible. Me fui a la sala para no despertar a Daniel, y me acosté boca arriba, de ladito... Ninguna posición hacía que el dolor parara. Pensé que tal vez sería una indigestión por todo lo que me había comido en la tarde, pero realmente me dolía, así que esperé a que empezara a amanecer y como a las seis de la mañana desperté a mi esposo para que me llevara al hospital.

Cuando íbamos en camino, llamé a mi ginecólogo y me dijo que fuera a emergencias y que pidiera una ecografía de inmediato, le conté lo que había comido y me dijo que probablemente no era nada pero que era mejor verlo en la eco. Recuerdo claramente que volteé a ver a Daniel y le dije: "Amor, ¿y si cuando me hagan la ecografía me dicen que es niño?" Los dos nos reímos.

Cuando me estaban haciendo la ecografía me dijeron que el dolor era porque la vesícula estaba siendo oprimida... o algo así, la verdad no me acuerdo bien, pero la buena noticia es que todo estaba perfecto. De lo que me acuerdo muy bien es de que la enfermera técnica que lo hacía nos dijo: *"Don't worry, your little boy is fine"*. *"Little boy?"*, dijo Daniel, *"But it's a girl!"* Y la enfermera contestó que si era niña se iban a burlar mucho de ella en la escuela.

"¡Era niño! ¡Claro!, niño... Te lo dije, amor", grité. Fue como volver a recibir la gran noticia de que estás embarazada. Pero ¿cómo? ¿Y ahora? No importaba la ropa, ni la cuna, ni siquiera el cuarto porque yo lo había hecho todo para que fuera unisex. Hablamos por teléfono a México en cuanto pudimos y Daniel le dijo a su mamá: "¿Estás sentada? ¡Tu nieta no es nieta, es nieto!" Las risas y los gritos de emoción de mis suegros parecían salirse del teléfono... estaban felices, por segunda vez en un mismo embarazo... felices. Cuando les hablamos a mis papás, mi mamá dijo: "¿Qué pasó, *mijita*? No me digas que son gemelos". Cuando le dije que era niño no podían creerlo; igual, estaban felices.

Me quedó sólo un mes para cambiar el chip en mi mente, de Fernanda a... Daniel (¡imposible convencer al padre de que fuera otro nombre!), a veces platicando todavía se me salía decir Fernanda. Pero después todo siguió su curso, y Daniel, mi bello hijo, pasó a formar parte de mi mente, mi corazón y mi espíritu, con la perfecta sensación de siempre haberlo sentido a él dentro de mí.

Mi mamá llegó dos semanas antes de la fecha del parto, que estaba programada para el 4 de noviembre. Y el día 1°, mientras estaba en una tienda con ella, empecé a sentir las contracciones, y supe que éstas ¡no eran de práctica! Llamé a mi doctor y me dijo que con calma fuera por mis cosas y me esperaba en el hospital.

Le hablé a Daniel para avisarle y en cinco minutos estaba parado en la puerta de la casa... blanco, blanco como papel, blanco de la emoción, de esa inevitable emoción ambivalente entre miedo y alegría, duda y seguridad, pero sobre todo blanco de luz que salía desde su interior y se mostraba en todo él, un momento maravilloso de presenciar para mí: la cara de mi esposo al saber que muy pronto podría tener a su hijo con él.

Cuando llegamos al hospital no tenía ni un solo centímetro de dilatación, pero el doctor dijo que me quedara a dormir y en la mañana inducirían el parto porque ya era tiempo. Y así fue: el 2 de noviembre, sólo dos días antes de la fecha posible de parto, ¡nació Daniel! Fue un trabajo de parto no muy largo, y a los 10 cm de dilatación, juro que pujé tres veces y ¡mi gordo nació! Un bebé hermoso de tres kilos y medio. Aunque suene a cliché... cuando lo pusieron en mis brazos ¡lo entendí todo! Nunca había experimentado un sentimiento así, es inexplicable, solamente las que somos madres podemos entenderlo, es hermoso, divino, es casi mágico... corrijo... ¡es mágico totalmente!

> El amor incondicional es la fuerza más maravillosa que pueda experimentar una persona, pues contiene un poder curativo que por sí solo nos hace mejores personas. En el bullying el "no dar" a los demás hace la parte más significativa de la descomposición del ambiente, pues la energía del amor se atora y arrastra a todos con ella.

En ese tiempo me pasó algo rarísimo. Antes de que naciera mi hijo y mientras me preparaba en el embarazo para el parto, siempre decía que lo acostumbraría a mi vida, a las cosas normales de la casa, al ruido, la música (pues como mi esposo era guitarrista, pianista, compositor y cantante, mi casa siempre estaba llena de ruido, de armonías de guitarra y voz, algo que a mí también me encanta) y a todo lo normal de una casa. Pero cuando escuché el llanto de mi hijo (al que me referiré como Dani) por primera vez, entre todos estos sentimientos maravillosos de amor y magia que tenía, también hubo una especie de angustia al escucharlo llorar, y lo primero que hice fue pedirle a la enfermera que no hiciera tanto ruido al limpiar todo lo que se había usado para el parto. Ahora que me escucho decirlo me suena descabellado, pero en verdad en ese momento no me vi exagerando, simplemente pensaba que lo estaba protegiendo.

La llegada a casa con él y las primeras noches en desvelo aprendiendo a conocer a mi hijo fueron maravillosas. La lactancia que para mí fue tan natural y nada dolorosa, los primeros baños, los cuidados… en fin, todo lo que implica tener a este nuevo y pequeñísimo ser humano conmigo, bajo mi responsabilidad. Todo era nuevo, maravilloso y al mismo tiempo totalmente abrumador, nunca había sentido tal ambivalencia en mi vida: por un lado estaba este amor incondicional y puro que sentí desde antes de conocerlo, y por otro, esa angustia de no saber "cómo hacer, cómo ser mamá"; las hormonas que estaban por todos lados, el famoso *baby blues* que sentía.

Todo fue tomando forma poco a poco. Una madre aprende rápido, es un instinto: es hermoso. Y llegó el día en el que mi mamá tenía que regresar a México —antes ya se habían ido mi papá y mis suegros—, ese día tan temido, porque era cuando realmente me enfrentaría sola, sin nadie que me ayudara. Pero era un día necesario, tenía que hacerlo sola, todas debemos pasar por eso. El vínculo con mi Dani se volvió todavía más fuerte: tenía todo el tiempo del mundo para él, me sentaba en mi mecedora durante horas a darle de lactar y a admirarlo; cuando él dormía yo, en vez de dormir también, lo contemplaba, lo amaba, y cada vez nos adaptábamos más los dos a este proceso hermoso entre madre e hijo.

Pero el tema de no hacer ruido y cuidarle el sueño a Dani se volvió más importante. De verdad yo creía que no era bueno que escuchara ruidos fuertes, o pensaba que con cualquier cosa se despertaría de la siesta y lloraría, mientras trataba de recordar las palabras de mi padre pediatra diciéndome: "Ren, los bebés lloran, es normal, es su forma de comunicación. Lloran cuando tienen hambre, frío, calor, cuando están incómodos... ¡tranquila! Tú haz las cosas de siempre, habla con la misma voz de siempre, que Daniel cante con su guitarra, invita a amigas a tu casa, haz todo igual, él es quien debe acostumbrarse a tu mundo. Nada le va a pasar".

Entendía sus palabras, las tenía en la mente, eran verdad, lo sabía, ¡pero no podía! No sé qué despertaban en mí sus llantos, pero simplemente no podía evitar sentir una gran angustia al escucharlos. No sé cómo explicarlo. Lo único que se me ocurre cuando cierro los ojos y trato de definir el sentimiento es: ¡muerte! Eso es... ¡sentía la muerte! Años después descubrí que no por el hecho de haberme convertido en madre se borraría mi historia, ya que como dije en algún momento, incluso nuestras células tienen memoria, y entonces yo seguía "cargando mi equipaje" de mi niñez. Todo esto no desaparece al ser madre. El llanto normal de mi hijo despertaba en mí la ansiedad que sentí cuando de niña casi muero y estuve tanto tiempo internada en terapia intensiva. A Dani lo sobreprotegí mucho con ese tema, y como todo, eso ha traído sus consecuencias. Nada grave, pero pudieron haber sido más fáciles muchos de sus procesos al crecer en estos 11 años que hoy tiene de vida. Y a la vez también hubo consecuencias en mi matrimonio porque obviamente, si Daniel no hacía lo que yo quería en cuanto a las decisiones respecto a Dani, ¡uff... la bully en mí regresaba en todo su esplendor!

> Una característica importante de quien ejerce el bullying es que quiere tener el control de la situación en todo momento. Cuando las cosas salen de su control exige con actitudes agresivas o manipuladoras recuperar ese control, que es lo que lo hace sentir poderoso. La educación infantil requiere la habilidad social de la tolerancia para evitar arrebatos de conducta que pueden dañar después.

Pero de la misma forma, aprendo cada día a no culparme, porque hice en ese momento lo mejor que pude y con la conciencia que tenía en ese entonces; no me culpo porque amé profundamente a mi hijo desde el día que empezó a crecer dentro de mí; con todas las circunstancias de la vida seguimos aprendiendo, mejorando.

Y así pasaron uno, dos y casi tres años en la vida de este niñito que crecía hermoso y gordito: sus primeros pasos, sus primeras palabras, los viajes a México y a Perú con él; siempre fue un niño supersociable y sonriente, un poco consentido y especial para ciertos ruidos y cosas así... y ya sabemos por qué.

Cuando Daniel tenía menos de tres años decidimos tener a nuestro segundo hijo. Me embaracé tan rápido como la primera vez. Estábamos felices con la noticia de ser padres una vez más, pero a los casi dos meses de embarazo lo perdí: un aborto espontáneo, y aunque a los doctores les encanta decirte lo normal que es eso y a cuántas mujeres les pasa, pues para mí fue un *shock* total y un hondo duelo que superar. Pero lo hice y a los tres meses volvimos a intentarlo y una vez más quedé embarazada.

Y así, viviendo mi segundo embarazo tan feliz como lo fui en el primero, nunca imaginé las lecciones que este segundo bello hijo mío me traería... ¡nunca!

En una de las visitas rutinarias al ginecólogo, me dijo que había unos resultados de sangre que querían evaluar conmigo. Eran resultados de un estudio que se les hace a las mujeres embarazadas después de los 30 años para ver si hay posibilidades de que el bebé tenga síndrome de Down. El doctor me explicó que una mujer de mi edad estadísticamente debía tener una posibilidad en 10 000 más o menos, y que mis resultados eran de uno en 166. Cuando terminó de hablar le pregunté cuál era el problema. Le dije que por lo que él me estaba explicando, yo debería tener 166 hijos para que uno tuviera Down. No me parecía importante, y si lo hubiese sido... pues no cambiaba nada mi decisión.

Pero el ginecólogo ya había logrado inquietarme, me dijo que él preferiría hacerme una amniocentesis para estar cien por ciento seguros. Al principio me negué, pero después de dos días acepté hacérmela porque vi preocupado a Daniel y yo quería que todos estuviéramos tranquilos.

Llegó el día de hacer la prueba. La verdad es que no me dolió nada cuando me metieron esa enorme aguja en la panza, lo que me dolió fue ver en la pantalla a mi bebé que se iba hasta la esquina cuando la aguja entró por el saco amniótico. Cuando jaló para sacar el líquido, sólo vi sangre en el tubo, no líquido amniótico. El doctor sacó la enorme aguja y me dijo que lo intentaría otra vez porque no se había podido penetrar al saco. Respiré profundo y en cuanto metió de nuevo la aguja sentí un dolor tan fuerte que no pude ni gritar. Me paralicé y otra vez lo mismo: sangre en vez de líquido. Me dijo que me dejaría descansar y al día siguiente lo intentaríamos otra vez. Le dije que "su abuela lo iba a intentar mañana", porque yo... ¡de ninguna manera! Daniel estaba pálido, le pedí que me sacara de ahí y que no, ni mañana ni nunca mi bebé y yo volveríamos a pasar por eso. Dos días después me seguía doliendo.

Decidí pensar como lo había hecho hasta entonces: que mi embarazo estaba perfecto, que mi bebé estaba bien, y que si por alguna razón nacía con síndrome de Down... pues me informaría en su momento al respecto, lo ayudaría en todo y lo amaría de la misma forma que amaba a Dani.

En verdad pensé que me había olvidado del asunto, pero de noche, en varias ocasiones durante el resto del embarazo, mi inconsciente decía lo contario, y tenía sueños rarísimos, dramáticos. Al poco tiempo me hicieron la prueba rutinaria del azúcar, y salió altísima. El diagnóstico inevitablemente fue: diabetes gestacional. Me fui al endocrinólogo y estuve perfectamente bien controlada, no tuve un solo problema y mi alimentación era mejor que nunca: me explicaron que es una condición que pasa sólo en el embarazo, y que una vez que nace el bebé, desaparece.

> El riesgo de tener un bebé con algún reto de vida nos lleva a evaluar nuestro interior y repasar todas las variables de lo que puede suceder. Con el bullying es igual... es una idea fija que no deja descansar

> a quien lo padece pensando en la innumerable secuencia de variables sobre lo que podría suceder.

Al poco tiempo supimos que era otro ¡niño! Wow... otro hijo, otro pedacito de nosotros, un hermano para Dani. Decidimos que se llamaría Emilio. Otro bebé deseado con el alma, otro bebé amado desde el principio... otro bebé que vendría a enseñarnos más de lo que jamás pudiese haberme imaginado.

Llegó el día del parto, o de lo que yo pensé que sería el día del parto. Empecé con contracciones, me despedí de Dani y de mi mamá, quien ya había llegado a Houston para ayudarme, y me fui con Daniel al hospital. Había cambiado de ginecólogo porque también nos habíamos cambiado de casa, y pues ya me quedaba muy lejos ir con el primero.

En menos de una hora ya estaba de vuelta en mi casa, desempacando mi maleta. La enfermera me dijo que me regresara ya que sólo tenía un centímetro de dilatación, que volviera cuando las contracciones tuvieran cinco minutos de diferencia entre ellas. Pensé que la mujer debía estar loca o que nunca había tenido hijos. No había forma de que me pusieran la epidural cuando las contracciones fueran tan cercanas. Llamé a mi doctor, pero allá no es como en México, que tu doctor te contesta personalmente el teléfono hasta en la madrugada; allá siempre es una grabadora, y después una enfermera que te devuelve la llamada te pregunta dos cosas y te dice que aún no debes ir al hospital. Pero en la tarde el dolor era más fuerte y yo pensaba que ya había dilatado. Por fin logré comunicarme con mi doctor, quedamos en encontrarnos en el hospital, me revisó y seguía en un centímetro. Esa noche me dormí, con un poco de dolor pero nada exagerado; al día siguiente en la mañana ya no podía ni caminar y juré que el hijo se me saldría ahí mismo ¡en mi sala! Regresé al hospital y nada, me regresaron a mi casa; me dijeron que sólo tenía dos centímetros, pero yo quería quedarme en el hospital y que me cuidaran y monitorearan mientras iba dilatando; qué gran diferencia con mi primer ginecólogo latino, cómo lo extrañé en ese momento.

Regresé otra vez a mi casa; el ginecólogo me dijo que si quería me daba unos "calmantes" para que durmiera bien. ¿Calmantes? Definitivamente este doctor pensaba que yo era una loca exagerada. Esa noche sí fue terrible; los dolores eran cada vez peores, las contracciones eran más seguidas. A las cuatro de la mañana Daniel se despertó y me dijo que fuéramos al hospital, pero le dije que no, que me iban a regresar y que esperáramos un par de horas a ver cómo se daban las cosas. A las seis de la mañana no pude más, agarré mi maletita y le dije a mi mamá que esta vez no permitiría que me regresaran.

Llegué al hospital y la enfermera, que ya me había visto desde hacía dos días, me vio con una cara de: "¿otra vez tú?" Le dije que en algún momento mi hijo tenía que nacer y que llamara a mi doctor por favor. Me dijo que no había cuartos y que me pasarían a una sala donde me revisarían mientras llegaba mi ginecólogo (me sentí en el pueblo más recóndito del mundo). Cuando la enfermera se puso los guantes con toda calma y revisó mi dilatación, salió corriendo de la sala y regresó en menos de un minuto para decirme que me llevarían a mi cuarto porque estaba en ¡ocho centímetros de dilatación! Me dijo que probablemente ya no habría ni tiempo para una epidural. La agarré del brazo, dije dos groserías en español para que no me entendiera y le dije que si no me ponían epidural tendría que ser ella la que diera a luz por mí. Rápidamente llegó el anestesiólogo y me pusieron lo que para mí resultó ser en ese momento un regalo del universo; por fin, después de dos días y dos noches, ¡el dolor había parado!

Y un par de horas después, cuando llegó el momento, igual que como con mi Dani, pujé tres veces y Emilio nació. En ese momento no lo pensé, pero ahora y muchas veces antes, me he preguntado: ¿qué habrá sentido él al tardar tanto en poder nacer? Si a mí me dolió... ¿cómo le habría dolido a él?, por eso creo que desde antes de nacer Emilio ya era un guerrero.

Cuando lo oí llorar no sentí angustia, sentí un alivio hermoso, y en ese momento ni siquiera me había acordado de lo del síndrome de Down, hasta que mi esposo le preguntó al doctor: *"Is he all right?"* El doctor nos miró y dijo: *"He is totally all right, a big strong boy"*. Tal como su hermano, nació pesando casi tres kilos y medio, tenía una carita tan hermosa y su boca, sus ojos, sus manos, su piel, sus pies... todo él era precioso. Y el sentimiento fue otra vez tan puro, de verdadero amor.

Regresamos a la casa con el bebé tan esperado. Dani tenía tres años y siete meses y con sus manos sobre la carita de su nuevo hermano le dijo: "Bienvenido al mundo, Emilio, te voy a enseñar a jugar a los carritos". Dani me ha enseñado tanto sobre el cariño, la honestidad, la forma de ver la vida de colores. Siempre ha sido como es, siempre ha dicho lo que piensa, a veces pareciera que le falta ese filtro que tenemos los adultos para no decir algo indebido o que haga sentir raro al otro. Pero él, este chiquito de casi cuatro años, era un maestro de la verdad... y lo sigue siendo. Mi Dani es tan sensible, tan ocurrente, tal leal y real, es oportuno al ser inoportuno, porque si me olvido de "lo que dicen que debe ser", de mis creencias, de lo que pensarán los demás... entonces puedo ver a mi hijo mayor por quien realmente es: un ser espiritualmente elevado, lleno de luz, sin prejuicios, sin temor a ser quien es... un maestro de vida. Gracias, hijo.

Todo iba muy bien en casa con este nuevo bebé que se portaba perfecto, comía y dormía muy bien. Yo me juré que esta vez no sería tan exagerada como lo fui con Dani, y era difícil para mí, porque ahora sí era consciente y tenía que morderme la lengua, pero confieso que tenía todavía mucho por aprender. Ahora eran dos hijos, en Houston, ¿qué haría cuando mi mamá se fuera? Sí, el *baby blues* me atacó de nuevo. Y una vez más era yo esa hija que exigía ayuda, pues pensaba que era el centro de atención, que se hacía la víctima para que la ayudaran; una vez más, la bully en mí surgía.

Pobre de mi mamá, cómo la habré torturado esas dos semanas que se quedó después de que Emilio nació.

Cuando Emilio tenía dos semanas de nacido empecé a notar que se incomodaba un poco después de lactar, sobre todo de noche, y de pronto empezó a ser un bebé que lloraba todo el tiempo. Lo llevé al pediatra y Emilio tenía reflujo. Empezó la medicación, pero no mejoraba, seguía llorando. Al mes de nacido le dio una infección de oído, entonces vinieron los antibióticos y más llantos. Le daba una infección por mes; a los cuatro meses el otorrino decidió hacerle una minicirugía para ponerle tubitos de ventilación en los tímpanos, porque ya era peligroso que tuviese tantas infecciones tan chiquito. Mientras todo esto ocurría, mi pobre Dani escuchaba llorar todo el día a su hermano y yo cada vez tenía menos tiempo para él.

Un día mi esposo me dijo: "Nos vamos a vivir a Lima", y lo primero que pensé fue: ¡Gracias, Dios mío! En Lima ya vivían otra vez mis suegros y podría tener muchacha para ayudarme con las cosas de la casa, dedicarle más tiempo a Dani, y esperar que a Emilio se le pasara el reflujo.

En diciembre de 2005 llegamos a Lima. En lo que conseguíamos departamento para vivir, nos quedamos dos meses en casa de mis suegros, durante los cuales fue evidente que Emilio era un bebé que sufría todos los días de su vida, ya fuera por reflujo o por dolor de oídos, un bebé que tomaba muchos medicamentos, que ni pasear le gustaba porque el dolor era tal que resultaba abrumador para él lidiar con los estímulos exteriores.

La falta de sueño me tenía loca, y en mi intento de ayudar a mi hijo sentía muchísima desesperación e impotencia. No entendía cómo un niñito podía llorar tanto, no entendía por qué le pasaba esto, por qué tenía que sufrir así, y ésa fue una época muy difícil para mi matrimonio. No me di cuenta entonces, pero lo sé ahora, porque no tenía fuerzas para nada más: me enfocaba en Emilio, en ayudarlo, en cuidarlo en las noches interminables. Hacía lo que pensé que tenía que hacer en ese momento y no me arrepiento, pero me hubiera encantado tener más herramientas para lidiar con el tema, porque la realidad es que todo el peso que sentía, el miedo, la culpa de no poder estar con Dani como antes y la lejanía con Daniel por estar metida en mi mundo, me hicieron ser la esposa bruja y malhumorada que todo marido teme tener, mi frustración la descargaba en Daniel y a la vez sentía que él no me entendía, otra vez la bola de nieve crecía.

> Ante una situación complicada es común reaccionar contra quienes tenemos cerca. La energía no se crea ni se destruye... sólo se trans-

> forma en otra forma de energía contra nosotros mismos o contra alguien más. Las personas necesitamos canalizar lo que sentimos que se transforma en energía latente buena o mala, por ello al vibrar bien contagiamos a otros y al vibrar mal también. De esta forma el bullying es contagioso y debe ser una prioridad erradicarlo para volver a sintonizar en el respeto y la armonía a niños y jóvenes en formación.

El reflujo empezó a ceder, las infecciones de oído pararon casi por completo, pero cuando todo esto empezó a pasar, cuando Emilio dejó de llorar por las noches, dejó de sufrir… y también dejó de avanzar.

En medio de su reflujo y sus infecciones de oído, del llanto y las malas noches, Emilio tenía un desarrollo adecuado; es decir, jugaba con su hermano a los carritos, decía mamá, papá, pan; bailaba con la música, miraba a los otros niños, se divertía. Pero cuando todos sus males físicos terminaron, él empezó a cambiar: empezó a dejar de mirarnos, cuando lo llamaba por su nombre ya no volteaba, parecía estar desconectado y los ruidos fuertes lo molestaban muchísimo, la licuadora o la aspiradora lo aterraban. En estos momentos él tenía como un año y seis meses. Yo pensaba que después de todo este tiempo de sufrimiento físico, debía ser muy difícil adecuarse al mundo "normal".

Empezaron las visitas al pediatra, hasta que llegó el diagnóstico que cambió mi vida: Trastorno generalizado del espectro autista. Yo pensé: ¿qué? Se ha equivocado. ¿Qué es lo que ha dicho la doctora? ¿Autismo? ¡imposible! Pero así fue, y después de mil pruebas hechas en Lima y en México llegaba el momento de aceptarlo, de tomar al toro por los cuernos y decir: "Ok, mi hijo tiene autismo. No importa. Ahora, a poner manos a la obra y ayudarlo". La intervención temprana era importantísima.

Entre terapias de lenguaje, de conducta y sensorial, que para mí fue la que lo rescató, poco a poco empezaba a sentirse bien otra vez; ya no lloraba con los ruidos, ya no se escondía cuando veía gente; sus ojos empezaron a buscar mi mirada otra vez. Pero las malas noches no pararon. La neuróloga decía que probablemente debíamos medicarlo para que pudiera dormir bien y los demás descansáramos también. Pero yo no quería medicar a Emilio, sentía que tenía que haber otra respuesta; en estos momentos Emilio ya tenía casi cuatro años y ya había estado en un centro para niños con autismo.

Sentía que nos estábamos encajonando en un cuadrado, debían existir otras alternativas para el autismo, que no tuvieran nada que ver con pediatras y neurólogos o con medicina tradicional. Yo quería descubrirlo todo, quería intentarlo todo, no para curarlo, porque el autismo no es una enfermedad, sólo para ayudarlo. Quería hacer todo para que él supiera que estuve para él, para darle lo mejor de mí.

Descubrí la dieta para niños con autismo, que consistía en quitarles todos los productos derivados de la vaca. Fui con un doctor, en Lima, que tiene un hijo con autismo y se dedica a esta teoría que algunos llaman alternativa de la dieta y demás. Le mandó hacer unos análisis de sangre; el laboratorio también nos diría qué metales pesados tenía mi hijo en la sangre, ya que hay una teoría en cuanto a las vacunas respecto a estos chicos que están dentro del espectro del autismo. Yo, que tenía un padre pediatra, siempre pensé que entre más vacunara a mis hijos, más sanos serían. Pero resulta que según esta teoría, las vacunas (algunas) pueden ser el gatillo que dispara una predisposición genética al autismo.

Cuando llegaron los resultados, tuve que sentarme para no caerme, mi cabeza daba vueltas: la leche, el queso, el yogurt, el gluten, el azúcar, colorante rojo, amarillo, la soya, la avena… era alérgico. Después de leer tres libros sobre el tema, entendí exactamente la manera en la que estos alimentos estaban dañando a mi hijo. Los metales que Emilio presentaba en la sangre, según sus análisis, eran: mercurio, aluminio, plomo y arsénico. También después de leer sobre esto, supe los daños que causa la acumulación de dichos metales en el ser humano.

Fue difícil quitarle los alimentos. Lo hice de un día para otro. Emilio tuvo un síndrome de abstinencia: se retorcía, lloraba y se rehusaba a comer la "nueva comida", no abría la boca… Me dije a mí misma que esto debía de pasar un día, como pasa el síndrome de abstinencia en los adictos. Era como si mi hijo hubiese estado drogado con la comida. Si ya había llorado casi cuatro años de su vida, podríamos él y yo soportar unos días más.

De pronto, como al tercer día cedió, dejó de llorar, empezó a probar su comida nueva y su vida desde entonces ¡cambió! Desde esa tercera noche de haber empezado "la dieta" durmió 10 horas seguidas... ¡una bendición! ¿Cómo iba a estar bien en el día si no dormía nada? Las puertas empezaron a abrirse, el horizonte se veía a lo lejos, la lluvia empezaba a ceder y el sol se asomaba un poquito más cada vez.

> Los milagros que se crean al hacer ajustes en nuestra vida pueden marcarla para siempre. En cualquier circunstancia lo importante es mirar de frente la situación, enfrentarla y amar cada sentido que da a nuestra vida esta experiencia que, aunque dolorosa, nos lleva al crecimiento perfecto. El bullying puede abrir nuestra sensibilidad y empatía con los demás para siempre. Ante lo malo sólo nos queda tomar lo bueno.

Ese día mi hermoso guerrero volvió a mirarme a los ojos, volvió a abrazarme, a querer sentirme cerca, a acariciar mi cara, a darme besos en los ojos... Mi hijo guerrero me ha regalado el don de la paciencia, del verdadero amor incondicional que nace desde el fondo, el don de la escucha, del silencio, de encontrar la paz y la tranquilidad en medio de la tormenta, el don de disfrutar el día aunque esté gris, pero más que nada, el don de agradecer por todo, por absolutamente todo, ya que a pesar de cualquier cosa estamos vivos, y gracias a Emilio mi corazón volvió a abrirse y a experimentar el placer de las cosas más sencillas de la vida.

Hoy Emilio tiene siete años y tiene autismo. Los últimos tres años ha ido a un kínder con niños regulares y ¡ha avanzado tanto! El autismo de Emilio lo afectó sobre todo en la parte del lenguaje, todavía no puede comunicarse verbalmente. En las demás áreas es un niño que vive en el mundo regular, se rodea de las cosas que se rodean todos los niños, ama el mar y las albercas. Le encanta estar con sus amigos en su kínder y es cariñoso y muy sabio.

¡Gracias, Emilio, y gracias, Dani!, porque sé que para ti la batalla fue igual de difícil y has tenido que encontrar las herramientas para relacionarte con un hermano que se sale de todo lo convencional y cotidiano, porque tú también llevas contigo la sabiduría del guerrero y porque tu corazón es tan grande que has dejado que se expanda para que todos quepamos, en nuestras distintas formas de estar en este mundo. Estoy segura de que serás lo que quieras ser y estoy segura de que la sensibilidad con la que naciste te ha preparado para lo que has vivido y para cualquier cosa que venga en camino.

Amo a mis hijos. Me siento afortunada por tener dos seres humanos tan maravillosos para cuidar, ver crecer y aprender de ellos, para regresarles lo que me han dado con el simple hecho de hacerme su madre. ¡Es una hermosa, sanadora e inigualable experiencia!

Y como dice una canción que escuché alguna vez, Emilio: "Has llenado mi vida de música y por mucho me dejas atrás... porque cuando ya no me nace cantar, tu silencio es mi mejor canción, llenando de notas cada rincón, volviendo a activar mi corazón".

CAPÍTULO 8

LOS ENGRANES...
ALGO NO FUNCIONA BIEN EN MÍ

TRIXIA

> Cuida tus pensamientos que se volverán palabras,
> cuida tus palabras que se volverán acciones,
> cuida tus acciones que determinarán tu carácter
> y cuida tu carácter porque conformará tu destino.
> GANDHI

Todos somos la suma de nuestros pensamientos, de manera tal que ellos van creando nuestras experiencias. Muchas veces he escuchado durante mi vida esta frase y estos consejos.

Sin embargo, al haber sufrido bullying en mis primeros y más tiernos años, acompañado de falta de estructura familiar, me convertí en lo que llamo "autobulleada". ¿Qué es ser autobulleada? Cada día tenemos 64 000 pensamientos, de los cuales 90% son repeticiones de uno mismo. Desde niña fui atormentada de tal manera que mis pensamientos se voltearon en mi contra. A cada instante me repetía todas las cosas malas sobre mí que había escuchado de otros, hasta que se volvieron verdades en mi interior, y para comprobar que estas "ideas" creadas sobre mi persona eran verdad comencé a generar experiencias para creerlas.

Increíble, pero cierto, el autobullying es letal y de no darte cuenta a tiempo puede llegar a estropear cada etapa de tu vida.

Una de las ideas más fijas que quedaron en mí fue: "No soy digna de ser amada". Con ello decidí que nadie me iba a querer realmente, pues me convencí hasta el fondo de mis huesos de que yo era mala o algo realmente estaba muy mal conmigo, por lo que decidí que cuando alguien supiera quién era yo en verdad se alejaría de mí. Comencé a vivir una gran incongruencia entre quién era y quién decía ser, hasta que un día olvidé quién era. Me convertí en máscara y por años evité que la gente cercana, lejana, de siempre, nueva y cotidiana, viera dentro de mí. Me daba pena que supieran que yo era sensible y bondadosa, que me gustaba hacer cosas por los demás y que tenía un corazón de oro listo para amar.

Me convertí en piedra.

Comencé a vivir superficialmente con una coraza impenetrable. ¿Desde cuándo? Pues en realidad creo que la última vez que fui yo fue cuando tenía cinco años, cuando me atrevía a ser tierna, cuando decía palabras bonitas a libre demanda, cuando abrazaba a mis muñecas con todo mi amor, cuando me atrevía a ser yo, cuando tenía sueños y buscaba en el cielo las respuestas, cuando rezaba con toda la fe del mundo y cuando sentía que todo estaba bien siendo yo.

Poco a poco todo cambió y todo se enredó. Me volví tímida e insegura, todo el tiempo me sudaban las manos y me aguantaba las ganas de ir al baño con tal de no pedir permiso para salir y que fueran a burlarse de mí. Me jorobaba y caminaba con la cabeza al suelo. No miraba a los ojos a la gente como si el veneno de las personas pudiera salir de sus ojos y fulminarme. Y aunque nadie muere con una mirada, el desprecio y la desaprobación que yo recibía con la energía de los niños y los maestros de la escuela representaba una gran humillación.

> Si hubiera una forma de medir la emoción más baja de una persona la vergüenza ocuparía el primer lugar, puesto que el enojo, el odio y la ira, a pesar de ser emociones negativas, te llevan a la acción; mientras que la vergüenza te paraliza por no querer aceptar lo que está pasando y así evitar actuar y poner solución al conflicto. Así, la vergüenza mantiene a las personas en un martirio permanente con el que, por lo general, se acostumbran a vivir y ya no saben salir de ahí.

Me avergonzaba de mí misma.

Dejé de ser quien era y observaba a qué tipo de niñas les iba bien y no las molestaban. Trataba de imitar sus actitudes; me gustaba pensar por horas que si mis papás fueran otras personas mi historia sería distinta, y así comencé a culparlos de mis desgracias. Me obsesioné por saber lo que decían de mí para cambiarlo y ser mejor, aunque, por otro lado, pretendía ser invisible para que me dejaran en paz. Soñaba con ser aceptada y querida aunque fuera por una vez.

Después de todo este bullying y el autobullying que me hice día tras día estaba completamente segura y convencida de que algo estaba muy mal conmigo. Me salieron unas ojeras impresionantes y estaba pálida como una hoja de papel. Tenía miedo de que me lastimaran y tanto pensaba en el miedo, una y otra vez, que creaba cada día situaciones peores para sentirme así. Cedí todo mi poder al verme a través de los ojos ajenos y mi opinión dejó de ser importante.

Prácticamente me maté en vida. No me dañé físicamente, pero a mi alma vaya que la bulleé… pobre de mi niña interior, ¡cuánto habrá sufrido con tantas groserías y desprecios que recibía y no sólo por parte de los demás, sino de mí misma!

Definitivamente mi infancia me marcó, y no para bien, sino todo lo contrario. Me marcó con etiquetas pesadas y duras sobre quién era yo y me estigmaticé con palabras pesadas como la piedra del Pípila que me costó años quitar. Mi autoconcepto estaba totalmente distorsionado.

> El autoconcepto es el conjunto de ideas, declaraciones y pensamientos que cada quien hace sobre sí mismo. Es el concepto predominante que tienes sobre tu persona. Si el autoconcepto es bueno, te puedes querer, aceptar, amar y crear una vida maravillosa. Pero si el autoconcepto es malo, el dolor, la humillación, la baja autoestima y el rechazo total a ti mismo sin duda predominarán en tu vida arruinando cada una de las oportunidades que se te presenten. SIN UN BUEN AUTOCONCEPTO ES IMPOSIBLE TENER AUTOESTIMA. Digamos que es la primera base de la persona para amarse y crear la vida de sus sueños.

No me valoraba, no valoraba mi vida, alucinaba a mi familia, pues nunca sentí que me protegiera, me sentía sola contra el mundo y lo único que me sostuvo fue que siempre he creído muchísimo en Dios y en mis peores años de bullying me salvó cantar en el coro de mi iglesia y decir miles de veces:

> Entre Tus manos
> está mi vida, Señor.
> Entre Tus manos
> pongo mi existir.
>
> Hay que morir, para vivir.
> Entre Tus manos
> confío mi ser...

Y recuerdo cómo lloraba y le pedía a Dios que viniera por mí. Tenía miedo de que los demás del coro se dieran cuenta de lo que sucedía conmigo y se burlaran también de mí, pues éste era el último refugio que encontraba para reconstruir un poco mi valor. Escondía la cabeza, para tratar de borrar mis lágrimas que no dejaban de brotar mientras cantaba con todo el amor posible en mis entrañas:

> ¿Que donde está Dios?
> ¿Que donde está el rey?
> ¿Que dónde está el pie que cruzó por la arena?
>
> ¿Que si saldrá el sol?
> Volverá el ayer
> que si viene el mar y se borran mis huellas.
>
> Soy tan sólo viento sediento
> que pronto me iré
> soy tan sólo niebla que anhela
> un amanecer...

La fe fue lo que me sostuvo en estos años de inocencia en que sólo buscaba amor y aceptación. Los brazos amorosos de mis litos y de mis papás eran un gran refugio al principio de mi vida, los quería con el corazón. Sin embargo, mis padres me fueron decepcionando y me fui alejando de ellos. Hoy comprendo que el juicio y romper el vínculo con el origen de la vida son elementos terribles para enfrentar la existencia. No te puedes amar por completo si no amas y aceptas a tus padres, pero en ese momento no lo sabía y de plano los saqué de mi vida. Me desvinculé de ellos y me quedó sólo un pequeño lazo con mis hermanos y con mis abuelos maternos. Todo lo demás en mi vida lo metí a un caparazón, lo aventé al mar y no quise saber más de ello.

> Cuando un niño se cree lo que los demás dicen de él, aunque no sea cierto, se va perdiendo de sí mismo, su autoconcepto se nubla, su autoestima se cae, entonces usará máscaras y vivirá de fantasías para protegerse y esconderse de la vergüenza que en el fondo siente. Al crecer, estas heridas seguirán surgiendo. Es gracias al poder interior de cada uno, que nos sigue empujando a reconocernos y reencontrarnos con nuestra verdadera esencia, que se puede resurgir de las cenizas, cueste lo que cueste, y así evitar la verdadera y definitiva desconexión con uno mismo.

En la adolescencia me refugié en mis amigos y amigas, que afortunadamente fueron siempre excelentes: me cuidaban, me escuchaban, me valoraban, me aconsejaban. Fueron mis ángeles en los momentos más duros y siempre llenos de amor y paciencia para dar. Agradezco tanto a cada uno de los amigos que he tenido en la vida y a los pretendientes amorosos de la juventud que me "cargaban" con todos mis rollos aceptándome por completo, sin juicio y tan vez sin recibir nada, sólo dando de sí mismos amor y atenciones.

Además de mis amistades, con las pocas personas que sacaba mi ser verdadero era con mis litos. Sin embargo, al irme a vivir con ellos a los 16 años y después de una horrible etapa familiar de muchos problemas de todo tipo, me dejé de abrir con ellos también, y a pesar de sus muchas atenciones y muestras de cariño yo ya no quería compartirles nada de mi vida. A mi hermana Roxana, con quien siempre me había llevado bien y era mi confidente más querida, también la saqué de mi círculo íntimo. Creía que si yo decía lo que sentía o pensaba o mostraba mi amor alguien me lastimaría...

Me perdí.

Al final, mi ego —que fue la máscara que puse para evitar sufrir— me salvó de más dolor, y aunque no era yo en verdad, se convirtió en mi mejor amigo, pues al menos así no sufría. Me convertí en un personaje. Sin embargo, ese personaje parecía gustarle a la gente y a los chavos y la pasé de maravilla. Quizá me escondí de mí misma, pero ese disfraz me dio presencia, poder, estatus, poco a poco vencí mi timidez al grado de volverme extrovertida y popular. ¡Sí que me gustaba el ego! ¡Viva el ego! ¡Viva el escudo que me hacía gozar y no pensar más en el dolor!... era lo que pensaba, pero el dolor no se va hasta que lo enfrentas, lo perdonas y lo dejas ir.

> Cuando una persona ha sido criticada y rechazada y comienza a hacer lo mismo con ella misma, necesita crear un personaje, una personalidad alterna para así, supuestamente, amarse y aceptarse. Por ello el bullying puede ser muy peligroso, pues lleva a los jóvenes a unirse a adicciones, falsas poses, pandillas o grupos negativos con tal de ser aceptados.

Después del accidente la realidad me dijo a gritos: "Vuelve a ser tú". Me tardé años en escuchar, pero al menos comencé a dejar de culpar a todos —en primer lugar a mis papás— de mis desgracias y me concentré en mis sueños y en mi vida. Me tomé el tiempo para sanarme y salí del mundo de las víctimas para entrar al mundo de las soluciones. Ahí encontré mi verdadero poder. Resolver mis problemas desde económicos hasta sociales fue una maravilla para mí. Saber lo que es y lo que se siente crear mi propio destino, navegar mi propio barco y resolver mis asuntos fue verdadero oro en mi vida. Lo malo... me creí la solución, y digamos que de haber tenido un EGO ADOLESCENTE POPULAR, me convertí en un EGO DE TODO LO PUEDO. En verdad me sentía ¡lo máximo!

Duré como 56 días en mi ser, en mi verdadera esencia, y luego encontré otra manera de taparme al sentirme *rock star* exitosa y mejor que todos los demás. ¡Ay, Dios mío! En qué pedestal me puse. ¿Funcionaba? Sí, por supuesto... pero en el camino volví a no ser yo y a sentir un exagerado orgullo de mí misma. Como dice San Agustín: "La soberbia es el amor malentendido por uno mismo". ¡Y vaya que yo lo malentendía!

Con la única persona con la que me comencé a abrir fue con mi hermano Miguel. En realidad no lo conocía gran cosa. Como le llevaba cinco años y de niños mi hermana y yo lo molestábamos y no lo dejábamos jugar a nada, pues era muy lejano a mí. Cuando él tenía 11 años me fui a vivir con mis abuelitos y menos lo veía ni sabía nada sobre él. No me importaba en realidad. Estaba tan ensimismada que sólo podía pensar en mí. El doloroso juego del yo-yo-yo-yo.

Sin embargo crecimos un poco más, y cuando mi hermano tenía 16 años y yo 21, le di trabajo en el lugar donde yo trabajaba. Junto con su mejor amigo hacían las labores de correo directo y ganaban una fortuna. Yo estaba feliz de poder ayudarlos y además de convivir con ellos dos —con mi hermano Miguel y su amigo Raúl—. Me hacían la tarde cuando me iba con ellos a platicar. Así me reencontré y conocí por primera vez a Miguel, a quien adoro con todo mi corazón.

Recuerdo que desde entonces hicimos un vínculo muy especial que jamás se ha roto. Él sanó mi corazón y me hizo por primera vez brillar un poco; esto sucedió cuando fue mi cumpleaños y bajé las escaleras para irme a trabajar y en la mesa del comedor encontré unas hermosas flores de colores, un globo y mi perfume favorito con una carta que decía algo así: "Trix, yo veo tu luz, yo veo quién eres y eres la mejor hermana del mundo. Deja que los demás te podamos ver. Gracias por la oportunidad que me das y hoy sé que en parte, soy quien soy por ti. Te quiere, Miguel".

Recuerdo tan bien la escena que pareciera que estoy en ella todavía. Jamás nadie había tenido un detalle así conmigo, porque quien da todo lo que tiene a alguien más, está dando el mundo, y mi hermano acababa de gastar todo su sueldo en mí y le dio luz a mi vida con este gesto tan hermoso. ¡Nunca sabemos lo que un gesto puede crear en una vida! Y yo al cerrarme no creaba nada en nadie. Así volví a dar un poco, tal vez no suficiente, pero fue con el ejemplo de Miguel.

> Un gesto de amor hacia una persona puede transformar por completo su historia. Estamos tan acostumbrados a juzgar, a sacar conclusiones, a no preguntar lo que sucede, que asumimos lo que queramos creer sobre los demás. En el caso de los niños agresores, la gente los juzga y etiqueta tanto que no saben salir de ahí. Un remedio de no juicio, combinado con un gesto de amor puro, puede redimir al más puro bully del mundo.

Sin embargo, yo seguía en esta segunda fase de *"egoshot"* o intoxicación de ego, y así me fui a crear la pareja de mis sueños... Por supuesto que encontré quien se enamorara de mi ego y que no viera más adentro de mí. No lo culpo, pues fue lo que yo mostraba. Por supuesto que cuando descubrió que yo no era mi ego, ya no le gustó tanto la historia, pero como estábamos casados y las cosas en apariencia funcionaban, ambos seguimos ahí. Diez años duró nuestro esfuerzo por sobrellevarnos y tratar de ser amables y cariñosos. Sé que él dio lo mejor de sí y yo también. Sin embargo, no se puede amar una mentira y menos ser feliz en ella, así que ambos decidimos romper con ello y volar libres hacia otros lugares.

Mi máscara me volvió a sabotear la vida. Ahora con un error de mayores consecuencias, que si bien veo como un aprendizaje que al final me ha llevado a ser mejor, no puedo tapar el sol con un dedo y sé que afecté a mis hijos y a él mismo y lo lamento en verdad. Yo sólo quise ser feliz, para así hacer felices a otros, porque la verdad más contundente —y en la que creo fielmente— es que no puedes dar lo que no tienes. Ley de correspondencia. Si quiero dar amor, requiero tener amor. Si quiero dar alegría, requiero ser alegría. Si quiero dar confianza, requiero confiar en mí. Si quiero dar paz, requiero estar en paz.

Pido una disculpa sincera por los daños colaterales. En esta etapa aprendí mucho y llegué al fondo de mi ser. Me llené de una frase que alguien a quien aprecio mucho, Miguel Carmena, me dijo: "No eres más porque te alaben, ni eres menos porque te critiquen... eres lo que eres ante los ojos de Dios". Así, de cara a Dios, desde 2009 he elegido vivir. Simplemente vivir. Hacer grandes mis talentos y jamás volver a enterrar mi corazón. ¿Me equivoco? Mucho. ¿Lo acepto? Sí, con humildad. ¿Hago algo para ser mejor? Uy... lo que sea necesario para no mentirme nunca más. ¿Duele? ¡Que si duele! Es un enorme sacrificio haberme visto realmente a mí misma, pero sé que la congruencia y el camino a la verdad pagan con dones jamás esperados.

Pido disculpas a mis amigas, pues en cada etapa de estirarme, verme, enfrentarme a mis monstruos y crecer, me vuelvo tortuguita y me meto en mi concha y no le hablo a nadie y no comparto mis penas y me alejo del mundo y no contesto mensajes y sólo me importo yo... Tal vez no me gusto mucho en estas etapas, pero he encontrado en ellas la paz. Digamos que son momentos hermosos para hacer las paces conmigo y seguir caminando. He aprendido a amar mis días más oscuros, pues es en ellos donde crezco a pasos agigantados, y adoro mis días brillantes, porque son el motor para seguir avanzando hacia la vida y el amor. Hoy sé que no podría tener uno sin el otro, y no podría estar completa sin alguno de los dos, por ello:

> Sol y sombra,
> luz y oscuridad,
> complementos de mi destino y motores para avanzar,
> jamás los cambiaría por ninguna falsa felicidad.

Creo que al vivir en la verdad y el amor he encontrado la correspondencia, y sé que Dios me ha premiado al encontrar el amor puro y verdadero. Encontrar a alguien que me hace sacar todo el tiempo a mi verdadero ser. Alguien que me hace vivir en congruencia y me enseña a ir por mis sueños. Alguien que me hace ver con los ojos del amor y no con los del juicio. Alguien que me recordó: "Necesitamos la gravedad para volar".

Así, desde hace un tiempo, y como mi amiga y guía, Eli me enseñó que mis días comienzan con estas palabras: "Dios, gracias por mi vida, gracias por este día, gracias porque hoy sé lo que es y lo que se siente amar en verdad y gracias por enseñarme a seguir tu voluntad porque sé que cuando lo hago las bendiciones están ahí para mí y la protección aparece en cada día de mi vida".

Gracias en verdad, Dios, por haberme dado una segunda oportunidad, espero haber hecho lo mejor con ella. Pues desde que casi me voy, decidí no soltarme de la cuerda y tener fe sin importar las consecuencias. Hoy soy feliz. ¡Gracias, Albert!

> Cuando una persona decide encontrarse consigo misma, con todo y sus aciertos y desaciertos, cuando por fin empieza a verse como la ven las personas que realmente la aman, todo empieza a venir solo. Todo lo bueno que siempre estuvo pero que no era visto empieza a poder entrar, porque al fin la puerta está abierta y la luz que nos pertenece puede brillar y así dar la bienvenida a lo demás… a lo que por fin entendemos que nos corresponde y merecemos.

RENATA

Cuando Emilio empezó a mejorar ya no tenía que estar pendiente de él cada minuto del día y las cosas en la casa empezaron a acomodarse mejor; es decir, los horarios eran más normales, en las noches todos descansábamos y los días empezaban a transcurrir con mucha más facilidad... Una vez más mi vida parecía volver a la "normalidad". Ahora tenía un poco más de tiempo para mí, para Dani y Daniel, y a la vez, atender las necesidades de Emilio sin que esto significara 24 horas del día para lograrlo.

Pero cuando esto sucedió, la verdad es que ya ni siquiera sabía qué hacer con esos momentos, con la atmósfera de un hogar que parecía volver a funcionar con tranquilidad, con armonía. Era como si de pronto me encontrara sin saber cuál era mi lugar en toda esta historia. ¿Qué hacía yo ahora? Si había pasado años escuchando llantos de dolor, teniendo que hacer diecisiete cosas a la vez, dejando de mirarme al espejo por las mañanas porque no había tiempo para hacerlo, salir corriendo a hacer las cosas que tenían que hacerse para poder regresar rápido con esta criaturita que tan mal se sentía. ¿Qué me había pasado?

Me acordaba de Renata, "la mamá de Emilio", pero ¿dónde estaba Renata, "la mamá de Dani y la esposa de Daniel"?, y sobre todo... ¿Dónde estaba Renata "la persona, la mujer"? No podía encontrarme, y menos si había pasado gran parte de mi vida tratando de hacerlo sin lograrlo. Empecé a tener que pensar mucho sobre las cosas que había vivido y a querer entender cada consecuencia que se había presentado en mi vida. Quería encontrar la causa. Sentía un vacío de mí misma, una especie de desconexión con lo mío. Me hacía mucho bien saber que el problema de Emilio había encontrado un camino por el cual ir transitando y también imaginaba que todo en cuanto a él jamás sería estático.

Al no tener ya la preocupación sobre ese tema, empecé a ver tantas cosas que no había tenido la oportunidad de ver. Vi que mi hijo Daniel tenía problemas conductuales en la escuela, desde el kínder ya me lo decían, pero yo me hacía creer a mí misma que su personalidad tan vivaz y traviesa era la causa. Pensaba que seguramente al ir creciendo se adaptaría mejor a las normas y a la autoridad. Pero la verdad es que yo no había querido ver lo que pasaba, porque estando tan metida en el tema de sacar adelante a Emilio, pensaba que hacerme cargo de una cosa más me destruiría. Pero ahora tenía más herramientas, y después de lo vivido con Emilio, tomar cartas en el asunto sobre Dani parecía tan fácil, tan fácil que no pude evitar sentir culpa, sentir que le había fallado como madre. Había dejado de "ver" a mi hijo mayor, de mirarlo realmente, de escucharlo y hasta de consentirlo en las noches de desvelo con su hermano. Gracias a que mi esposo estaba muy presente para él no fue peor la cosa.

> Evadir los problemas que causan los niños en la escuela es la manera más sencilla de hacer que crezcan sin final. La sobreprotección en algunos países ya es considerada como una forma de maltrato, pues se considera igual de dañina que el abuso físico, verbal o sexual en un niño. La responsabilidad de los padres es formar niños y jóvenes responsables que puedan ser ciudadanos positivos y personas de bien.

Empecé a sacar citas con las *misses* de Dani, a hablar con la directora y a ver qué era lo que necesitaba mi hijo para estar mejor. También me acerqué mucho más a él y pude ver lo doloroso que había sido y seguía siendo para él tratar de entender a su corta edad lo que le había pasado a su hermano. Vi la confusión en su corazón y su mente de tener que aceptar las cosas que pasaban en su vida. Por un lado, cuando cualquier niño tiene un hermanito nuevo existen los celos normales, y Dani había sido el rey de la casa por casi cuatro años, antes de que llegara Emilio. Sumado a eso, su hermano no era un niño regular, y el tiempo que tuve que dedicarle sobrepasó los límites de sus celos y su comprensión. Entonces aquí estaba este hijo mío que quería mucho a su hermano y que a la vez, en sus fantasías infantiles más primitivas, deseaba que desapareciera. Y siendo él tan sensible, esta situación de ambivalencia le creó mucha angustia y culpa, y como no estaba encontrando las herramientas para manifestarlo, entonces lo hacía por medio de su conducta: no seguía reglas en la escuela, hablaba mucho y todo el tiempo. Y cuando yo le preguntaba por qué tenía esa necesidad, me contestó: "Mami, ¿no te das cuenta? Mi hermano no puede hablar, entonces yo tengo que hablar por los dos".

Caí en la cuenta de que era ahora cuando comenzaba realmente mi trabajo con él, y supe que no había tiempo que perder. Y así, poco a poco, hasta el día de hoy, he tratado de ayudarlo con las terapias y el apoyo escolar necesario, pero realmente estoy convencida de que las mejores épocas en el comportamiento y en el día a día de Dani son cuando yo estoy muy presente y muy pendiente de él, cuando me doy el tiempo de sentarme a platicar, a preguntarle sobre las cosas que pasaron en su día o cuando simplemente estamos ahí... juntos, sin necesidad de hablar, sólo "estando", sintiendo la presencia del otro, abrazándonos. La elección consciente que un día hice de convertirme en madre me hace saber que siempre lo seguiré intentando, con altas y bajas, con baches en el camino. Después vendrá la adolescencia... y habrá nuevos retos, pero mis hijos pueden estar tranquilos de que su madre, mientras viva, estará ahí para ellos.

Al estar sucediendo todo esto, me vino una especie de tristeza: era como darme cuenta de que algo no funcionaba bien en mí y que así como debía ayudar a mis hijos para que salieran adelante, también era puntual y necesario ayudarme a mí misma. Por más ayuda que mis hijos recibieran, ¿qué sería de ellos con una madre tan confundida, triste, muchas veces distante y enojada?

Pensé en ponerme al día en mi carrera como psicóloga, también hice una terapia psicoanalítica, pero la verdad es que no me era suficiente; es decir, no sentía que eso fuera lo que necesitaba; estaba cansada de hablar de lo mismo todo el tiempo, ir a la psicóloga era como tener en la mente un disco rayado que tocaba la misma tonadita todo el tiempo. Sentía que me estaba dando el permiso de ser víctima, de sentir lástima por mí misma y entonces eso hacía que me sintiera con el derecho de ser aquella bully con mi esposo, mis papás y cualquier persona que yo pensara que no sentía compasión o pena por mí. Una vez más era esa niña atrapada en una mujer, esa niña que hacía lo que tenía que hacer para ayudar a sus hijos, pero a la vez le cobraba el favor a todo el que pasara por su lado, esa niña que se desquitaba de sus frustraciones con los demás. Una vez más… ¡no quería darme cuenta de que la única causante de todos mis desaciertos era yo!

> Romper con el pasado y sus respectivos patrones es la única manera de conseguir nuevas experiencias de vida que nos lleven al siguiente nivel. Una persona que ha sido bully en la infancia y crece con este patrón que aparentemente le ha funcionado puede volver a lo mismo cada vez aunque haya crecido en edad. Así un trabajo profundo es la manera de desarraigar la personalidad del bully.

Sabía que necesitaba ayuda y estaba harta de seguir los mismos patrones y creencias en cuanto a esa "ayuda profesional" que requería. Entonces pensé que si yo me había salido por completo de mi zona de confort para ayudar a Emilio y me había animado por esta parte "alternativa" de la medicina y los tratamientos y todo, ¿entonces por qué no hacer lo mismo conmigo?

Y entonces, como magia, apareció una puerta maravillosa.

En el momento en que decidí abrir mi mente a la posibilidad de algo distinto a lo que estaba acostumbrada, empezaron a llegar a mi vida personas con ideas maravillosas para que las usara en esta búsqueda de mí misma que empezó desde niña, y que ahora estaba totalmente decidida ¡a emprender y a conquistar!

Y es que cuando uno se "abre" a recibir lo que quiere y merece, es inevitable que llegue, y soy fiel creyente de que estamos destinados a tener todo lo que deseamos y el universo está preparado para entregárnoslo; el truco está en darnos cuenta de esto y empezar a usar nuestra mente en la forma en la que siempre debió ser usada.

Abierta ya a la idea de encontrar exactamente lo que buscaba para mí, un día comiendo con mi suegra —quien a estas alturas de mi vida debo mencionar que se ha convertido en una de mis mejores amigas y consejeras—, ella me habló de un curso de Ciencia de la mente. Me dijo que ella creía que era justo lo que yo necesitaba y que quizá debería ir a la plática informativa para que viera por mí misma de qué se trataba y ver si me gustaba.

Me pareció interesante, pero lo dejé dándome vueltas en la cabeza por un tiempo. Después supe que mi suegra ya había empezado con el curso y estaba feliz. Ella trataba de explicarme de lo que se trataba y sonaba como algo mágico que transformaría mi vida. Decidí ir a ver de qué se trataba el asunto que tanto le había gustado. Y el día de hoy le estoy eternamente agradecida por haberme hablado de Ciencia de la mente, ya que realmente ese curso cambió mi forma de ver todo, empezando por mí.

El curso duraba casi tres años. Fue una terapia intensiva que me hizo dar un giro de 360 grados. Desde el inicio supe que era exactamente lo que estaba buscando. Las capas de nieve acumuladas fueron derritiéndose una a una, era algo así como esas personas que no ven bien y cuando les ponen los lentes ¡se les abre el mundo! Era difícil, porque por primera vez estaba en un lugar donde ser víctima no estaba permitido, echarles la culpa a los demás por tus problemas estaba prohibido. Empecé poco a poco, con mucho trabajo, a encontrar que siempre dentro de mí estaba la decisión de ser o no feliz. Que dentro de mí estaban todas las herramientas necesarias para cumplir mis propósitos, que sólo yo era la dueña de lo que pasaba en mi vida y de mi destino. ¡El chip mental tenía que cambiar por completo! El disco rayado que sonaba en mi cabeza tenía que desecharse y cambiarse por el de verdad, tenía que reenseñarme a "pensar".

Soltar las creencias que tenemos de toda la vida no es una tarea fácil, despertar en conciencia implica aguantar todo lo que debe venir para que puedas encontrarte de verdad.

Mientras seguía el curso, que era de tres horas, una vez a la semana, en mi vida cotidiana seguía dándome cuenta de todo lo que no había podido ver en años. Y es que cuando empiezas a aprender a entenderte es inevitable que empiecen a salir a la luz todos tus "trapitos sucios". En una etapa me dio por ver todo lo que había pasado en mi matrimonio hasta entonces y comencé a preguntarme ¡¿cómo diablos mi esposo seguía casado conmigo?! Era como por fin poderme ver a través de sus ojos, sí... las capas de nieve seguían deshaciéndose y mi ego sufría mucho... porque era tan grande que luchar contra él estaba resultando la batalla de mi vida.

Empezaba a verme a mí misma desde afuera; a veces vamos por la vida criticando a todos los demás, opinando sobre los demás, creyendo que la forma de vida que tenemos es la adecuada, juzgando. Con mis clases pude empezar a entender que las cosas no son así y que cada pensamiento que uno tiene tarde o temprano se va a transformar en realidad.

> El juicio externo es el juicio interno no expresado. Cuando una persona juzga duramente lo de afuera y a los demás creyendo que no hay error en sí misma, lanza hacia afuera esta ola de reproches para evitar ir al fondo de su alma y enfrentarse consigo misma.

Confieso que fui a ese curso con el pensamiento mágico de curarle el autismo a mi hijo, de que Dani no tuviera ningún problema y de que mi matrimonio se arreglara; porque aunque yo viviera pensando que no pasaba nada, y que Daniel y yo nos amábamos, en el fondo de mi corazón sabía que las cosas no estaban nada bien, ya que al despertar de mi propio encierro con el diagnóstico de Emilio, en vez de mejorar, seguía insistiendo en hacerme infeliz y seguía peleando y discutiendo con Daniel por cualquier cosa, y creo que fui acumulando demasiadas frustraciones. Me sentía atrapada en mi historia y por supuesto me costaba dejar mi papel de bully, ya que ha sido una parte de mi vida que me ha resultado muy bien para esconderme detrás de un escudo, para apuntar el dedo a los demás, para evitar encontrarme conmigo misma y asumir mis responsabilidades.

Jamás imaginé el sudor que me iba a costar entender y aceptar que el autismo de Emilio no se cura, que Dani debe pasar por baches para crecer y que mi matrimonio se iría definitivamente por la borda si yo no hacía algo por mí. Entender que cada quien tiene su historia, su equipaje que carga consigo, que no puedo controlar a nadie ni a nada sino sólo mis emociones, mis reacciones, mis pensamientos y mis decisiones... es lo único que me corresponde, no puedo ser la dueña de nada ni de nadie más.

He ido descubriendo que la felicidad no es más que un momento, un momento en el tiempo que pasa y la acumulación de momentos felices, con tristezas, sueños rotos, caídas y batallas en medio, es lo que me da la fuerza y la energía para levantarme cada día con la resolución de que será un gran día, ¡y la verdad es que generalmente lo es! Repito, depende de mí... no de lo que pase afuera, sino de lo que pasa adentro, en mí.

Pero todo esto me ha tomado mucho tiempo descubrirlo, y de mil formas hasta el día de hoy sigo teniendo que poner mucha atención en mis reacciones, en mis pensamientos, en lo que elijo hacer cada vez que tropiezo o que caigo en los patrones y creencias que llevo conmigo desde siempre. Creencias que he tenido que ir revalorizando y cambiando por las verdaderas, pues cada uno sabe su verdad y cada uno está en su derecho de elegir.

> Parte de la personalidad del bully es el control. Un bully quiere y busca por todos los medios conseguir poder que da el control de lo externo, el control de los demás. Sin embargo, cuando alguien se resiste o algo es imposible modificar —como es el caso de una enfermedad— la frustración puede llegar a niveles muy fuertes o causar que la persona ceda por fin el control.

A lo largo de este curso me pude dar cuenta de que cada familia es un mundo, pero que las cosas que vamos aprendiendo en nuestra infancia nos acompañan siempre. Me di cuenta de que hay muchísimas cosas que no sirven y que son sólo caminos que nos llevan a puertas cerradas, es inevitable que esto suceda en las familias y va pasando de generación en generación. Formas de pensamiento que parece que se heredaran porque son parte del comportamiento de nuestras familias y nos marcan como una huella, un sello que nos dice que pertenecemos a dicha familia. Conocer a mi familia fue la única forma que encontré para descubrir quién carambas es Renata. No Renata la hija, la prima, la hermana, la sobrina, la amiga, la alumna, la mamá, la esposa... Sólo Renata, el ser humano independiente.

Mirando hacia atrás, en ese tiempo, cuando empezaba a descubrir todas estas cosas sobre mí, pensé que tenía mi vida solucionada. Pensaba que había encontrado la llave mágica y que ya nada podría detenerme. Pude ver los errores que había cometido y seguía cometiendo en mi matrimonio, con mis hijos, conmigo misma... Pero un tiempo después —sobre lo cual hablaré más adelante— mi vida empezó a derrumbarse, y entonces me acordé de algo que me había dicho la maestra que dictaba mi curso: "Renata, ten cuidado, porque cuando uno empieza a trabajar en uno, a soltar esas capas que llevamos años poniendo sobre nosotros, tiene que venir un derrumbe para que todo salga a la luz y podamos construirnos desde cero".

Cada día debo trabajar en mí, en lo que quiero o no tener, en mis metas, en mi búsqueda de estos momentos de felicidad, que cuando fluyo son muchísimos y están delante de mí cada día para tomarlos gratuitamente, porque me los merezco, porque he podido profundizar en la ardua tarea del autoconocimiento y he podido lidiar y superar cosas que jamás creí que me pudiesen pasar.

Hasta que sucedió todo eso y poco a poco mientras crezco he podido ir viendo todos los efectos de mi pensamiento manifestado en mi experiencia, ahora comprendo que no soy inmune a nada, que un niño entre 99 niños diagnosticados con autismo entre los 18 meses y los dos años de edad es mi hijo, que la vida no es rosa pero tampoco negra, que si veo muy dentro de mí puedo descubrir este gran amor que tengo latente y que quiere salir para ser entregado, y que si no lo saco y no lo comparto, entonces tampoco lo recibiré. Comprendí que las cosas que hice de chica siendo bully tuvieron efectos fortísimos sobre las personas y que dichos efectos son, inevitablemente, también los míos, y que si no los "compongo o arreglo" seguirán manifestándose de mil formas. Que si no busco el perdón y perdono jamás podré sentir el verdadero amor que hay dentro y fuera de mí.

Comprendí que si no juzgo y me enfoco en mí, tarde o temprano las cosas que me molestaban de los demás dejarán de tener importancia, y eso es simplemente porque al no tomarme nada personal, nada puede dañarme ni afectarme; al no juzgar los actos de los demás, aunque muchas veces no los entienda, dejarán de ser un espejo para mí y lograré mirar más allá de dichos actos y encontrar simplemente al ser humano debajo de ellos. Resulta un gran y aleccionador aprendizaje el comprender todo esto, pues puede rescatarnos de tantas cosas en las que muchas veces perdemos el tiempo.

> Perdonar y perdonarse es un gran paso hacia reconciliar nuestra historia y es un trabajo que toda persona que ha dañado a otra debe hacer. Sin embargo, ¿quién no ha dañado a alguien? De alguna manera todos estamos en el doble juego del bully y bulleado y los roles pueden ser intercambiables. En Fundación en Movimiento se ha descubierto que de cada 100 bullys, 97 han sufrido bullying. Así es la "papa caliente": a quien le hacen bullying lo hace de vuelta.

He entendido que lo único seguro en esta vida es el cambio. ¡Ay! Cómo me ha costado entenderlo, y mis mejores maestros en eso definitivamente han sido mis hijos. Un hijo jamás será estático, en cada etapa de su crecimiento nos va mostrando sus diferentes necesidades y la forma en que va cambiando su pensamiento; sin cambio no hay evolución, otra ley incontrolable para mí.

El estar aquí sentada, buscando las palabras para este texto, me da la maravillosa oportunidad de verme plasmada en un papel, de leerme y redescubrirme con cada idea, cada recuerdo y cada párrafo que escribo en el intento de ser escuchada, de verme y de, con suerte, lograr que cada lector se sienta identificado y pueda serle útil de una u otra forma. Realmente este maravilloso libro que Trixia y yo decidimos escribir está resultando el mejor trabajo terapéutico, y personalmente satisfactorio, que he hecho en mi vida. Resulta ser un viaje maravilloso al interior de mi corazón, en donde habita cada recuerdo que parecía estar dormido y ha despertado para poder plasmar mi mayor sentimiento en él.

Gracias a cada momento que he vivido y al camino recorrido, estoy donde estoy hoy, redactando mis memorias y mis pensamientos en Perú, junto con Trixia que está en México haciendo lo mismo.

Gracias, Trixia... ¡y lo que falta por venir!

CAPÍTULO 9

EL REENCUENTRO

TRIXIA

Me pasó la vida. Mucho sucedió en todos los años que no volví a ver a Renata, a excepción de ese día que la encontré en un antro en Acapulco y que la traté con toda la mala onda de la que fui capaz. Muy dentro de mí sabía que el daño que me había hecho no se había ido... Aunque no lo pensaba a diario, ni lo tenía totalmente claro, algo en mi ser me decía que necesitaba cerrar con ello.

Lo vi más claro cuando en 2005 me invitaron a formar parte de una fundación que combatía la autodestrucción, las peleas y los accidentes de tránsito en los jóvenes. Estuve con estas personas por más de dos años impartiendo gratuitamente conferencias y asistiendo a juntas para saber qué más podíamos hacer por ellos.

La realidad es que mi vida hasta ese momento funcionaba bastante bien. Estaba bien casada, tenía dos hijos, vacaciones, salud, amigos, todo lo necesario para llevar una vida cómoda... Yo pensaba que esto era la vida perfecta y que las malas acciones que recibía eran normales y naturales en todas las relaciones. Nada en mi vida era malo, malo, pero tampoco era bueno, bueno. Es decir, vivía en medio, en el gris, en la zona de confort a la que es fácil llegar.

Pero un día algo se rompió dentro de mí. Una simple cosa, que puede parecer hasta tonta, cambió mi vida. Resulta que mientras estaba en mi pequeña vida gris nebulosa y participaba en esta fundación de la que hablo, el presidente nos preguntó quiénes sabíamos algo sobre bullying. Yo había estado estudiando el tema, pues a últimas fechas se me había estado antojando escribir al respecto. Por supuesto que jamás reconociéndome como víctima, sino simplemente siendo una experta en el tema y reconociendo la existencia del problema que comenzaba a surgir... esto era en 2007. Así, el presidente me eligió para una entrevista para Televisa sobre el tema.

Nos entrevistaron a mí y a otra persona de la fundación. Yo había participado en algunos medios, pero todavía me ponía nerviosa por la falta de costumbre. Me colocaron el micrófono y comencé a responder una a una las preguntas. Al principio fue sencillo, pues todo se trataba de conceptos aislados y cosas nada personales. El problema vino cuando me preguntaron si yo había sufrido bullying... Quise gritar y tirarme a la desgracia. Quise quitarme el micrófono y salir corriendo, pero en vez de hacer eso, sólo se me salieron las lágrimas a borbotones y dije: "Sí, yo sufrí bullying".

Nunca lo hubiera dicho, pues me cayeron encima miles de preguntas que no ayudaban en nada a contener mi llanto; por el contrario, cada vez me sentía peor. La pregunta letal fue: "Y ¿qué te hacían?" A lo que respondí aclarando mi garganta al tratar de controlarme: "Me molestaban, me ponían apodos, me robaban todo lo robable, no me dejaban pasar en los pasillos, me veían feo, no se juntaban conmigo y en sexto de primaria se amotinaban contra mí a diario para gritar a coro 'no llores' mientras yo me iba arrinconando contra las ventanas y ellos se acercaban a mí, buscando ver mis lágrimas para reírse y burlarse sin parar".

En televisión nacional, a las ocho de la mañana salí al aire llorando mi pena 25 años después de lo sucedido... No dejaba de pensar por qué había llorado por algo que había sucedido hacía tanto pero tanto tiempo. No lo podía comprender. Algo muy fuerte se había quedado en mí, a causa de aquella mala experiencia de bullying en la infancia, al grado de que el simple hecho de recordarla me hacía sufrir.

> El dolor de haber sufrido bullying que, cabe repetir, es el acoso escolar que se da entre pares de forma constante, contra alguien y con intención, no se va fácilmente. Las ideas que están en formación en los primeros años de vida nos llevan a creer que las burlas y el rechazo son una verdad en nuestro interior.

A partir de ese instante decidí que además del reventón y sus peligros, mi tema sería el bullying. Yo quería encabezar algo grande para hablar sobre ello. Me di cuenta de que este terrible fenómeno te encadena y te condiciona para toda la vida y me convencí de que yo quería hacer algo para que nadie más se sintiera como yo.

Al ir estudiando el tema, me reconocí en varias de las circunstancias, pero no sólo de la primaria, sino en mi vida actual, ¡de adulta!... ¡Qué horror! No podía creer el parecido de las conductas del bully niño y las que yo reconocía en mi relación. Me sentía peor conforme iba investigando y algo que me llamó mucho la atención fue lo dicho por el popular juez de menores de Granada, Emilio Calatayud, en su libro *Reflexiones de un juez de menores* (editorial Dauro), donde menciona un "Decálogo para formar un delincuente" que dice lo siguiente:

1) Comience desde la infancia dando a su hijo todo lo que pida. Así crecerá convencido de que el mundo entero le pertenece.
2) No se preocupe por su educación ética o espiritual. Espere a que alcance la mayoría de edad para que pueda decidir libremente.
3) Cuando diga palabrotas, ríaselas. Esto lo animará a hacer cosas más graciosas.
4) No le regañe ni le diga que está mal algo de lo que hace. Podría crearle complejos de culpabilidad.
5) Recoja todo lo que él deja tirado: libros, zapatos, ropa, juguetes. Así se acostumbrará a cargar la responsabilidad sobre los demás.
6) Déjele leer todo lo que caiga en sus manos. Cuide de que sus platos, cubiertos y vasos estén esterilizados, pero no de que su mente no se llene de basura.
7) Riña a menudo con su cónyuge en presencia del niño, así a él no le dolerá demasiado el día en que la familia, quizá por su propia conducta, quede destrozada para siempre.
8) Dele todo el dinero que quiera gastar. No vaya a sospechar que para disponer del mismo es necesario trabajar.

9) Satisfaga todos sus deseos, apetitos, comodidades y placeres. El sacrificio y la austeridad podrían producirle frustraciones.

10) Póngase de su parte en cualquier conflicto que tenga con sus profesores y vecinos. Piense que todos ellos tienen prejuicios contra su hijo y que de verdad quieren fastidiarlo.

Para terminar puntualiza: "Y cuando su hijo sea ya un delincuente, proclamad que nunca pudisteis hacer nada por él".

Wow, este juez era mi héroe. ¡Qué sabias palabras! Pero ¿por qué me sonaban tan familiares? ¡Claro! Ahora lo sabía, muchas de estas formas de educación correspondían a alguien muy cercano a mí y que por supuesto no me trataba muy bien que digamos. Me di cuenta de que este fenómeno del bullying, que estaba explorando, había sido parte de mi vida, y al no haberlo trabajado a profundidad, me había llevado a crear una relación con alguien muy parecido a Renata.

Tomé conciencia y fue muy, muy duro y muy complicado aceptar que no sólo había vivido bullying de niña, sino que al no haberlo superado había creado condiciones cada vez peores, pues dicen que prueba que no superas la recreas pero con mayor intensidad. ¡Uy! Pues no sé si es verdad la frase, pero sí sé que estaba repitiendo patrones negativos.

> Cuando la persona empieza a reconocerse es inevitable que la vida la vuelva a poner en situaciones a las cuales tiene que dar la cara para así seguir sanando. Es como tener que pagar la factura; no puede quedar ningún monstruo encerrado en el clóset.

No sé cómo, pero tomar conciencia de este fenómeno me llevó a tomar acciones en mi vida, que si bien fueron radicales, me ayudaron a salir de lo que no me gustaba y mágicamente ajusté las velas de mi destino y tomé el timón para ir hacia donde quería ir. Comencé a hacer mis famosos *dream books*, que desde 2009 son el rumbo de mi vida y ahí declaro lo que quiero lograr durante el año. (A todos los que quieran ir por sus sueños, les recomiendo hacer uno cada año y ser testigos de lo que son capaces de realizar al finalizar el año, se van a sorprender, ¡se los aseguro!)

Desde ese maravilloso 2009, que fue, como dirían mis amigos Elsa y Rodolfo: "Años nones son de dones", todo pintaba de maravilla. Presenté dos de mis libros y uno por supuesto fue de bullying. Cumplí otro de mis sueños, que era conocer a Luis de Llano, y no sólo eso sino que fue padrino de *¡Ya no quiero ir a la escuela!*, y junto con parte del elenco de *Atrévete a soñar* fueron los presentadores del mismo.

Al haber hecho conciencia de lo mucho que me seguía doliendo el bullying escolar, mi vida cobró conciencia en otros muchos sentidos. ¡Desperté!

Me parece que todos los engranajes siempre van juntos y que cuando mueves una sola pieza de un aparato, afectas para bien o para mal el resto.

Un año después del lanzamiento de mi libro de bullying y mi toma de conciencia sobre sus efectos, fui contratada para dirigir Fundación en Movimiento en la lucha contra el bullying. Así, mi trabajo en este campo tomaba cada vez más sentido, ahora con el apoyo de un consejo maravilloso. Estaba muy feliz, pero con el tiempo comencé a sentirme un poco saturada al hablar todo el tiempo de lo mismo y a sentir de nuevo el dolor y la humillación.

Pasaron seis meses de esta labor, cuando un domingo, en la profunda soledad de mi casa y haciendo unos ejercicios de conciencia grabados por Louise Hay, cerré los ojos en una de las últimas meditaciones, y cuál sería mi sorpresa cuando vi la cara de Renata y de una de sus secuaces. "¿Qué?", me dije al abrir los ojos. "¿Por qué sigo viendo a estas (perdón, ¿eh?, pero así lo pensé) pendejas en mi mente? ¿Qué siguen haciendo en mi cabeza?… ¡Noo! Hoy se tienen que ir, así lo elijo. Hoy supero a Renata."

> Aunque haya pasado el tiempo y parezca que no es importante enfrentar los fantasmas del pasado, no existe fórmula más terapéutica

> para avanzar en la vida que cerrar los capítulos inconclusos. En todo trabajo de perdón es vital contactar a la persona que dañó y, ya sea por una carta o en persona, exigir respeto para poner un alto a una situación dolorosa. Así es fácil seguir adelante.

Y en eso abro mi Facebook, el cual casi no leo, y en donde sólo coloco una frase diaria de reflexión. Pues ahí entré a buscar y le puse: Renata Legorreta. A los pocos segundos, ¡pum! ¡La encontré! Me empezaron a sudar las manos, los pies, la cabeza y la panza y ¡todo! Parecía que la estaba viendo con su mirada desafiante, la cabeza viéndome de arriba abajo como solía hacerlo, con su pelo largo negro y su media cola. ¡Qué miedo sentí! Pero sabía que debía dar este paso hacia la reconciliación con mi historia.

Le escribí por fin a las 17:13 del domingo 27 de febrero de 2011:

Hola Renata, no sé si me recuerdas... Soy la niña a la que dedicaste tu vida entera en primaria a molestar, maltratar y burlarte desde los ocho a los 12 años sin parar... Gran parte de mi vida la destruiste y me quitaste por muchos años la confianza en mí misma, así como me hiciste pensar que ningún niño me pelaría por nerd y teta. Sin embargo, esos años de dolor y miedo que tuve los pude transformar en bien. En parte te agradezco haberme hecho más fuerte. Ojalá que esto nunca lo tengas que vivir, pues me dolió y ¡mucho!

Como a Renata, le escribí a Jaime —el niño que me encantaba en primaria— y a otra megabully. Lo dejé así y seguí viendo el video de Hay y haciendo los ejercicios, pero como estaba en mi cama dejé la laptop prendida a un lado. El Facebook seguía abierto, algo raro porque casi siempre lo cierro de inmediato.

De pronto, a las 17:24 recibo una respuesta, ¡era Renata! Me puse muy nerviosa, agitada, ansiosa y emocionada:

Hola Trixia, claro que me acuerdo de ti. Qué extraño recibir un mensaje así por Facebook. Pero bueno, tenías que sacártelo de adentro. Seguramente esa niña que recuerdas que te molestaba tanto era una niña igual de triste y miedosa que tú, y sin saberlo usó mal su poder de liderazgo y molestó a niñas buena onda como tú. Ahora que somos adultas puedo entender tu dolor y ojalá que algún día no tengas ese odio hacia mí ni nadie en tu corazón, porque en verdad hace daño y no permite avanzar la conciencia. Pero por lo que me dices, estás muy feliz en tu vida y eso me da gusto. Por mi parte, me he perdonado, he disculpado a esa niña que a veces fui, pero que también amo ahora y cuido, y ten por seguro que te deseo siempre lo mejor. Renata.

¡Quería matar a alguien al recibir esta respuesta! Me pareció un cinismo, una burla, una grosería… Me dolió tanto que no podía parar de llorar. Analizando el texto, lo que yo sentí y mi lectura de las frases fue:

Qué extraño recibir un mensaje así por Facebook.
- Ay, sigues siendo una rarita, especialita y ¡sólo a ti se le ocurriría algo así! ¡Qué *loser*!

Pero bueno, tenías que sacártelo de adentro.
- Te doy chance de que lo digas… ¡pobre, desahógate!

Seguramente esa niña que recuerdas que te molestaba tanto era una niña igual de triste y miedosa que tú, y sin saberlo usó mal su poder de liderazgo y molestó a niñas buena onda como tú. Ahora que somos adultas puedo entender tu dolor…
- Me justifico porque era una niña y yo tenía mis problemas y por ello tenía razón para molestarte, o sea, ¡ya supéralo!, ¿no?

…y ojala que algún día no tengas ese odio hacia mí ni nadie en tu corazón porque en verdad hace daño y no permite avanzar la conciencia.
- Ojalá lo superes porque si no te va a hacer daño y no vas a poder avanzar en la vida como yo lo he hecho.

Pero por lo que me dices, estás muy feliz en tu vida y eso me da gusto.
- ✓ Jamás dije que estaba muy feliz ni nada, así que esto me pareció la burla final y más cruel.

Por mi parte me he perdonado, he disculpado a esa niña que a veces fui, pero que también amo ahora y cuido, y ten por seguro que te deseo siempre lo mejor.
- ✓ Me valen gorro tus palabras, la neta ni me interesa lo que sientas y yo estoy bien, ¡jamás voy a reconocer mis errores!

Me dolió tanto su cinismo y falta de responsabilidad y su sarcasmo que mi respuesta fue así a las 17:35:

Me queda claro... La gente NO cambia... Y aunque no eres capaz de ofrecer una disculpa, te disculpo. No te odio a ti ni a nadie. Sólo quería expresar lo que no pude expresar durante seis años y ahora que lo hago recibo un ¡qué extraño mensaje! Jajaja... Lo raro hubiera sido obtener un poco de compasión y humildad.

Silencio total. Pensé que jamás me volvería a responder y que debería cargar con este dolor y esta grosería adicional para toda mi vida.

Seguí haciendo los ejercicios y al terminar opté por poner una película para ya no pensar en eso. Pero dejé el Facebook abierto por si acaso me respondía Renata.

Quien me respondió en el tiempo de espera fue Jaime, alguien más con quien debía arreglar mi energía. Yo le decía y confesaba que había tenido un enamoramiento de niña hacia él y que por causa de Renata me había sentido una tonta. Que desde entonces no me había sentido capaz de ser amada y correspondida como debía o merecía.

A esto él respondió con toda la amabilidad y nobleza que siempre lo han caracterizado, diciendo que yo era muy linda y muy bonita, y que lamentaba, sin saberlo antes, haberme hecho sentir mal, pero que sabía de mis logros y se alegraba mucho por ellos. También me decía para consolarme que un día nos tomáramos un café, pues le daría mucho gusto saludarme.

Me sentí muy tranquila y contenta al leer esta respuesta, compensó un poco la grosería de Renata y seguí en mi *relax*. Al menos Jaime sabía de mí, eso sí era brillar en la vida, ¡jajaja!

Mientras cenaba, de pronto llegó otra respuesta:

A ver, Trixia, no sabes nada de mí, ni cómo soy ni cómo es mi vida. Estás juzgándome basada en algo que pasó hace mucho y piensas que sigo siendo esa niña que te molestaba. Obviamente esa parte de mí no es lo que soy ahora, y por supuesto que me siento mal y por supuesto que te debo una disculpa. Me encantaría poderte tener enfrente y decírtelo. Te lo digo ahora: PERDÓN, y sí sé lo que se siente ya que a mí me molestaron horrible y como en esta vida lo que uno hace, ya sea bueno o malo, se regresa, puedes estar segura que se me regresó, porque todo primero de secundaria fui agredida por XXXXX y dos de sus secuaces, y fue horrible. Pero como tú dices, de alguna manera sirve para trabajar en nuestra autoestima y seguir adelante, no permitiendo que nunca más nos suceda. Estoy segura de que si te pudiera ver te lo diría de frente y mi disculpa sería, y es, muy sincera. De verdad no quise sonar fuerte en mi anterior respuesta, sino que me tomó totalmente desprevenida tu mensaje. Ojalá eso no hubiera pasado nunca porque no estoy nada orgullosa de la forma en que te traté. Tal vez algún día podamos vernos y platicar de la forma en la que cada una vivimos nuestra niñez. Me ha dado mucha tristeza saber que te hice tanto daño y no quisiera que te quedaras con la idea errónea de quien soy. Soy mamá de dos niños maravillosos y el segundo tiene trastorno del desarrollo del espectro autista. No ha sido fácil, pero ha sido enriquecedor y una oportunidad maravillosa para evaluar mi vida y crecer espiritualmente gracias a este chiquitín que me enseña todos los días lo que realmente importa en este mundo: el amor, el perdón, la paciencia, el autoconocimiento, la incondicionalidad… la verdad.

Te deseo hoy y siempre lo mejor, y ojalá pudieras verme con otros ojos hoy. Te mando un abrazo fuerte y *sorry*, de verdad.

Renata

Me tardé horas en contestar este mensaje. La verdad es que en principio su tono siguió siendo agresivo y justificando sus actitudes, pero al final reconoció sus errores y compartía su experiencia de manera honesta y sincera. Me hizo ver que no soy la única persona en el mundo que sufre y se siente mal. Me di cuenta de que hay mucho más atrás de las personas, y que hay que entender que no somos el centro del universo y que tal vez no me había dañado por mal, sino por su propia historia o lo que fuera que sentía.

En ese momento también asumí la responsabilidad de no haber puesto límites y haber decidido sobre mí que tenía una minusvalía emocional o desventaja ante todos los demás. También era tiempo de hacerme cargo de lo mío y dejar el pasado atrás de una buena vez. Con esta disculpa cibernética podría vivir tranquila y feliz por el momento. Elegí no juzgar a Renata y tener empatía y compasión hacia lo sucedido, por lo que en vez de evaluar, tomé lo lindo de su mensaje, deseché lo malo y respondí:

Renata,

Te agradezco tanto la honestidad de tus palabras; en verdad ha sido un bálsamo después de creer durante muchos años que era personal, que yo no merecía ser amada… Ahora comprendo mejor que nunca que cada uno de nosotros tenemos un pedazo en la historia de los demás.

Siento mucho lo que pasaste. Prueba clara del fracaso educativo del colegio, así que después de llorar mucho esta tarde comprendo que nunca fue personal.

Te deseo en verdad lo mejor y si algún día tengo la oportunidad de verte me dará mucho gusto.

Te mando un abrazo y bendiciones de corazón.

Trixia

Al terminar este mensaje, apagué la computadora sin esperar mayor respuesta, y decidí que en ese momento se había cerrado un capítulo en mi vida que debí cerrar 25 años atrás y que por alguna razón había quedado abierto. Es increíble lo que puede hacer una disculpa y la honestidad del corazón. Esto cura. Esto sana. Y si todos pudiéramos enfrentar lo que sentimos, hablar claro y ser honestos, así como recibir amor y empatía por parte del otro, se eliminarían horas de terapia analizando nuestros dolores y penas.

Ese día dormí como nunca y me sentí feliz.

Al día siguiente, sin imaginarlo siquiera, encontré este hermoso mensaje en mi Facebook. Y quiero decir que a lo largo de mi vida he comprobado que cuando sueltas las cosas y quitas tu necesidad de ejercer tu voluntad y que las cosas sean como quieres que sean, ¡todo fluye en amor! Y ahí es donde se reciben los regalos más hermosos de la vida. Cuando dejas actuar a Dios y sueltas el control, la vida te hace ganar y gozar.

28 de febrero, 2011, 8:51:

> Trixia, no tienes idea del peso que me quitas de encima. Desde que leí tu primer mensaje me quedé inquieta, triste. La verdad es que venir a enterarme después de tantos años del sufrimiento que te causé ha sido un verdadero golpe y a la vez una forma de liberar a esa parte de mí que se llenó de culpa y remordimiento. No he podido dejar de pensar en ti; traía tu cara a mi memoria y eras tan linda y bonita... No entiendo por qué algún adulto, incluida mi madre, no me ayudó a ver por qué actuaba de esa forma. Tienes toda la razón sobre el pésimo sistema educativo. ¡Nos pudimos haber ahorrado tanto! Pero éramos niñas, y faltó guía para evitarlo. Pero hoy me hago responsable por mis actos del ayer y te visualizo floreciendo como lo has hecho, te veo llena de amor propio y entrega a ti misma y a los demás por medio de tu trabajo. La próxima vez que vaya a México, y si tú quieres, podríamos encontrarnos para comer o algo y así conocernos por primera vez, como debió haber sido entonces. Las mismas bendiciones que me mandas te mando a ti, también desde el fondo de mi corazón que hoy se llenó con un poco más de amor, perdón y gratitud. Gracias a ti. Un beso y que sigan tus éxitos.
>
> Renata

Lloré de alegría; además, ella escribió el mensaje al tiempo en que yo estaba prendiendo la computadora, por lo que todo se alineaba con Dios. Ahora todo estaba bien. Sus palabras me llenaron el corazón. Me di cuenta de que la empatía es amor puro y compasión al mismo tiempo. Ahora me escribía una chava buena onda, llena de cosas para dar y abierta a hacerlo. Me morí de ganas, a partir de ese momento, de abrazarla y decirle que mil gracias. Tenía tantas ganas de verla que hubiera interrumpido lo que fuera para verla a los ojos y darle las gracias. Me cambió la vida este hecho. Me hizo fuerte y comenzaron los milagros. Milagros que hasta hoy vivo cada día.

Respondí sin perder un minuto y a las 8:54 ya había mandado mi respuesta con mil ganas de recibir otra respuesta inmediata. Estaba verdaderamente emocionada:

Hola Renata, ¿sabes? ¡Me siento otra! Por primera vez en años siento que ya no tengo que defenderme de nada ni de nadie y ¡que puedo estar en paz! Gracias de nuevo por tus palabras y sí me encantaría verte cuando vengas, ¿dónde vives? Viajo mucho y tal vez vaya yo. Un abrazo y que Dios te bendiga. Trixia

Cuál sería mi sorpresa cuando recibo a los pocos minutos la respuesta de mi ex compañera de escuela, que en ese momento, sin saberlo, se convertiría en una pieza clave en mi desarrollo de vida para siempre. Y leí muerta de emoción:

¡Estoy en Perú! En Lima, imagínate... lejos. Pero muy feliz. Mi esposo es peruano y mañana cumplimos 14 años de casados. Tenemos 2 hijos: Daniel de 9 y Emilio de 5. Por supuesto avísame si vienes por aquí y yo si voy a México, ¿ok? Nunca es tarde, ¿verdad? Abrazos.

Casi me caigo de la silla al leer cada palabra. En verdad que supe que todo llega en su justo momento, ni un minuto antes ni uno después... El milagro ahora consistía en que en un mes, y por primera vez en mi vida, iría a Perú, a Lima precisamente. Me pareció verdaderamente hermoso el momento que la vida nos estaba regalando. Por algo debía de ser. Respondí:

¿Pues qué crees? Que voy a ir justo ¡el 6 de abril! Muchas felicidades por tu matrimonio. ¡Te leo muy contenta! Y me dará mucho gusto verte y sí… ¡Nunca es tarde! Te aviso de mi viaje.

Pasé el día muy contenta e ilusionada por este milagro, seguí con mis cosas y en verdad que el viaje a Lima cobró otro matiz. Ahora sería mi viaje de sanación, para encontrar todas las respuestas del mundo y saber que Dios siempre está ahí cuidándome y apoyándome en todo lo que necesite. Y esto no es sólo conmigo, es con todo aquel que quiera tener fe y confiar.

Al día siguiente, 1° de marzo, encontré este mensaje en mi bandeja de entrada de Facebook:

¿En serio? ¿Vienes a Lima? Mira cómo es la vida, de verdad que no hay casualidades, sólo causalidades. ¿Vienes por trabajo? Si vienes a dar conferencias me encantaría escucharte Trixia, ¿se podrá? Cuéntame a qué vienes. Tenemos que vernos, mucho por hablar, ¿no crees?

Mi corazón brincaba de alegría al recibir este mensaje; ya no sólo nos íbamos a reconciliar y a platicar del pasado, sino que ahora Renata, a quien siempre añoré de amiga y quería ser parte de su mundo infantil, se interesaba por mis cosas. ¡Qué hermosa sensación tener el reconocimiento de aquel que en algún momento me lastimó!

Me tardé seis minutos en contestarle e invitarla a compartir mi mundo:

Claro que estás más que invitada a mi conferencia. Es el 7 de abril a las 6:30 y es de mi tema favorito: mujeres al límite. ¡En verdad que es una causalidad!

Siguieron los mensajes para ponernos de acuerdo, ya en un tono cotidiano, como si fuéramos las mejores amigas.

Finalmente, llegó el día esperado del encuentro. Para ese momento, yo me estaba muriendo de los nervios. No sabía si llamarle o no. No tenía celular. Estaba totalmente incomunicada con México y me empecé a confundir. Alguien me había dicho alguna vez que cuando estás nerviosa es porque estás lista… Lista para brincar al otro lado y pasar la prueba. Lista como cuando subes la escalera al *bungee* y al llegar miras todo tan chiquito desde arriba y es tan alto que dices: "¡No puedo!", pero ya no hay regreso y la única salida posible es brincar… Así me sentía (bueno, me imagino, porque nunca me he aventado del *bungee*…).

Total que estuve a punto de no llamarle, de irme corriendo, de esconderme en la conferencia, de regresarme a México. ¡Tenía pavor de verla! En mis mensajes parecía muy valiente, pero ya a la hora de la verdad no estaba tan segura de poder hacerlo.

Cuando estaba a punto de echarme para atrás y ya no ver a mi bully o ex bully, donde en el cuarto del hotel no tenía internet inalámbrico y no me había podido conectar, y estaba a punto de salir a caminar, el *bell boy* tocó la puerta y me llevó un horrible cable azul para conectarme. Como debía ver cosas de la oficina, me conecté antes de irme. Al bajar los correos leí el de un amigo, quien con sus palabras de aliento, me dijo que no tuviera miedo, que lo hiciera, porque ésto me iba a ayudar mucho a avanzar.

Estas palabras fueron mi empujón al *bungee*; tomé el teléfono de Renata y le marqué. Me sudaban las manos y estaba muy nerviosa. Para mayor milagro, ella estaba en la puerta saliendo y la señora que trabaja con ella corrió a avisarle, así que me pudo contestar. ¡Milagros y más milagros! Temblando, ¡hablé con ella! Nos habíamos escrito, pero ya hablar, eso era para mí otra cosa muy diferente. Quedamos de vernos en la noche. Yo fui a conocer Lima, a caminar, a comprar, al salón de belleza por supuesto, a comer algo y a cada paso que daba me temblaban las rodillas.

Llegué en la tarde al evento y mi conferencia fue la primera. Al terminar salí al *lobby*, pues como iba a dar dos conferencias, estaba lista para esperar a que me tocara la segunda. Estaba muy nerviosa y caminaba como león enjaulado… Ya estaba a punto de llegar Renata, ¿cómo sería? ¿Me iría a maltratar de nuevo? ¿Sería buena onda? No sabía qué pensar…

EL REENCUENTRO

> La experiencia de poder enfrentar al agresor años más tarde puede ser aterradora aunque se esté listo para ello. Es como por fin poder mirar al "ogro" y desenmascararlo con una autoestima mucho más firme. La niña interior resurge y con ésta todos sus miedos, pero ahora el adulto está a cargo y sabe que es la última pieza del rompecabezas para poder cerrar el ciclo.

Y de pronto ¡llegó! *Jeans*, blusa de colores, su típica media cola y ¡flaquísima! Yo me quería desmayar, correr o morir, pero ante esto sólo la abracé, la abracé con mucho cariño y caminamos juntas al salón porque ya iba a empezar mi participación.

Entramos por el pasillo lateral y ella se sentó en primera fila. Comencé el tema diciendo: "Hoy está aquí una amiga, una amiga que jamás había tenido oportunidad de conocer y hoy la tengo… digo que es mi amiga porque cualquiera que te haga crecer sin duda es tu amigo. ¡Gracias por estar aquí!"

Cada vez que la veía, quería llorar, no sé si de emoción, de orgullo, de gratitud o de las tres, sólo sé que fui muy feliz. El aire olía diferente porque olía a perdón y a amor.

Nos fuimos a cenar a un lugar hermoso, en una terraza divina con vista al acantilado. Lima es preciosa y este lugar no pudo ser más perfecto para nuestro encuentro. Platicamos por horas, nos contamos la vida, nos acordamos de cosas y de la escuela. Uno de los comentarios que me hicieron llorar fue cuando me dijo Renata: "Eras tan bonita, pero siempre me llamaban la atención tus ojeras, ¿cómo era que una niña tan pequeña tenía esas ojeras?" Y escuchar que ella me consideraba bonita, fue como si de pronto tuviera permiso para creerlo, porque en realidad siempre me había sentido incompleta. Algo faltaba por pegar en mi corazón. Al haberme hecho tantos años autobullying y etiquetarme de cosas horribles, escuchar lo opuesto de quien me dijo muchas de estas cosas, fue como si se rompiera el hechizo para ver las cosas ahora sí con claridad.

La cena terminó cuando el restaurante estaba vacío y eran como las tres de la mañana. Mi vuelo salía en tres horas, pero no me importó. Ésa fue una de las noches más inolvidables de mi vida. Jamás dejaré de agradecer a Renata su humildad y su cariño. Todos esos milagros de hace dos años transformaron mi vida y me hicieron ser mejor. Cada día que pasa veo con más claridad los efectos de perdonar y dejar el pasado atrás, adonde pertenece.

Por supuesto que Renata y yo hemos seguido en contacto desde ese hermoso abril.

Los meses que siguieron a nuestro encuentro fueron maravillosos. Al quitarme el peso del rencor, comencé a ver la vida diferente y miles de cosas maravillosas sucedieron.

Al haber recuperado mi confianza, en verdad que pasé las mejores vacaciones en familia con mis hijos, mis hermanos, mis papás y todos estuvimos más felices que nunca. Ni un solo pleito, enojo o drama... por fin creo que habíamos superado la etapa de "viviendo en una telenovela" que fue la costumbre desde mi más tierna infancia. Construimos un castillo de arena a la orilla del mar y mi hermano trajo unas playeras que decían "Gira al sol", todas iguales, y cada una con nuestros nombres atrás. Me sentí muy feliz de perdonar, de saber que mis papás no tuvieron la culpa de que me bullearan, ya que ¡ni siquiera lo sabían! Perdoné y olvidé el coraje que tuve por años cuando decía: "Si eran mis papás, ¿cómo no se daban cuenta de lo que sufría?" Al fin comprendí que son papás, no psíquicos, ni adivinos, ni brujos para saber lo que sucede con la vida de cada uno de sus hijos, y en este caso con la mía.

Reconocí que mi anterior relación yo la había creado con patrones de bullying por no haber aprendido la lección, y esa lección era aprender a respetarme. No puedes pedir lo que no tienes en el corazón. No puedes recibir experiencias que no estás dispuesto a crear. Y como dije antes, todo parte de un pensamiento eje que te lleva a crear las experiencias que sucederán después. Así yo iba validando mi cuento de "pobre de mí" y por ello encontré las mejores evidencias. A partir de ahí también perdoné mi historia, pues para mí fue un simple aprendizaje que necesitaba para desempolvar mis alas y emprender el vuelo.

También el encuentro con Renata me hizo recuperar la confianza para amar y creer en una relación de entrega y cariño. Me di cuenta de que para nada era lo que quería; logró romper mi hielo, derretir mis miedos y alinear mi vida a mis sueños. Fue un primer paso, y aunque no lo sabía en ese momento, esta experiencia me conduciría al amor verdadero.

Desde Renata se creó una permanente temporada de milagros que hoy agradezco y valoro como nada en el mundo. Sé que sin ella no sería quien soy y no habría vivido como lo he hecho. Sé que mi evolución está en proceso todo el tiempo y mi mente a prueba todo el tiempo, sin embargo, cada vez aprendo más a controlar mis pensamientos porque eso, sólo eso, es lo que alínea las velas de mi destino para llegar al rumbo que marcará mi camino...

Gracias, de corazón, y con amor, ¡gracias!

> Cuando se encuentran dos seres humanos que están abiertos al perdón sin juicio y al amor, suceden cosas maravillosas dentro de cada uno, se sanan cosas que tal vez ni en años de terapia se hubieran logrado sanar, porque por fin esos dos seres humanos se muestran tal cual son, se reconocen el uno en el otro y crecen.

RENATA

Un día de febrero de 2011, estando en la casa de mis suegros en una comida familiar, entré a mi Facebook y me encontré con un mensaje en mi bandeja personal; antes de abrirlo vi que era de parte de Trixia Valle. Y pensé: "¿Trixia Valle?, ¡ella iba conmigo a la escuela hace años!" Cuando abrí el mensaje para leerlo, jamás imaginé lo que éste contenía, pero una vez más... la vida me presentaba momentos para seguir creciendo, para responsabilizarme de mis acciones.

Empecé a leer lo que yo pensaba que sería un saludo o una invitación para ser amigas en Facebook, pero definitivamente no se trataba de eso.

Lo primero que pensé fue que me parecía totalmente agresivo recibir un mensaje así, y sobre todo por Facebook, ¡tan impersonal! Confieso que mi primera reacción fue de enojo, ya que no entendía que después de tantos años, casi 25, alguien pudiese mandarme algo así ¡de la nada! Así que le contesté como comentó Trixia.

Después de hacerlo, me di cuenta de que me sentía muy mal. Realmente me sentí atacada en ese momento. Me tomó por sorpresa totalmente y no estaba preparada para algo así. Entonces salí al jardín a buscar a mi esposo, quería contarle lo que había pasado.

Regresé a la computadora y mientras veía si ella me había contestado, me metí a su perfil. Cuando leí a lo que se dedicaba... ¡casi me desmayo! Era directora de Fundación en Movimiento, grupo dedicado a la lucha contra el bullying escolar, escritora de libros como *¡Ya no quiero ir a la escuela!* y *La vida en el reventón*. Yo estaba con la boca abierta. No sabía ni qué decir, solamente pensaba que esta chava que acababa de mandarme un mensaje diciéndome esas cosas y parecía estar muy enojada y amargada con la vida, ¡era la directora de la fundación número uno en México contra el bullying, o acoso escolar!

Entonces me vino un *flashback* de mi vida en la escuela, porque cuando leí su mensaje por primera vez pensé que era una exageración. Recordaba haber sido molesta con ella, pero no tanto como para que me enviara un mensaje así, diciéndome que prácticamente le había destrozado la vida, y entonces me vi agrediéndola y burlándome de ella. Me vi claramente y en ese momento sentí el peor malestar estomacal de mi vida, tenía náuseas y empecé a sentir unas ganas incontrolables de llorar. Entonces vi que me había respondido el mensaje.

Una vez que leí su respuesta, decidí sentarme en la computadora, olvidarme de mi comida familiar y resolver este asunto de una vez por todas. Podía sentir la adrenalina pasando por mis venas, porque por un lado me sentía atacada y pensaba: "Qué sabe ella por lo que yo he pasado; no sabe nada de mí, está juzgándome". Pero por otro lado sentía la necesidad de explicarle que yo ya no era esa persona, que había cambiado y que justo en esos momentos estaba tratando de encontrar las herramientas para arreglar lo que estaba mal en mi vida, para ser feliz y hacer felices a los que amo. Todavía sentía esas ganas de llorar, porque me daba tristeza saber que yo pudiese haber marcado tanto a alguien hasta el punto de que lo siguiera arrastrando en su interior a esta edad.

Ver a lo que se dedicaba Trixia me hizo sentir muchísimo respeto por ella, ahí estaba ella en sus fotos y con su gigantesco currículum de logros, una mujer hecha y derecha, y al mismo tiempo, en su mensaje se mostraba la niña herida, una niña con la cual ahora sí podía identificarme porque estaba en el proceso de ¡rescatar a la mía! Y entonces le volví a escribir, de la forma más honesta que podía hacerlo.

Escribirle eso a Trixia realmente salió desde lo más profundo de mi corazón, era algo que necesitaba hacer; no lo sabía hasta que sucedió, pero definitivamente cuando uno está en un proceso de "sanación", por decirlo de alguna manera, tiene que regresar a pagar sus cuentas, y yo supe que era el momento de hacerlo con ella. Repito:

no lo sabía hasta que recibí sus mensajes, lo cual hoy agradezco enormemente, ya que me permiten seguir sanando.

> Comprender el pasado y las razones que cada quien tuvo en la historia que vivimos nos ayuda a empatizar y quitar un poco del peso dramático a las cosas, resolver los enigmas que con el tiempo se vuelven imágenes borrosas llenas de sentimientos intensos ayuda mucho para lograr superar eso que duele.

Pensaba que esto tenía que estar pasando por alguna razón, y aunque me doliera, una vez más supe que todo tenía que ser exactamente como era porque yo estaba haciendo un trabajo en mí con mis cursos y mis meditaciones; esto era un "trapito más al aire" que debía salir a la luz, y ahora era yo la única responsable de solucionarlo de la mejor manera.

Cuando terminé de escribir y mandé el mensaje, no podía esperar leer su respuesta. Estaba muy ansiosa, me dolía todo y entonces pensé: "¿Qué pasa, Renata? ¿Qué es lo que necesitas que pase para sentirte bien?", y la respuesta vino automáticamente: simplemente quería que Trixia me perdonara, que me perdonara desde el fondo de su ser.

Mientras esperaba, Daniel entró buscándome. Cuando me vio debe haberse dado cuenta de que no me sentía muy bien, y solamente pude abrazarlo y echarme a llorar como una niña. Le dije que me sentía muy mal, que de pronto me habían venido todos los recuerdos de la escuela con Trixia, que no sabía que había causado tanto daño y me preguntaba a cuántas personas más habría lastimado de la misma forma. ¡Cuántas personas más me odiarían por eso!

Daniel me dijo que todo pasaba por algo, que me tranquilizara y simplemente esperara su respuesta, y que fuera la respuesta que fuera, lo único que importaba era que yo me perdonara a mí misma.

Y segundos después recibí su mensaje.

Al terminar de leer su respuesta, lloré sin poder controlarme; no recordaba haber llorado así desde que me dijeron que Emilio tenía autismo, realmente me sentía frágil. En ese instante me di cuenta de que dentro de mí, al igual que en Trixia, seguía viviendo esta niña asustada que no sabía cómo demostrar sus sentimientos y entonces agredía; en ese momento lloraba la Renata niña. Cerré los ojos y nos imaginé a las dos, a Trixia y a mí de niñas: yo pidiéndole perdón y ¡ella aceptándolo!

Me di cuenta, una vez más, de que las cosas no pasan por casualidad, todo se acomoda de una forma increíble para presentársenos de nuevo una oportunidad para sanar y seguir creciendo y evolucionando.

Y así continuó nuestra correspondencia a corazón abierto hasta que supe que vendría a Lima.

Vendría en sólo dos meses a dar una conferencia sobre la mujer. Bueno, definitivamente las dos supimos que en esta vida no hay casualidades, sólo causalidades... y a nosotras nos estaba tocando en ese momento descubrirlo de una manera ¡tan tangible y natural!

Los mensajes entre Trixia y yo continuaron hasta esa noche. Poco a poco empezó a abrirse una puerta por donde las dos podíamos pasar, y aunque hacía casi 25 años que la había visto por última vez, parecía que el tiempo se había congelado. Me sentí muy cercana a ella, a pesar de nunca haberla conocido realmente, ya que había desperdiciado seis años de primaria molestándola y alejándola de mi vida.

> Un reencuentro tan intenso con nuestras emociones puede acomodar las cosas para terminar con una sanación al enfrentar a la persona frente a frente. El bullying marca tanto que es necesario el bálsamo del perdón para dejar fuera esas historias que pueden crecer como telarañas en nuestra cabeza haciéndonos perder toda objetividad sobre las cosas. Hablar del pasado pone todo en su justa dimensión.

Quedamos en que yo iría a su conferencia y después la invitaría a cenar para poder terminar frente a frente esto que empezamos por mensaje. Y como siempre, el tiempo voló, y llegó abril. Recuerdo que desde la noche anterior a su llegada yo estaba nerviosísima, no pude dormir muy bien. No sabía realmente lo que iba a pasar. Tenía miedo de encontrarme con ella y que me echara otra vez en cara todo lo que había pasado; pensé que si fuese así no importaría, porque ahora yo sabía mejor quién era por dentro y sabía que cuando uno se sincera no tiene la necesidad de andar explicando o justificándose.

Simplemente decidí que ser yo misma sería la mejor presentación, y que le hablaría con el corazón sobre quién era yo en la niñez; sabía que ella podría ver a través de todo lo malo y concentrarse en la verdad del ahora, y también sabría que mi petición de perdón sería sincera, porque yo también lo necesitaba; necesitaba perdonarme a mí misma. Y no podía evitar sentir un gran asombro por lo que estaba a punto de suceder al día siguiente: después de casi 25 años, dos personas, que fueron lo que fueron de niñas, tendrían la oportunidad de sentarse en una mesa siendo mujeres hechas y derechas, para hablar sobre sus vidas, sus recuerdos, sus culpas, remordimientos, y con suerte, ¡para formar un lazo que ya nada podría romper! El lazo del perdón y de la oportunidad para una nueva vida para cada una.

Al día siguiente, cuando llegó la hora de irme al lugar donde iba a ser la conferencia de Trixia, seguía nerviosa, pero a la vez muy contenta de por fin poder encontrarnos. Decidí no pensar más y simplemente fluir con lo que viniera. Llegué a la conferencia. Caminé con Trixia a la primera fila por el largo pasillo mientras ya escuchaba su voz con su micrófono dirigiéndose a una cantidad impresionante de mujeres; me senté y pensaba, mientras la escuchaba, que era imposible que alguien creyera que ella era una persona que había tenido problemas de autoestima: ¡su porte y forma de exponer eran maravillosos, toda una profesional! Me sentí muy orgullosa de estar ahí.

Al escucharla hablar era evidente el conocimiento que manejaba sobre el tema, pero sobre todo pude notar su calidad de ser humano. Sus palabras eran tan naturales, cero rebuscadas; le hablaba a esa multitud como quien le habla a una amiga, así tan a la ligera y al mismo tiempo con tanta inteligencia y precisión.

Cuando terminó su conferencia, muchísimas de las personas que estaban ahí se acercaron a ella. Querían conocerla personalmente, querían autógrafos de un libro que ella acababa de terminar y había llevado para vender, ya que sólo se había publicado en México. Me acuerdo de terminar tomando los libros para irlos repartiendo mientras ella los firmaba y por un momento sentí ganas de reír... Aquí estaba yo, junto a esta niña de mi pasado que se había transformado en una hermosa y valiosa mujer exitosa en el ámbito profesional y espiritual, ¡deteniendo sus libros! La bully ahora detenía los libros... La bully había cedido todo su control para entregarse con amor a esta amistad que por medio de mensajes había comenzado hacía dos meses y que ahora podía volverse real, seguramente para toda la vida.

Y por fin pudimos saludarnos, nos dimos un abrazo y me preguntó a dónde podíamos ir a relajarnos con un cigarrito para platicar.

La llevé a Larco Mar, que es un centro comercial muy lindo, frente al mar. El camino hacia allá fue increíble: aquí estábamos por fin, las dos... listas para empezar un nuevo capítulo en nuestra vida, listas para dejar el pasado atrás; las dos dispuestas a escuchar para descifrar y entender todo lo que habíamos vivido de niñas. Listas para ayudar a dichas niñas a sanar.

Nos sentamos en una terraza frente al mar, y hablamos por horas y horas sin parar. No podía evitar sentirme rara al principio, ya que me venían las imágenes a la mente como fotos: todo lo que había olvidado o no recordaba muy bien sobre mi forma de ser con Trixia en la escuela. Todo empezó a venir a mi mente rápidamente, y sentía pena, porque ahí estaba ella, hablándome de lo que había sentido todos esos años, viéndome a los ojos y contándome a corazón abierto sus heridas de niña. Y yo sabía que aunque me doliera escucharlo —porque realmente a veces resulta muy difícil que nos digan nuestras verdades a la cara, sin máscaras—, eso era lo que correspondía en ese momento: callarme y escuchar, pasar el trago amargo, tratar de no tomármelo personal para poder realmente separarme de mi ego y escuchar, sólo escuchar, lo que me tenía que decir. Ahora sí tendría que poner en práctica todo lo que mi curso me estaba enseñando y fue maravilloso lograrlo; entendí tanto de Trixia en esas horas, y tanto de mí.

Fue una verdadera sesión de catarsis para ambas. Después de hablar por horas, mi cabeza ya no estaba pesada y llena de recuerdos dolorosos, ahora me sentía ligera, me había quitado un peso de encima.

El vacío que tenía de esa época se llenó de amor, comprensión y una total claridad de saber que la vida se trataba de justo lo que estaba sucediendo en ese momento con Trixia: otra capa más de nieve derretida, otro momento de felicidad acumulado, palabras frágiles que van acomodándose en el lugar que corresponde, sentimientos que van aflorando para llegar al maravilloso entendimiento del verdadero concepto del perdón. Trixia me había perdonado y yo empezaba a perdonarme. ¡Fue un momento mágico!

Hablamos de muchas cosas más: de sus hijos y de los míos, de su ex esposo y de mi esposo; de la vida que cada una llevaba hasta ese momento. Me acuerdo perfectamente de algo que me dijo, algo así como: "Renata, después de esto van a pasar muchas cosas, cosas maravillosas para ambas, ¡vas a ver! Sabíamos que lo que estaba pasando entre nosotras no iba a quedarse ahí, faltaba mucho por venir… y ahora, gracias a este reencuentro, estoy sentada frente a mi computadora escribiendo un libro maravilloso con ella. Trixia en México y yo en Perú… ¡increíble!

> Al dejar atrás el rencor la vida nos ofrece muchas oportunidades para seguir hacia adelante; es como si de pronto levantáramos un ancla que nos mantenía en el pasado llenos de cargas pesadas, pero ahí, al quitar el peso, se retoma el camino y cada camino nuevo que se abre nos lleva a un profundo crecimiento.

Nos despedimos esa noche, ya que ella viajaba de regreso a México al día siguiente. Me regaló tres libros suyos y la dejé en su hotel, cansadas emocional y físicamente, pero felices y tranquilas de saber que por fin podíamos empezar a sanar las heridas de una parte de nuestra niñez que nos marcó tanto. Quedamos en seguir en contacto. Empezaba una amistad verdadera entre ambas, una que por lo menos en lo que a mí corresponde no desperdiciaría esta vez, ¡por nada del mundo! Llegué a mi casa feliz, y aunque estaba cansada, la verdad es que no podía conciliar el sueño; seguía oyendo nuestras conversaciones en mi cabeza, seguía recordando, acomodando todos estos sentimientos y emociones que estaban a flor de piel, dando gracias a la vida, al universo, a Dios por esta oportunidad, me sentía libre... libre y en paz, una sensación tan reconfortante que da el tener la conciencia tranquila y el corazón abierto.

Y así fue como sucedió esta historia maravillosa sobre el reencuentro entre Trixia Valle y Renata Legorreta. Así fue como el universo se alineó para que todo esto se diera, y tal como lo vaticinó Trixia, después de dicho reencuentro muchas, muchísimas cosas empezaron a suceder.

Dos meses después de la visita de Trixia a Lima, tiempo en el que yo me sentía tan libre y feliz, en el que pensaba que por fin todo en mi vida se estaba acomodando, pasó algo que, una vez más, jamás pensé que pudiese ocurrirme a mí, pero otra vez la vida se preparaba para demostrarme ¡que sí! Que a mí sí, ¿por qué no?

Daniel me llamó por teléfono una tarde desde su oficina para decirme que quería cenar conmigo esa noche. Era un día entre semana común y corriente y, como muchas veces solíamos salir solos al cine o a cenar, no me pareció nada extraña la invitación. Le dije que sí y quedamos en vernos cuando terminara de trabajar. Pasó por mí a la casa y nos fuimos a un restaurante italiano. Nos sentamos y yo empecé a contarle algo de mi curso, de una meditación que habíamos hecho en clase, qué se yo. De pronto, me miró fijamente a los ojos y me dijo: "Renata, te invité a cenar porque necesitamos hablar"; no me dijo "amor" ni tampoco "cora", como nos decimos a veces. Me dijo "Renata", a secas, y con una voz que nunca le había escuchado antes. En ese momento sentí que se me paraba el corazón, sólo por unos segundos, pero lo sentí, y a continuación me dijo algo que recuerdo más o menos así: "Quería hablar contigo porque lo he estado pensando mucho, y la verdad es que creo que debemos separarnos, ya no estoy seguro de seguirte queriendo, y las cosas entre nosotros, sobre todo en los últimos años, han ido de mal en peor. No sé, creo que sería lo mejor. Ya no podemos seguir así, yo ya me cansé".

¿Qué? ¿Cómo? No entendía nada. ¿Qué me había dicho? No podía ser, no podía creer lo que había escuchado salir de su boca. Por un momento me sentí en una pesadilla, me quedé inmóvil, callada, pensando que esto no podía estar pasando. Cuando pude hablar le dije que cómo que se quería separar, que cómo que ya no me quería, a una persona no la puedes dejar de querer a sí nada más, ¡de la noche a la mañana!

Y entonces dijo cosas que tampoco pensé escuchar jamás. Me dijo que no era algo que había pasado de la noche a la mañana, que desde hacía un tiempo lo había sentido y que ya eran muchos años de aguantar mi carácter; que desde hacía mucho, incluso años, había pensado que lo nuestro no caminaba bien, que nunca me había dicho nada porque él quería seguir intentándolo, pero que ahora realmente sabía que ya no había nada que hacer.

> Los cambios que se abren al remover el "cochambre" de nuestra vida y conocernos realmente pueden no ser gratos en un principio, pueden parecernos horribles castigos, pero a la distancia podremos darnos cuenta de que todo pasa por algo.

Le dije que no, que no aceptaba su propuesta de separarnos, que yo entendía, y sobre todo últimamente, que las cosas entre nosotros no eran como deberían ser, pero que él sabía lo duro que estaba trabajando en mí misma. Que estaba empezando a cambiar en mil formas mi actitud y sobre todo, que hacía un tiempo que ya me daba cuenta de mi forma de ser con él, y que justo ahora, cuando todo empezaba a acomodarse, cuando yo estaba tratando de hacer todo lo posible para que mi vida fuera mejor, ¿él quería separarse? Le pedí que nos diéramos otra oportunidad; le dije mil veces que yo también había pensado que lo nuestro debía terminar, pero que quería intentarlo y esta vez en serio. Le dije que haría cualquier cosa, que fuéramos a terapia de pareja, lo que fuera, pero que por lo menos nos debíamos a nosotros mismos y a nuestros hijos este intento de rescatar nuestro matrimonio.

Mientras hablaba, mientras le pedía otra oportunidad, mientras me ponía prácticamente de tapete ante él, experimentaba los sentimientos más desoladores y tristes que jamás había sentido en mi vida. El que mi marido estuviera ahí sentado, mirándome a los ojos diciéndome que ya no me amaba. Para mí fue desgarrador, totalmente devastador, y para mi ego aún más. Mi esposo me quería "dejar", textualmente. Simplemente me quería dejar.

Creo que Daniel jamás pensó que reaccionaría así. Me dijo que él pensaba que yo quería lo mismo, porque no me veía feliz con él, pero le dije que no, que no quería separarme, y que me diera un tiempo para que lo intentáramos y después, si seguía sintiéndose igual, entonces sería yo la primera en dejarlo ir. Se quedó callado unos momentos y después habló; me dijo que estaba bien, que iríamos a terapia si eso era lo que yo quería, que lo intentaríamos para ver qué pasaba.

Las ganas intensas de llorar me abrumaban, le pedí que pidiera la cuenta y nos fuéramos. Mientras llegaba la cuenta, las lágrimas en mis ojos no pudieron contenerse y lloré. Lloré con un hondo y profundo dolor, lo miraba a los ojos y no podía creer que no me amara, y sentía que yo lo amaba más que nunca, porque llevaba ya un tiempo sabiendo el daño que había hecho a mi matrimonio y estaba haciendo un trabajo interior muy grande para crecer y para mejorar. Yo no estaba preparada para perderlo, y mucho menos para pensar que me había dejado de amar. Todo el camino de regreso a la casa lloré y lloré, y él me pedía que por favor parara, pues se sentía muy mal de verme así. Y es que realmente me derrumbé; creo que nunca me había sentido tan triste en mi vida… ¡nunca!

Al día siguiente puse manos a la obra. Busqué a una persona con la cual pudiésemos ir a hablar Daniel y yo. Él me había dicho que estaba bien, que lo intentaríamos de nuevo; yo sabía que éste era el BASTA que había estado esperando desde niña, que alguien me dijera BASTA de una vez por todas; llegaba el límite años después. Pero estaba por fin ahí y yo era consciente de que no era un juego. Era hora de empezar a reconstruirme, de realmente ser la persona que siempre ha existido dentro de mí. Sentí que había muchísimas esperanzas, que lo lograríamos porque ahora sabía cómo hacerlo.

Pero la realidad fue otra totalmente diferente a lo que yo deseaba o esperaba. Sí, Daniel fue conmigo a esa terapia, pero ya no era el mismo. Estaba lejano, distante, enojado, frustrado. Él, que siempre había sido tan caballeroso conmigo, amoroso, superafectuoso físicamente y demás, ahora estaba actuando en el perfecto opuesto. Yo pensaba que era parte del proceso y no me importó; pensaba que debía seguir luchando por rescatar mi matrimonio, así tuviera que aguantar sus desplantes y sus caras; no importaba, porque pensaba que era parte del proceso y que cuando empezáramos nuestra terapia y pudiéramos hablar cada uno de las cosas que habíamos guardado tanto tiempo para llegar a este punto, entonces podríamos encontrar la salida y la reconexión y el amor entre los dos volverían. O más bien despertarían, porque por lo menos en lo que a mí corresponde, jamás lo había dejado de amar, pero también entendía que pudiese haber parecido así. Asumía mi responsabilidad en el asunto y por eso haría hasta lo imposible para no perderlo.

Pasaban los días y las cosas se ponían cada vez peor. Yo hacía mis mejores esfuerzos para que funcionara y él cada vez estaba más distante. No olvidaré nunca una noche en una reunión por el cumpleaños de su hermana. Estábamos todos en la casa de mis suegros, había familia, amigos, música. Esa noche pude sentir claramente que Daniel estaba totalmente desconectado de mí: no obtuve ni una sola mirada de su parte en toda la noche, era como si no me conociera y yo me sentía más chiquita cada vez. Recuerdo que me sentía tan mal, que tuve que irme a un cuarto a encerrarme y poder llorar, lloré su pérdida en ese momento; el llanto era hondo, sentía como si alguien hubiera muerto. Pero después de desahogarme y de recomponerme, pensé que tampoco era justo para mí estar así, que por más que yo no quisiera perder a Daniel y quisiera que nuestra relación volviera a funcionar, no tenía por qué soportarle groserías a nadie. Decidí que al día siguiente tendríamos otra conversación, y esta vez ¡la que hablaría sería yo!

> Cuando se pasa del ego a la humildad se pueden presentar etapas de humillación y de denigración de nosotros mismos. Al no saber manejar un equilibrio entre el respeto y la humildad, al cambiar el "chip" es fácil dejarnos pisar mientras aprendemos que la humildad exige también respeto. No se trata de pasar de ser bully a dejarte bullear, hay un lugar en medio.

Para esto ya no íbamos a terapia. Tuvimos una sola sesión en la que hablamos de varias cosas y, supuestamente, decidimos que sólo era cuestión de tomar la decisión de estar juntos, y que cada uno pondría lo mejor de sí para que esto sucediera; por supuesto que esto fue idea suya y yo me la creí.

Al día siguiente salimos para hablar; le pregunté cuál era el problema, pues habíamos quedado en echarle ganas y tratar de sacar nuestro matrimonio adelante, pero su actitud hacia mí ya bordeaba en lo grosero y yo tampoco iba a permitir que me aplastara para sentirse mejor. Le dije que si él, en todos estos años o el tiempo que fuera que se había sentido así, no había expresado sus emociones, pues ése había sido su problema. Que también él debería de asumir la responsabilidad de no haberlo hecho y no ponerme a mí como la única mala de la película. Le dije que me dijera de una vez si estaba dispuesto a que lo intentáramos realmente y que si no era así, entonces era libre de irse cuando quisiera, porque por más que yo lo amara y quisiera que lo nuestro funcionara, jamás le iba a permitir que me tratara de la forma en que lo estaba haciendo: ignorándome por completo y tratándome con la punta del zapato. Entonces dijo que "ok", que lo intentáramos.

Pero no fue así, las cosas siguieron igual y la distancia cada vez era más evidente. Tanto, que por primera vez en mi vida verdaderamente contemplé la posibilidad de separarnos, ya que si de verdad él me había dejado de amar, entonces era el momento de aceptarlo y dejarlo ir; él se había construido un muro alrededor, en el cual a mí ya no me concedía la entrada.

Dejé pasar unos días y al ver que las cosas seguían igual, entonces le pedí que volviéramos a hablar. Ya casi no lo veía; él trabajaba todo el día, y cuando llegaba a la casa, estaba con los niños y después se iba a dormir.

Así que le pedí esa cita y salimos a cenar. Le dije que había llegado el momento de hacer lo que él me había pedido hacía unos meses: separarnos. En el instante él sólo me dijo que tal vez no era lo mejor, que él simplemente había estado confundido sobre sus sentimientos hacia mí, pero que en las semanas que habían pasado se había dado cuenta de todo lo que yo había hecho por rescatar lo nuestro, y que eso lo hacía sentir muy culpable por haberme tratado de la forma que lo había venido haciendo.

Yo le dije que ahora la separación sonaba aún mejor, ya que se notaba que ambos teníamos muchísimas cosas en qué pensar, y definitivamente juntos no lo estábamos logrando; que lo único que estaba logrando era convertirnos en dos extraños y que yo estaba empezando a sentir mucho resentimiento hacia él y no quería que termináramos peor. Le pedí que al día siguiente fuera a la casa por sus cosas, porque desde esa noche ya no podía regresar.

No contaré exactamente muchas cosas de las que pasaron después de tomar esa resolución, porque probablemente tendría que dedicarme a escribir un libro completo sobre el tema, y realmente era un duelo, porque había muerto algo en nosotros, el vínculo parecía haber desaparecido. Tuve que pasar por distintas emociones para tratar de superar lo sucedido, quería superarlo dentro de mí, por mí… independientemente de lo que pasara entre Daniel y yo, porque sabía que no deseaba vivir con una herida abierta el resto de mi vida; no quería estar llena de rencor por sentirme totalmente fuera de él, tendría que hacerlo por mí, me lo debía a mí misma y a mis hijos.

Realmente lo que Trixia me dijo era verdad: muchas cosas pasaron después de nuestro reencuentro, y en los momentos más bajos en los que me sentía totalmente derrotada pensaba que tal vez era como una especie de castigo por todo lo mala que había sido de niña, una especie de karma que regresaba a hacerme pagar por lo que había hecho. Pero hoy sé que no es así, es simplemente lo que he mencionado antes: todo tiene que destaparse para poder acomodarse después; todo es una secuencia de causa y efecto inevitable. Cada quien elige sus reacciones hacia las cosas y cada quien escoge el camino a seguir.

> Cada quien lleva consigo la responsabilidad que le corresponde; nunca la del otro, sólo la propia. Son lecciones duras de vivir y son tragos amargos de pasar, pero son lo que son y el aprendizaje que llevan después es invaluable, te hace repensar tu vida por completo, tus valores, tus ideales, tus emociones… todo.

Unos meses después de nuestra separación, Daniel volvió a la casa. En esos meses hubo muchas cosas para hablar; hicimos una verdadera introspección, cada quien a su manera, y también fuimos por fin a una terapia de pareja, una de ésas realmente buenas, no en las que tienes que hablar de tu pasado como disco rayado, sino una en la que asumes lo que está sucediendo en el ahora, hablas con el corazón en la mano hasta que duela y buscas soluciones próximas y alcanzables.

Algo que definitivamente aprendí es que a mí me resulta muy cierto ese dicho de "Nunca digas nunca" y también el de "Nada es para siempre". A veces lo que pensamos que nunca nos pasará, nos pasa; a veces lo que pensamos que durará para siempre, termina; a veces lo que creemos imperdonable, lo perdonamos. Y así de pronto, uno puede encontrarse con lo que pareciera una vida totalmente derrumbada, con una tristeza en el alma tan profunda que se cree que jamás se superará, con un enojo que nos come hasta el tuétano y nos hace enfermar físicamente, bajar seis kilos de peso y hacernos el pelo gris. Pero cuando la tormenta pasa y encontramos el camino que jamás pensamos que tendríamos que tomar, las puertas vuelven a abrirse para nosotros, puertas distintas, porque todo cambia constantemente en este mundo. Y detrás de esas puertas, donde existe el perdón, la reflexión, el crecimiento y la espiritualidad humana, nos encontramos amándonos aún más de lo que jamás podríamos haber imaginado. Y eso para mí, el amor a mí misma y a los míos, es el mejor regalo que puedo darme.

Y hoy, después de todo el camino recorrido, Daniel y yo seguimos juntos, intentándolo cada día, porque cada día es una oportunidad de vivir en armonía, de vibrar en el amor, de respetar, de escuchar, de soñar y de amar. Lo que pase mañana nadie lo sabe. Pero el hoy ¡pinta muy bien!

CAPÍTULO 10

MIS MEJORES MAESTROS: EL DOLOR Y EL PERDÓN

TRIXIA

Albert, mi verdadero amor, me comentó que la vida es como una mochila. Al nacer la tenemos vacía, no hay nada dentro y es ligera y fácil de manejar. Con los años, esta mochila se va cargando de cosas, conceptos, experiencias, aprendizajes, personas, duelos, alegrías y todo lo que sucede año tras año en una vida.

Llega un punto en que la mochila es muy pesada. Cada paso cuesta más esfuerzo, cada movimiento es más torpe al estar sosteniendo el peso y tratando de caminar al mismo tiempo. Cuando este peso sofoca, dejamos de avanzar, es imposible dar un paso más y por ello nos estancamos de forma permanente. Al generarse esta situación de estática, rigidez y pesadumbre, es tiempo de hacer una pausa y vaciarla... dejar atrás por completo todo lo que hay dentro para seguir el camino y recuperar la agilidad perdida.

Pero cuesta mucho trabajo hacerlo, pues significa abrir la vida a los cambios, a las nuevas ideas, a nuevas personas y a nuevas cosas que llegarán. A partir de ese punto, podemos volver a elegir qué o a quién subir a la mochila, pero al saber lo que pesa cargarla, sin duda seremos más cuidadosos esta vez al elegir.

Así que cuando nos decidimos a vaciarla por completo nos damos cuenta de que nuestras piernas tienen una fuerza muy poderosa y desconocida hasta entonces, pues el esfuerzo que requerían hacer para movernos con esa carga, al no tenerla, nos hace salir disparados y ser veloces y ágiles en un instante. Es por ello que cuando soltamos una carga en la vida, los milagros, los cambios y todo comienza suceder en cuestión de días. Esto sucede porque estaremos cambiando toda la energía dedicada a cargar para ahora enfocarla hacia las cosas positivas de la vida que nos lleven hacia nuestros sueños.

Soltar el peso es la catapulta de la vida. Y esto fue lo que viví al haber perdonado mi historia con Renata y haber entendido lo que había sucedido en realidad. Estoy segura de que ha sido una de las mejores y más bellas oportunidades. Y perdonarla no quiere decir que yo hubiera llegado con toda la soberbia de un rey malvado a decirle: "Está bien, no insistas más, te perdono"… ¡No! Eso es ego y no amor, y no tiene nada que ver con el perdón auténtico.

El perdón, para mí, es una simple mirada en la que ves la divinidad de la otra persona, en la que ya no te cabe juzgar y sabes que, con errores o no, estamos hechos de lo mismo. Donde decides reconocer el aprendizaje y dejar a un lado la humillación o el dolor que se ha sentido. Y me gusta pensar que esto sólo sucede cuando se le da un sentido al propio dolor, para perdonar, de una vez por todas, la historia y todo lo que sucedió.

Mi sentido había comenzado años atrás al comenzar la lucha contra el bullying y crear campañas, libros, movimientos, conferencias y acciones contra este mal que aqueja a siete de cada 10 niños en México. Sin embargo, la fuerza la obtuve cuando el consejo de Fundación en Movimiento me eligió para dirigir estos esfuerzos. Ahí encontré mi primera catapulta… y la segunda cuando auténticamente y de corazón pude dejar atrás mi historia, pues me daba cuenta de que en ocasiones los talleres y conferencias que daba estaban cargados de mi propio dolor, lo cual no era bueno para nadie. Yo necesitaba sanar mis heridas para dejar atrás lo sucedido y cumplir mi misión al transmitir que el bullying puede y debe superarse, ya que nadie se estaba perdiendo la vida más que yo.

Sé que existe un orden divino y que todo llega a su tiempo. ¡Con cada pensamiento, palabra, acción y oración, cada uno de nosotros transformamos el mundo! En el mundo de Dios, todo se encuentra en perfecto orden. Cuando una parte de la vida parece estar sin dirección, al mirarla más de cerca transformamos su condición; ante cualquier aparente desorden siempre existe un orden perfecto. Es decir, las maldiciones son bendiciones disfrazadas y al unir los puntos hacia atrás es fácil ver el "porqué" y el "para qué" de cada situación. Este ejercicio de repaso me hace tener fe en que todo sucede para mi más alto bien y así se cumple el orden divino en cada acción.

Esto me quedó claro cuando me reuní con Renata por primera vez, en el momento menos pensado, en el lugar menos imaginado y descubriendo a una mujer humana, sensible, sencilla y amorosa que con unas cuantas palabras transformó mi vida y las experiencias a seguir. A partir de ahí ya no necesité ser bulleada por nadie, ni excluida. Me di cuenta de que no había sido personal, sino que había sido una experiencia para fortalecer mi alma. Renata fue un instrumento de mi propia fortaleza, y no lo digo sólo porque lo sufrido me haya empujado a crear conciencia y un movimiento contra el maltrato escolar, sino porque a nivel personal yo necesitaba encontrar la rebeldía suficiente para salir del caparazón de timidez en el que vivía de niña. Yo necesitaba el enojo suficiente para romper con mis propias limitaciones. Necesitaba una fuerza opuesta para sacar a relucir quien soy y quien nací para ser.

> En el bullying el papel que ambos juegan es un aprendizaje, puede ser uno muy duro, pero todo pasa por algo y pasa cuando tiene que suceder. Cada historia se entrelaza con las de los demás y así vamos creando las vidas. Perdonar y aprender de nuestra historia, sacando lo bueno de ella, es lo más importante para vivir en plenitud.

¡Qué fácil hubiera sido quedarme protegida por la falda de mi mamá! ¡Qué fácil hubiera sido ocultarme y no mostrarme por pena! Pero ¡no! Dios tenía otros planes para mí y sin duda Renata fue una pieza clave en ellos. Jamás cambiaría un pedazo de mi historia, pues sin todo lo vivido no sería hoy quien soy, y la verdad soy muy feliz de serlo. Después de años de negarme y rechazarme, hoy he aprendido a amarme con todo el corazón, a darme cuenta de que cada punto y cada experiencia han trazado mi camino de migajas como el de Hansel y Gretel para regresar a casa... y por casa yo entiendo el regreso a mi ser verdadero que vibra con todo mi corazón.

Si puedo sugerirles algo... repasen su historia y verán qué hermosa es. ¡Acepten con amor que lo han hecho muy bien! Han tomado la decisión correcta a cada momento, pues usaron las herramientas que tenían en ese momento para decidir, y aunque haya cosas que parezcan incorrectas, siempre son puentes hacia el aprendizaje correcto. Sin duda, les sugiero la palabra mágica que para mí es la traducción de ser feliz: confíen.

Considero que ninguna vida es fácil, pero el chiste es que sea enriquecedora, no fácil, lo fácil puede volverse aburrido; por eso amar sus retos le da la sal y la pimienta a la vida. Creando un repaso de experiencias, ahora puedo dar gracias a varios momentos en mi vida:

Gracias por haber tenido una familia con retos, pues aprendí que siempre se puede salir adelante cuando hay voluntad.

Gracias por haber vivido en una escuela hostil, porque aprendí que puedo contra todo si me tengo a mí.

Gracias a Renata porque sacó la fuerza de mi ser para romper con todo, gritar: ¡Basta! Y reconstruirme desde ahí.

Gracias a mi accidente, pues ahí encontré mi misión de vida y aprendí a ser agradecida con cada cosa que tengo, en vez de lamentarme.

Gracias a mis enemigos y a toda la gente banal con la que he convivido, porque me he dado cuenta de que sin sentido no hay gozo, y cuando no hay gozo maltratas a la gente. Tal vez en algún momento lo hice, pero hoy no necesito de maltratar a nadie, porque gozo al descubrir los pequeños milagros que vivo cada día.

Gracias a todo el rechazo que he recibido, porque hoy he aprendido que después de mil "no", siempre hay un sí, y hoy sé que "los que abandonan nunca ganan y los que ganan nunca abandonan".

Gracias a cada lágrima, pues sólo han hecho que hoy pueda mirar mejor.

Y gracias a mis amores verdaderos, pues han hecho que mi vida tenga la recompensa que más vale y que siempre se pesa y se cuenta en cariño.

MIS MEJORES MAESTROS: EL DOLOR Y EL PERDÓN

Hoy entiendo el porqué de cada cosa y me siento feliz. A veces siento que vivo en una película de magia en donde cada escena conduce a otra mejor, o como decía Edith Piaf: "Amo los tenedores… porque te sirven un plato, lo comes, guardas tu tenedor y llega el siguiente que siempre supera al anterior, indicándome que lo mejor siempre está por venir". Siento que la vida es un pergamino que se desdobla ante mis ojos revelando el siguiente secreto del misterio que quizá no entendía.

> El bullying es un juego de roles donde alguien maltrata mientras que la otra persona se deja maltratar, los patrones siguen por muchos años en nuestra vida y puede llegar o no una llamada de atención o una sacudida tan fuerte que derrumbe las barreras de la autocompasión o del maltrato para construir lo que somos: seres hechos para dar y recibir amor. Mientras no fluya bien esa energía, algo no estará incompleto.

Como decía antes, Renata fue mi catapulta, desde ese abril de 2011 mucho cambió en mi vida… digamos que me atreví a vivir sin tantos rollos y temores desde entonces, lo más relevante fue buscar una reconciliación verdadera con mis padres, buscar de nuevo el amor y quitar importancia a lo que digan los demás; desde entonces lo que yo diga es lo más importante. Al final yo soy la única que vive esta historia y de todos modos a alguien no le daré gusto, por lo que ahora me doy gusto a mí, no sin antes reflexionar si mi gusto daña a alguien; si no lo hace… ¡adelante! Mi vida y cada segundo de ella me pertenecen sólo a mí.

Después de seguir en comunicación con Renata, por correo, finalmente pudimos volver a encontrarnos en 2012. Para mí ese año fue de mucho aprendizaje, y sin duda uno de los más complicados de mi vida… Busqué respuestas en todos lados y curiosamente las comencé a encontrar cuando me reencontré con Renata. Extraños giros del destino…

Sucedió que 2011 fue un volver a comenzar, y como he dicho, perdonarme y perdonar. Sin embargo, 2012 fue tenerlo todo en la mano y perderlo en un segundo... Tuve que aprender del desapego y del más profundo dolor al soltar. Soltar a personas que no sumaban en mi vida; también tuve que soltar mi casa: esa casa por la que yo había apostado todo, que había hecho enormes sacrificios por conservar, después de una llamada telefónica ya no sería mía y debía buscar otro lugar para seguir creando mi historia... y tenía que soltar la forma conocida de trabajar en la Fundación.

Tenía que soltar y no quería hacerlo, por ningún motivo. Yo ya tenía un plan. Yo ya sabía hacia dónde iban los próximos años de mi vida. Ya lo tenía todo organizado... Sin embargo, Dios tenía otros planes para mí. Y yo no quería que fuera su voluntad, sino la mía; quería que me devolviera todo como estaba antes, quería volver ahí, a mi zona de confort, donde estaba tan cómoda... tal vez no la más feliz, pero sí muy cómoda.

Y tuve que soltar.

Y tuve que aprender.

Aprender todo de nuevo.

Después de un viaje que hice para olvidar y comenzar de nuevo, el dolor era más fuerte que nunca. No sabía cómo seguir ni qué hacer... Así, de pronto tuve un sueño que me hizo comprenderlo todo:

Mi ángel se aparecía para decirme: "Trixia, deja ya de llorar, tú te mueres cada 10 años, es tu ciclo, es una muerte para renacer. De niña casi mueres de fiebre reumática, al no hacerlo aprendiste a buscar otros cariños y a ser independiente emocionalmente; de adolescente casi mueres en tu accidente y aprendiste a encontrar tu misión y luchar por ella; de joven casi mueres de dolor de traición y dejaste de depender de alguien, para construirte sola y con Dios, y ahora debes reconstruirte por completo, desapegarte y comenzar a volar otra vez. Suéltalo... déjalo ya... lo mejor está por venir, ten fe".

Entonces seguí adelante.

Y un mes después de esto, me escribió Renata para contarme de una comida de reencuentro de nuestra bully-escuela. Me emocioné. Quería ir, pero no pude porque coincidió con la boda de mi hermano.

Me lo perdí, pero creo que fue por algo: por lo que me han contado, creo que sólo me hubiera vuelto a sentir mal, pues Renata evolucionó, pero no los demás…

Sin embargo, ver de nuevo a Renata en un lindo desayuno donde nos contamos todo lo que sucedió después de vernos me llenó de un aire especial, de un siguiente paso, de dejar una carga adicional… Y se me ocurrió, ¡y si escribimos un libro juntas! Renata se emocionó igual que yo y ambas comenzamos esta aventura. Debo confesar que sin la presión de mi emocionada amiga, no hubiera avanzado nada, pues tenía la cabeza saturada de cosas y problemas y mucha tristeza todavía… pero hoy sé que este libro como nuestro reencuentro, ha sido mágico.

Comencé a escribir en septiembre, y en un apresurado correo le puse a Renata los temas a seguir, estuvo de acuerdo y al poco tiempo comencé a recibir sus capítulos. Por mi lado, había perdido contacto con Random House y justo en ese momento pensé en retomar la propuesta de un año y medio antes. Al llamar concerté una cita con nuestra maravillosa editora Fer, que desde el primer momento me cayó perfecto y supe que ¡esto era…! Todo se alineó, y cuando aceptaron la propuesta de este libro, los motores empezaron a girar a todo lo que daban. Renata me "hizo bullying" en buena onda para que avanzara y gracias a ella hoy, entre miles de ocupaciones, estoy terminando un sueño de ambas, que nos enseñó a volar. A volar hacia la siguiente montaña más alta que seguirá en nuestros caminos.

De esa fecha al día de hoy, ha pasado mucho. Muchos milagros que de nuevo han catapultado mi vida. La liberación del dolor al plasmarlo aquí, puesto al servicio de quien sea que lo pueda utilizar y a quien con todo cariño le deseo que sea un nuevo comienzo de amor, me ha transformado.

El primer milagro llegó al encontrar una mejor opción de vida, desapegarme de mi casa para vivir en un lugar mejor, más cómodo y práctico y abrirme a una nueva forma de vida, algo mejor para todos. Así, dejé de llorarle a mi casa llena de luz y que tanto amé, para vivir en las alturas en un hermoso departamento.

El bálsamo más hermoso de mi alma ha sido perdonar a mi mamá, verla con una mirada nueva, comprenderla, reconocerla y amarla:

Mami, he juzgado porque no sabía cómo dejar el dolor. Quizá he sido injusta, o no, pero te he lastimado y ya no quiero hacerlo. Hoy quiero ver tus dones y tu amor; en lugar de ver tus desaciertos… Sé que la óptica es la misma y sólo cambia la perspectiva. Hoy quiero reconocer tu brillo y dejar a un lado tu sombra que ahora, en esta nueva distancia, ya no se ve. Y no se ve más porque hoy me acerqué a ti, y ahí no se perciben las sombras, sólo el brillo de tu ser. Gracias por traerme al mundo, ¡ha sido una aventura mágica y maravillosa!

También he visto a mi papá como un hombre para quien la vida ha sido un reto difícil, complicado, pero quien nunca se ha soltado de la cuerda, y creo que es lo que me ha enseñado y me ha dejado de legado en el corazón:

Papi, sé que te ha costado, te ha costado mucho tener fe… Sé que la vida te ha querido dejar atrás con terribles enfermedades las cuales milagrosamente en tres ocasiones has sobrepasado. Sé que el vivir con enfisema, cirrosis, insuficiencia cardiaca y un tumor extirpado del cerebro debe ser complicado, y muy doloroso. Lo más admirable del caso es que sabes vivir con dignidad, sin rendirte. Sé que Dios te ha de compensar todo ese dolor y nada deseo con más fuerza que contactes con tu verdadero ser, aquel que resplandecía justo antes de entrar al quirófano, porque ahí te vi y te amé en verdad. Sé que te cuesta trabajo sacarlo, pero tu brillo te acompaña siempre… hoy, lo sé.

Con mis hermanos siempre he contado y soy muy feliz de ver su luz y su amor, ahora que los comprendo mejor. Sobre todo a mi hermana, cuya vida se aligeró hace tiempo y yo no lo podía ver o entender; hoy la veo en su camino espiritual muy feliz de ver quién es y todo lo que tiene para dar. Y a mi hermano verlo volando hacia sus sueños, habiendo creado su familia con la hermosa Pau, a quien queremos mucho, es una gran alegría.

La Fundación también va avanzando para llegar a más vidas, ya hemos impactado a 350 000 niños y capacitado 7 000 maestros con resultados maravillosos, porque como dice Deepak Chopra: la solución definitiva está en la conciencia. Y nosotros llevamos a cada lugar conciencia sin juicio y compasión en amor hacia nuestro prójimo. Así seguimos adelante y soy feliz de ser parte de este sueño de un México en paz.

Y finalmente, el mayor de todos los milagros al escribir este libro —a partir del reencuentro con Renata— ha sido encontrar el verdadero, puro y único amor. Creo que, además de mis hijos a quienes considero mis amores verdaderos, encontrarme con la pareja ideal y perfecta para mí ha sido el mayor regalo de Dios. En verdad que sus caminos son a veces inusitados, pero hoy sé que siempre todo es para nuestro más alto bien; es curioso, pero quien me rompió el corazón y tanto dolor me causó, Dios lo puso en mi vida para llegar al verdadero amor. Ese verdadero amor que parece que conozco de siempre y por siempre y que hoy me sitúa cada día en mi ser y mata a mi ego con su luz. ¡Por fin ya no necesito la coraza, ni la espada, ni la rudeza, ni la grosería…! Ahora estoy en puerto seguro y mi corazón brilla con todo mi amor. ¡Albert, bienvenido a mi vida!

Todo lo comprendí ya. Y con esto concluye la historia de esa bella temporada de milagros que comenzó con un viaje a Perú, y sé que así será mi vida por siempre, como la de todos; un milagro permanente. Mi mayor aprendizaje:

Las águilas, al cumplir 40 años, tienen que tomar una gran decisión: vivir o morir… Las que eligen vivir deben pasar por un proceso muy, muy doloroso, y quienes lo eligen son valientes en verdad. Para hacerlo requieren irse a un montículo elevado y alejado de todos; primero deben golpear sus garras contra la piedra para irlas tirando una a una, pues se han vuelto tan grandes y filosas que de otra forma se encarnarían en el cuerpo y ya no podrían usarlas; después, con su pico deben arrancar una a una sus plumas, que se han vuelto pesadas y viejas, por lo que ya el vuelo es pesado y lento y podrían caer, y finalmente, deben golpear su pico contra una roca, hasta que se caiga para que nazca uno nuevo, menos encorvado y más flexible para agarrar a sus presas.

Y así como el águila, yo lo hice. Hoy encuentro en mi dolor todo lo necesario para seguir el paso. Y yo hoy decido y elijo vivir. ¡Vivir de verdad!

Gracias, Renata. Estamos en temporada de milagros y seguiré creyendo en ellos siempre, gracias a ti.

RENATA

A lo largo de nuestra vida vamos acumulando sentimientos, emociones, creencias, pensamientos, patrones de conducta, y todo esto se manifestará siempre en nuestra vida. En las diferentes situaciones en las que nos encontramos vamos aplicando lo que hemos aprendido y vamos reaccionando de la forma en la que hemos estado acostumbrados a hacerlo siempre. Pero llega un momento en el que debemos hacer un *stop*: un recuento de los hechos que nos han llevado hasta el lugar mental, espiritual, físico, emocional y psicológico en el que nos encontramos hoy.

Al escribir este libro, he podido ver muchas cosas de mi pasado que de una u otra forma han definido mi presente. Cuando era niña tenía una forma de estar en el mundo, una forma de tratar a los demás, sin imaginar que en el futuro esa actitud me traería grandes desilusiones y decepciones. Pero a la vez, también me he dado cuenta de todas las cosas buenas que he llevado en mi interior desde niña, muchas de las cuales me han rescatado a lo largo de mi vida, así como una familia que, con sus aciertos y desaciertos, me ha querido profundamente, por lo cual siempre estaré agradecida. Todo lo que he dicho en este texto me ha dado un gran conocimiento, una especie de mapa desde mi niñez hasta la adultez.

Escribir sobre la vida de uno a veces no es fácil: hay varios recuerdos que habían estado enterrados en mi memoria, asuntos que no sabía muy bien cómo manejar de niña y muchos otros asuntos que tampoco he sabido manejar muy bien de adulta; realmente creo que para sanar no hay un límite, y para evolucionar y conocerse a uno mismo, tampoco. Es un trabajo interior para toda la vida.

Antes de empezar a buscar ayuda para eso que sentía que no funcionaba bien en mí, era una mujer enojada con la vida, buscando afuera a los culpables; me había acostumbrado a ser víctima de mis propias circunstancias, y cuando las cosas iban mal, siempre buscaba culpables en todos lados menos dentro de mí. Y la realidad es que era agotador, porque lo único que estaba logrando era alejarme cada vez más de mí misma y de los demás. No hay culpables. La vida es como es, y nosotros la vamos haciendo a nuestro modo. Dependiendo del molde que usemos habrá el resultado exacto que corresponde a dicho molde. Cuando pude empezar a darme cuenta de que en ningún lugar, excepto dentro de mí, estaban las respuestas, fue cuando realmente pude comenzar el trabajo interior que tanto ansiaba y necesitaba. Las cosas en mi mente poco a poco fueron teniendo más sentido, fueron acomodándose de una forma que me permitía verme con mucho más claridad; fue cuando verdaderamente empecé a crecer y a disfrutar mi vida tal cual era. A agradecer todo lo que tenía, ya que uno jamás tendrá más de lo que desea si primero no agradece lo que ya tiene, y lo que uno tiene es exactamente lo que está frente a sus ojos en el momento presente.

Vivir resintiendo el pasado o queriendo tener un futuro distinto no sirve de nada si no estás viviendo el "hoy", el ahora. Con el tiempo es evidente que el futuro es un hoy construido paso a paso; no importa ya lo que venga, cuando lo que hay hoy es lo que te hace feliz, lo que te hace sentir bien. Estar bien conmigo es sin duda el mejor regalo que pude entregarme a mí misma y a mi familia.

> Dejar atrás el control que —queriendo o no— puede lastimar mucho a los demás es una muestra de gran valor y de gran humildad. Pasar de un ego controlador a simplemente ser y aceptar las cosas de la vida como son es para reconocerse y tiene mucho mérito. Con los niños bullys es importante que se les reconozca este cambio y no pensar que es su obligación portarse bien, aunque lo sea; cambiar es un acto de gran valentía.

MIS MEJORES MAESTROS: EL DOLOR Y EL PERDÓN

He descubierto, a lo largo de mis experiencias más duras, llave estuvo siempre dentro de mí, y que definitivamente dicha periencias, aunque muchas fueron dolorosas, han sido la razón por cual encontré esta llave que me abre las puertas o me las cierra si así lo decido, sólo depende de mí. Lo de afuera no cambia, cambia uno, en su interior... y al hacerlo vas cambiando tus patrones de pensamiento, y esto conlleva un mejor entendimiento de los sentimientos y las emociones con que los expresamos. Es un ejercicio de tiempo completo, y definitivamente ¡estoy disfrutándolo más cada día!

Creo que para perdonar, para realmente vivir el perdón, uno tiene que abrirse a la posibilidad de que el dolor nos inunde por momentos: el dolor que causan muchas cosas en la vida puede ser el mejor maestro para llegar al perdón. Así como el dolor que sentí con los primeros intercambios de mensajes vía Facebook con Trixia, así como el dolor que sentí cuando mi esposo pensó que ya no me amaba, así como el dolor que sentí cuando me dijeron que Emilio tenía autismo... y así como muchas otras veces en mi vida en que algo me ha dolido tanto que prefería no mirarlo y entonces lo convertía en enojo y en rabia, y permitía que mi ego se apoderara de la situación y acumulara emociones que llevaban a comportamientos inútiles y frustrantes, alejándome de mi verdadero ser y del amor.

El dolor es inevitable compañero en muchas situaciones que vamos encontrando en este camino terrenal, pero cuando lo transformamos en entendimiento y fluimos, cuando cedemos el control y simplemente nos dejamos sentir y abrimos el corazón y la mente, podemos elegir nuestras respuestas ante el dolor, nuestras reacciones emocionales, podemos saber que nada dura para siempre y todo puede superarse. Y aunque muchas veces, aun cuando hagamos todo lo posible por actuar como nos parecía mejor para nosotros, perdamos ciertas cosas en el camino, eso también es parte de crecer, aprender a soltar lo que tal vez ya no nos toca tener; ésa es una lección de aprendizaje muy importante y muy sabia.

A veces las puertas que antes abríamos para encontrar lo que buscábamos ya no nos llevan a ningún lugar, y debemos aprender a no abrirlas más, a entender que nuestra llave ya no funciona en ellas.

A buscar las propias, las que verdaderamente nos llevarán a lugares extraordinarios, a sitios donde nosotros elegimos estar ahora porque a veces, aunque sea mucho más fácil quedarse en la comodidad de lo ya conocido, si no nos animamos a abrir puertas nuevas, entonces nuestro crecimiento y nuestra evolución serán otra vez más lentos. Al seguir abriendo las puertas que ya no corresponden, volveremos a perder el rumbo y a olvidarnos de lo que realmente queremos lograr y sentir.

> Despojarse del miedo, del rencor para ir a buscar las cosas que nosotros queremos tener y experimentar es una gran decisión. A veces se postergan las cosas esperando el momento adecuado, y para muchas cosas sí existe un momento adecuado y habrá que ser prudentes y esperar... pero las cosas del corazón, del espíritu, ésas no tienen momento adecuado, simplemente el momento es ahora, en el hoy. Cuando miremos atrás debemos estar tranquilos de haber intentado siempre buscar nuestra felicidad, en cada momento, en cada experiencia... sin rendirnos nunca.

Cuando escucho el famoso decir de tantos padres: "que nazca sanito" y "que sea siempre feliz", me pregunto si nos hemos detenido a pensar en lo que eso significa y todo lo que encierra, porque obviamente la salud y la felicidad son dos cualidades que siempre debemos valorar, pero ahora pienso que si quiero que mis hijos sean felices, deberán tener las herramientas que los ayuden en las épocas de dolor, frustración, pérdida y desamor que inevitablemente encontrarán a lo largo de su camino por esta vida, ya que es parte del crecimiento y del movimiento natural que llevamos todos los seres humanos, sobre todo los que nos atrevemos a mirar realmente dentro de nosotros. Necesitarán saber que todos podemos tener momentos difíciles en nuestra vida y que lo importante será la manera de afrontarlos. Y no es que la frase esté mal dicha, ¿quién no quiere que su hijo nazca sano y sea feliz? Pero eso significa millones de cositas y vivencias en medio, que son las que nos harán ir descubriendo la felicidad y la salud física, mental y espiritual, aun en medio de un mundo que tiende a la ¡locura total! Pero eso vendrá más adelante, lo que es importante es hacerles saber que la infancia es la etapa maravillosa en la que se nos permite ir descubriendo el mundo a través de unos ojos puros e inocentes y con un corazón que no conoce la malicia ni el rencor.

> Desear para los hijos las mejores cosas de la vida es propio de los padres, mas al caer en el exceso se corre el riesgo de ser sobreprotectores. Los padres sobreprotectores pueden crear hijos irresponsables de sus actos o bullys, que piensen que en realidad no fue "nada" lo que hicieron, pues sus padres se encargan de justificar sus malas conductas en un afán de evitar que sufran. Como en todo, el equilibrio es la solución.

Mientras nuestros hijos van creciendo, van viendo nuestra forma de ser, de actuar y reaccionar hacia los momentos de felicidad y las adversidades también; ése es el ejemplo que llevarán consigo. Ésas serán las herramientas adecuadas o inadecuadas que tendrán, depende de nosotros como padres. El trabajo en nosotros mismos no termina nunca, pero los frutos al comenzarlo son a veces inmediatos, y los hijos lo notan, lo respiran y eso les da tranquilidad y les ofrece un lugar dentro de su familia, donde saben que pueden descansar.

Pensar en el dolor y en el perdón me hace cuestionarme tantas cosas… A veces el perdón puede ser algo tan simple como perdonar a una señora que te pisó el pie con su supertacón en un supermercado, a un señor que por venir distraído te chocó en la calle, a una amiga que contó un secreto nuestro, perdonar a un hijo que nos ha mentido, o perdonar (aunque sea en silencio) a una persona que decidió sacarte de su vida de un día para otro, pero si esos actos de perdón que parecen tan simples no los ponemos en acción, entonces ¿cómo podremos perdonar cosas que duelan y dejen heridas profundas en nuestra vida?

> Si no practicamos el perdón del día a día, jamás podremos estar cerca del verdadero acto que significa realmente perdonar desde el fondo de nuestro ser.

El lugar para perdonar es donde reside el dolor que puede llegar a ser más fuerte que nosotros mismos. Ahí donde al mirarnos al espejo nos reconocemos por quienes realmente somos, sin máscaras. Ahí donde vive esa luz con la que todos nacemos, la luz de la magia y del amor, y desde ese lugar tan pleno incluso podemos llegar a ver la verdad.

El perdón es difícil porque yo elijo que lo sea; cuando no perdono me estoy negando a mí misma la posibilidad de un momento más de felicidad; cuando elijo el rencor y la represión, me estoy haciendo ¡el peor autobullying de la historia! Y cuando uno no es capaz de perdonar, entonces no puede ser capaz de amar y la bola de nieve crece y crece más, y las capas que habíamos logrado derretir son sustituidas por otras distintas pero igual de dañinas para nosotros que aquellas primeras, desde la infancia hasta nuestra adultez.

En mi caso, creo que lo que me impide perdonar y guardar rencor es ese sello de la culpa que llevo conmigo. Sentirme culpable por haber sido bully con Trixia y muchos más, sentirme culpable por no haberme dado cuenta de las banderas rojas en mi matrimonio, sentirme de alguna forma culpable por lo que le pasó a Emilio, sentirme culpable por no haber sabido en un tiempo ser mamá para Dani y muchas otras culpas que he llevado conmigo de mi infancia…

> La culpa es un mal maestro, porque de alguna forma nos da permiso de sentirnos víctimas de lo que pasa en mi vida. La culpa da permiso de no trabajar en uno mismo para abrirse y tomar lo que le corresponde y merece. La culpa nos da permiso de sabotearnos y no darnos cuenta de que el tiempo se nos pasa cada vez más rápido y que ¿para qué dejar para mañana lo que se puede tener hoy?

Sin embargo, ya no puedo darme el lujo de la culpa porque he comprobado que dejarlo para mañana implica el peligro de perder todo lo que amo y he amado siempre, que es mi familia, mi esposo, mis hijos, mis amigas, toda la gente de la que me rodeo, toda la gente que de una u otra forma es parte de mi vida y de mi historia. Toda la gente que me quiere por lo que soy. Toda la gente que está ahí para mí cuando la necesito. Entonces vuelvo y pienso que sólo tengo dos opciones y yo puedo escogerlas: ¿postergar el perdón a mí misma o tomar lo que tengo enfrente día tras día y disfrutarlo? Es una de dos.

Hoy soy responsable de mí misma, veo que la única verdad que importa está disponible para ser tomada; todo lo que necesito para estar bien en el interior es posible conseguirlo, porque para eso no se necesitan cosas materiales, ni siquiera personas que me las den: todo lo que nos da paz interior tiene que venir de nosotros; del amor propio, de la búsqueda constante de uno mismo, de reconocer que el universo y Dios están dispuestos a entregarnos todo lo que decidamos tener porque ya está, y ha estado siempre, esperando que lo tomemos para usarlo a nuestro favor y, por ende, para los demás.

Si yo estoy bien, pero realmente bien, sintiéndome verdaderamente en paz y contenta, mis hijos pasan un día lleno de alegría y calma. Dani, que es tan movido, hasta pareciera haber tomado pasiflora (jajaja); Emilio sonríe todo el tiempo y a mi esposo le va muy bien en el trabajo. De verdad que parece un chiste, pero no lo es; tampoco es que yo me sienta con superpoderes ni nada por el estilo, pero realmente lo he vivido y sé que es la vibración en el amor.

Mis hijos vivieron nueve meses dentro de mí, estamos conectados de por vida de una manera natural, y mi esposo me conoce desde hace casi 18 años, sabe lo que siento o pienso sólo con ver mis muecas o mis ojos. La vibración de una familia muchas veces es en conjunto; se dice que en el universo todos somos uno, una parte del todo, conectados por la misma vibración y energía con la que todo es creado; entonces en un grupo pequeño como lo es la familia inmediata, esto se manifiesta de formas muy visibles, quizá no para los ojos, pero sí para el espíritu y la mente. Es una conexión fantástica, casi divina.

En psicología, se recomiendan las famosas terapias familiares para que las personas aprendan a comunicarse y a encontrar las formas de expresión necesarias para ser escuchados y entendidos. Se recomiendan las terapias para sanar heridas que no están permitiendo que las relaciones sean adecuadas para alcanzar un desarrollo y crecimiento de la unión familiar que sea satisfactorio y placentero. Los padres hablan de sus problemas entre ellos, los hijos hablan de sus miedos con respecto a los problemas de los padres, etc. Y en muchos casos estas terapias son verdaderamente exitosas cuando (a mi parecer) los padres están ahí por un motivo, cuando verdaderamente quieren saber amar a sus hijos y aceptan que no están sabiendo hacerlo.

> Una familia que camina bien debe estar guiada por padres que caminan bien. No me refiero a tener todo resuelto ni a saber exactamente qué hacer en cada tropiezo; me refiero a que conozcan el camino que los llevará al amor. Y así como perdonar es una decisión que se toma, igual es "amar"; amar termina convirtiéndose en un verbo que se practica día a día, y ésa es una lección básica que los padres debemos aprender.

Cuando me vienen a la memoria mis juegos de niña, de la mamá y el papá, las historias y los cuentos de hadas de "y fueron felices por siempre", caigo en la cuenta de esta práctica diaria que debe ser amar a alguien. El amor de una madre a un hijo es incondicional, pero si no se practica día a día, pierde proporción, ya que el amor también se traduce en los límites que les ponemos a nuestros hijos, en los "no puedes hacer esto y punto". El amor a un esposo o esposa no es incondicional, es una elección de cada día; es ese famoso "regar la plantita".

Cuando existe amor, la familia fluye, la pareja fluye, y aunque nada es para siempre y estamos todos expuestos a pérdidas, decepciones, desencuentros, o lo que sea que la vida nos dé, uno tiene que elegir también enfocarse en lo positivo del día a día, en lo que se tiene en el hoy, tomando todos los riesgos... Lanzarse a la aventura del momento, a la aventura que nos dan el amor y la fuerza de nuestros seres más cercanos y queridos; no hay mayor satisfacción que dejarse sentir así.

MIS MEJORES MAESTROS: EL DOLOR Y EL PERDÓN

Y yo sigo y seguiré trabajando en eso: en enfocarme en lo que soy y quiero ser, en ver lo que tengo cada día en vez de lamentarme por lo roto; debo seguir trabajando en mí para entender lo que he dicho ya, que la vida es un cambio constante y que lo que parece haberse roto, de alguna forma es una grandiosa oportunidad para construir algo distinto, algo nuevo. Y al ir construyendo iremos también encontrando nuevas piezas que no habíamos tenido la oportunidad de tener, y que éstas sean adecuadas para que lo que estamos edificando sólo dependerá de nosotros mismos. YO soy la que elijo mis piezas; YO soy la que descubro dónde van, y si me equivoco, vuelvo a intentarlo.

Es un verdadero respiro y placer saber esto sobre mí misma; dejar de culpar a los demás o a las circunstancias me ha hecho, en definitiva, mucho más fuerte, mucho más consciente de mí misma y de mis elecciones de vida. Eligiendo desde mi luz, mi verdad, mi amor, la cosecha siempre será buena. Las cosas que no puedo controlar se verán con mejores ojos si me mantengo alineada y segura de lo que he elegido.

En definitiva, una de las cosas que más me hace sentir liberada y en paz es el ceder ante el control que durante muchos años de mi vida he querido tener sobre las cosas. A veces sigo siendo esa persona que se ve desde afuera, pero si en verdad me enfoco y le grito a mi ego que se vaya, que me deje en paz y logro dominarme, el control cede y dejo a Dios ser Dios, y ¡respiro! Respiro liberada de mi propia cárcel que por años ayudé a construir. Cuando cedo el control, me encuentro a mí misma sin discutir nada, sin que deba tener la razón siempre, sin hacer todo para demostrarle al otro que lo que pienso es lo adecuado. Cuando cedo el control puedo sentirme dichosa de saber que, aunque muchísimas veces lo que yo pienso no es lo que piensa el otro o lo que yo creo no es lo que cree el otro, no necesito explicarme, no necesito justificarme, ¡no necesito nada! Porque en el fondo de mi ser estoy tranquila de ser quien soy, y me amo como tal. La aprobación de los demás cada vez es menos necesaria.

> Ceder el control ayuda a divertirnos con la vida y aprovechar los segundos del día; se puede ver claramente a toda la gente que quere-

> mos, podemos amar sin esperar mucho a cambio. Así vendrá el amor de muchísimas otras maneras inimaginables: puede venir de la mirada de esa persona al ver que no reaccionaste mal cuando te pisó sin querer en el supermercado, o en una sincera disculpa seguida de un agradecimiento del señor que te chocó en la calle, o en la búsqueda de tu confianza llena de amor de aquella amiga que contó su secreto, o en la sonrisa de eterno amor de su hijo cuando supo que aún lo amas aunque mienta o en la mirada silenciosa de cariño de esa persona que no te quiere más en su vida.

Y, así, llego a la conclusión muy personal de que muchas veces no es necesario que me pidan perdón, ya que muchas cosas que sentí que me "han hecho" se deben a mis propias creencias de lo que es o debe ser la vida; muchas veces me he sentido atacada por "algo" que "alguien" me hizo, y me he llenado de rencor porque me era más fácil ver al culpable en otro, pero ese tipo de perdón tengo que recibirlo en mi interior, tengo que decir: te perdono hoy por lo que pasó ayer, te perdono porque sé que no lo hiciste consciente de que me estabas lastimando, o porque en esos momentos no encontraste otra salida más saludable… Si hago esto dentro de mí misma, descubro la libertad de no juzgar al otro, la libertad de respetar sus acciones y decisiones, y viene a mí la libertad de amar a dicha persona por el ser humano que es.

Pero pedir perdón es muy distinto: es algo que considero que sí debo hacer, porque me libera de ser lo que no quiero ser, me ayuda a encontrar a la persona que realmente soy, y me hace darme cuenta de que más vale un perdón sincero que una pérdida permanente del amor de alguien que realmente quiero tener en mi vida.

El dolor y el perdón hoy hacen posible que escriba este libro. El dolor de Trixia es lo que la llevó a ser la mujer maravillosa que es hoy, ya que encontró en sí misma a su verdadero ser, a ese ser con esa luz que sé que todos llevamos dentro desde el minuto en el que nacemos y años antes de haberlo hecho. El perdón de Trixia me libera a mí de mi propio dolor, dolor que se manifestó de mil formas cuando era una niña y hoy que soy adulta. Ese perdón, que no sabía que necesitaba tanto, llegó a mi vida en un momento clave; gracias a él puedo también perdonarme a mí misma, gracias a él puedo seguir encontrando dentro de mí la luz que llevo conmigo y logro manifestar en mi hoy mucho mejor que en mi ayer. Gracias a él voy descubriendo las maravillas de la vida que siempre me han acompañado, siempre estuvieron ahí para ser tomadas por mí, pero hoy puedo verlas como mías, puedo saber que las merezco y que me corresponden, puedo abrir mi corazón y dejar mi coraza, quitarme al fin la etiqueta de "bully" porque sé que ya no es mía, ya no me calza ni me corresponde.

Hoy dejo atrás mi pasado para adentrarme en el hoy, que es el único momento que existe, y desde este hoy me preparo para un mañana que está esperándome.

Y así llego al final de este capítulo de mi vida, al final de este capítulo de un libro ¡que me ha dado tanto! Un libro que encierra en algunas palabras lo que he querido compartir sobre mi vida. Un libro sobre dos personas distintas y cómo cada una vivió las experiencias que ocurrieron, un libro sobre el bullying y sus consecuencias, todas, al final, positivas gracias al empeño de cada una.

Llena e inundada de gratitud hacia la vida y a cada cosa que en ella me sucede, abro los brazos a lo que tengo, tuve y tendré, abro mi corazón al amor y al deseo sincero de que cada persona encuentre la luz que lleva dentro, y al hacerlo ayude a alguien más a encontrarla. Estamos por un instante en esta tierra, aprovechemos lo que nos da la maravillosa experiencia de estar vivos, de respirar, de sentir y de vibrar en el amor que tenemos para darnos a nosotros mismos, y por consecuencia inevitable y hermosa, a los demás.

Gracias, Vida; gracias, Universo. Gracias, Trixia, eres y serás hoy y para siempre parte de la luz que brilla en mí.

AGRADECIMIENTOS

TRIXIA

Quiero agradecer muy especialmente a Renata, quien ha sido mi mejor maestra y hoy sé que nuestras vidas fueron paralelas.

A mi historia, pues sin ella yo no sería quien soy hoy.

Al dolor, pues hoy soy capaz de poner mi dolor al servicio de los demás para transformar a mi país que tanto amo.

A mis padres, por haberme traído al mundo y haber dado lo mejor que podían para formarme; sé que nunca actuaron de mala fe, sino al contrario.

A mis hermanos, pues su compañía y cariño han hecho divertido el camino.

A mis hijos, Raúl y Ximena, por su amor incondicional y porque me han enseñado que todos somos más que nuestras circunstancias, sólo depende de tener actitud.

A Albert: él es mi príncipe azul, mi complemento, mi apoyo, mi compañero de aventuras y quien ha hecho brillar mi corazón.

A mis amigos y amigas que siempre han estado ahí, aunque la vida haya dado una vuelta, no me olvido de nadie.

A Fundación en Movimiento, A. C., que me ha dado el honor de dirigir las estrategias hacia un México mejor libre de bullying.

Y a Dios por mi fe, por mi segunda oportunidad y por el verdadero amor que me ha ayudado a encontrar para vivir en mi ser y no perderme nunca más en la oscuridad de mi ego.

RENATA

Primero que nada quiero agradecer a mis padres por haberme dado la vida, y a la vida por presentarse en mí de mil formas y mil caminos que me han llevado a donde hoy estoy.

A mis hijos, Daniel y Emilio, por dejarme conocer el amor incondicional, por ser mis mejores maestros y amarme sin un porqué.

A mi esposo, Daniel, por acompañarme en este bello camino del amor que vamos construyendo día a día.

A mis abuelos por dejar la huella imborrable del amor en mi corazón.

A mis amigas por dejarme formar parte de su historia y por los lazos que seguimos construyendo hoy juntas para siempre.

A cada vivencia y a cada aprendizaje que me van dando la certeza de seguir el camino que elijo para mí.

Al dolor y al perdón que hoy hacen que mi corazón se expanda hacia horizontes en los que se encuentra el verdadero amor y las ganas de vivir.

Y, finalmente, a Trixia, por ser parte de mi vida y por darme la oportunidad de compartir nuestras historias en este maravilloso texto lleno de recuerdos y momentos que perdurarán en el tiempo.

Mi bully y yo, de Trixia Valle
se terminó de imprimir en julio de 2014
en los talleres de Litográfica Ingramex, S.A. de C.V.
Centeno 162-1, Col. Granjas Esmeralda,
C.P. 09810 México, D.F.